U0748448

小学生心理健康教育

高等院校小学教育专业教材

主　编　王海英

副主编　王萍萍　李冬梅

编写者　王海英　王萍萍　李冬梅

　　　　宋明月　张淞皓　吴　爽

　　　　宋　洋　贾凯茜

中国教育出版传媒集团

高等教育出版社·北京

内容提要

本书以《中小学心理健康教育指导纲要（2012 年修订）》为主要依据，从小学生心理健康概述开始，分别介绍了小学生心理健康教育的内涵、目标、原则和内容，小学生个体心理辅导的过程与方法，小学生团体心理辅导的计划与实施，小学生心理健康课的设计与组织，小学生心理危机的识别与干预，以及小学生心理健康教育的学科渗透、组织管理。

本书在各章前设置导学栏目——学习目标、关键问题和问题情境，可以帮助学习者了解本章主要内容，导入知识学习；在各章后设置辅学栏目——自我复盘和本章练习，可以帮助学习者回顾本章所学，通过练习巩固相关知识点。正文中配有以二维码形式链接的相关视频资源，可供学习者进行拓展学习。

本书可以作为高等院校小学教育专业教材，也可以作为小学心理健康教育教师继续教育教材或教学参考书。

图书在版编目（CIP）数据

小学生心理健康教育 / 王海英主编 . -- 北京 ： 高等教育出版社，2025. 1. -- ISBN 978-7-04-062310-9

Ⅰ．G444

中国国家版本馆 CIP 数据核字第 2024WJ9032 号

小学生心理健康教育
XIAOXUESHENG XINLI JIANKANG JIAOYU

| 策划编辑 | 何 淼 | 责任编辑 | 何 淼 | 封面设计 | 姜 磊 | 版式设计 | 徐艳妮 |
| 责任绘图 | 裴一丹 | 责任校对 | 窦丽娜 | 责任印制 | 赵义民 | | |

出版发行	高等教育出版社	网　　址	http://www.hep.edu.cn
社　　址	北京市西城区德外大街 4 号		http://www.hep.com.cn
邮政编码	100120	网上订购	http://www.hepmall.com.cn
印　　刷	山东润声印务有限公司		http://www.hepmall.com
开　　本	787 mm×1092 mm　1/16		http://www.hepmall.cn
印　　张	16.75		
字　　数	310 千字	版　　次	2025 年 1 月第 1 版
购书热线	010-58581118	印　　次	2025 年 1 月第 1 次印刷
咨询电话	400-810-0598	定　　价	40.00 元

本书如有缺页、倒页、脱页等质量问题，请到所购图书销售部门联系调换

版权所有　侵权必究

物 料 号　62310-00

目录

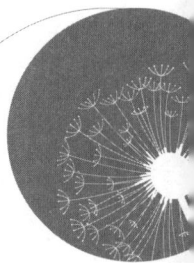

第一章
小学生心理健康概述

小学生处在身心发展的重要时期，随着生理、心理的发育和发展，以及社会阅历的扩展、思维方式的变化，他们在学习、生活、自我意识、情绪调适、人际交往等方面，会遇到各种各样的心理困扰或问题。了解小学生心理发展的特点以及心理健康方面的问题，分析小学生心理健康的影响因素，有针对性地开展学校心理健康教育，有利于培养小学生良好的心理素质，促进其身心全面和谐发展。

■ 学习目标

1. 了解心理健康的内涵；
2. 把握小学生心理健康的判断标准；
3. 理解小学生心理发展的主要特点；
4. 熟悉小学生常见的心理问题；
5. 学会分析影响小学生心理健康的因素。

■ 关键问题

1. 如何从广义和狭义的角度理解心理健康？
2. 判断心理健康的方法与标准有哪些？
3. 小学生心理发展主要具有哪些特点？
4. 小学生常见的心理问题主要表现在哪些方面？
5. 影响小学生心理健康的因素有哪些？

■ 问题情境

别看梅梅今年才八岁，可大家都说她"人小脾气大"，因为梅梅动不动就爱发脾气。只要碰到了不顺心的事，她就很难控制自己的情绪，总要拿某个人或某件东西来出出气。她上课迟到受批评，回家后拿妈妈出气，怪妈妈没有早一点儿叫她起床；在班级打扫卫生时，地扫得不干净，她怪扫帚破了不好扫，因此拿扫帚发脾气；考试成绩不理想，她生老师的气，说老师出题太怪、太难、太偏，让她做不出来……总而言之，梅梅就是喜欢发脾气。而且，梅梅发脾气还有一个特点，那就是怪别人不好，怪东西不中用，因而总要责怪别人、摔东西，把他们当成"出气筒"。比如，考试不理想，梅梅会气得把试卷撕得粉碎；和爸爸妈妈发脾气，梅梅还会摔碗、摔杯子，甚至字写不好她也要摔铅笔、扔本子。为此，班上的同学给她取了一个外号——"脾气大王"。

梅梅的心理问题主要表现在哪些方面？

第一节　小学生心理健康的内涵与判断标准

以传统的观念和习惯的看法，"健康"一词多限于生理健康，主要是指躯体发育良好，生理功能正常。但随着世界卫生组织（World Health Organization，WHO）对于健康概念的变化发展，心理健康逐渐进入了人们的视野。2022年10月，党的二十大报告中也强调要"重视心理健康和精神卫生"。

一、心理健康的内涵

在现代社会中，由于所处文化背景、隶属学派、研究视角与方法的不同，对于心理健康的定义，不同的学者有着不同的理解与表述。

日本学者松田岩男认为：所谓心理健康，是指人对内部环境具有安定感，对外部环境能以社会认可的形式适应的一种心理状态。精神医学专家曼宁吉认为：心理健康是指人们对于环境及相互间具有最高效率及快乐的适应情况，不只是要效率，也不只是能有满足之感，或是能愉快地接受生活的规范，而是需要三者结合兼备。心理健康的人应能保持平静的情绪、敏锐的智能、适应社会环境的行为和愉快的气质。我国学者章颐年认为心理健康包括：看起来不异于别人；和年龄相符；能适应他人；快乐；统一的行为；适度的反应；把握现实；相当尊重他人的意见。张人骏则将心理健康概括为：健全的认知能力；适度的情感反应；坚强的意志品质；和蔼的个性结构；良好的人际关系。

虽然不同学者关于心理健康的界定不同，但其共同点均强调心理健康是指个体的内心世界与客观环境的一种平衡，是自我与他人之间的一种良好人际关系的维持。因此，对于心理健康的定义可以有广义和狭义之分。广义的心理健康是指一种高效而满意的、持续的心理状态；狭义的心理健康是指人的基本心理活动的过程内容完整、协调一致，即认知、情感、意志、行为、人格完整和协调。

我们认为，心理健康是指个体在适应环境的过程中，生理、心理和社会性方面达到协调一致，保持一种良好的心理功能状态。所谓良好的心理功能状态是相对而言的，也就是指个体心理在自身和环境条件许可的范围内所能达到的最佳心理功能状态，而非绝对完美。其相对性包含两层含义：一方面是个体的心理与大多数人相比，其心理功能是正常的；另一方面是心理健康和心理疾病是心理功能状态序列的两极。二者是一种相对关系，而非对立关系。

个体想要保持良好的心理功能状态，必须符合三项基本原则：第一，心理活动与客观环境的同一性原则，包括形式和内容保持同一。若失去同一性，个体会心理

视频

心理健康的
内涵

失调、行为异常。第二,心理过程之间协调一致性原则,即个体的心理活动保持自身的完整统一,协调一致,保证准确有效地反应客观现实,若失去协调一致性,则会导致心理异常。第三,个性心理特征的相对稳定性原则,即一个人在长期生活经历中形成的个性心理特征具有相对稳定性,是不易改变的。

案 例

小白是一位小学二年级的女同学,她长着一对"会说话"的大眼睛,头发黄黄的,稍微有些羊毛卷。她上课很少会主动举手发言,虽然能够在老师的鼓励下站起来回答问题,但总是低着头,还会紧张得满脸通红,声音颤抖,平时与同学们的交往也很少。在一次期末考试前,小白打电话给班主任,表示自己生病了,无法参加此次考试,需要请假一星期。但是一个星期过后,小白仍旧没有来到学校。当老师去做家访时,小白一直待在自己房间里,怎样劝说也不愿开门。当父母用钥匙打开房门时,发现小白正蜷缩在床边,满脸惊慌。小白不肯上学,更不敢进学校、进教室,哪怕是在远处看到学校也会害怕、双腿发软。同样地,她也害怕见到同学和老师……现如今,小白每天将自己反锁在屋子里,除了自己的家人,她见谁都害怕。

你认为小白是否存在心理问题?她的心理问题主要表现在哪些方面?她的心理健康水平处于何种状态?你是如何得出这个结论的?

二、心理健康的判断方法

近年来,关于心理健康的标准问题,一直是人们关注的焦点问题。根据不同的判断方法,个体心理问题的检出率有所不同。目前,判断心理健康的方法主要参考以下五个方面。

(一) 统计学基准

根据统计学的常态分布曲线,我们可以对个体的心理健康进行判断,即在总体平均范围内的人是心理正常的,而偏离该范围的人则是心理异常的。换句话说,就是通过和大量正常人(常模)调查结果进行对比,依据社会常态对个体心理健康状态进行判断。这一统计学常模通常可以直接应用到心理测量中,借以判断特定个体的心理健康水平。

(二) 病理基准

心理异常者所呈现的精神症状具有典型性,以此为科学依据可以判定某个人是否具有心理健康问题。若能查出,则可证器质性异常;或虽未查到器质性异常但在精神症状较典型的情况下,容易被确诊为异常,而在临界状态下又难以判定为精神病或神经症。生理学规范病因症状检查标准认为正常人应不具有变态症状行为,因此心理行为变态均为某些精神疾病作用下的产物,都可以从病人体内发现生理、生化、神经和遗传器质性原因。该方法比较客观、准确、可靠,但适用范围不大。现实中多数心理障碍及心因性精神疾病无法查到生理器质性病变。

(三) 社会规范

社会规范是以个体是否社会适应作为出发点,以社会道德规范为准则,衡量个体的行为是否符合社会的要求。如果某个人的行为不被社会所认可,则视为异常。这一方法只适用于对异常现象进行辨别,并具有明显的社会文化特征。

(四) 生活适应

生活适应是以个体是否表现出与生活场景相一致的感情、言语、行为等方面为依据,来判断其心理是否正常,特别是可以用于判断个人的行为是否具有攻击性、是否干扰他人等。此方法与社会适应法类似,比较直观,且易于识别异常。

(五) 主观感受

具有心理问题的个体通常会感受到自身的一些症状及反应,不能自我控制某些行为,从而寻求他人的帮助。因此,我们可以根据个体的感受来对常态与异常进行划分,但此方法只能作为一种辅助的标准来用,不能作为一个完整的单独标准使用。其原因在于真正能感受心里痛苦的人,大都自我定向完好、情感活动基本正常,这些人即使有心理障碍,也多属于轻微障碍。而有些人看上去"无忧无虑",但可能是躁狂症患者。

我们在理解和选取心理健康参考标准时,首先,应注意心理不健康与有不健康的心理和表现不能等同。心理不健康是指一种持续的不良状态,个体偶尔出现的一些不健康的心理和行为并不等于心理不健康,更不等于已经患上心理疾病。所以,不能仅从一时一事就简单地给自己或他人下心理不健康的结论。其次,应明确心理健康与心理不健康之间没有绝对的界限。从良好的心理健康状态到严重的心理疾病之间有一个广阔的过渡带,所以在某些情况下,它们主要是存在程度上的差异。再次,应理解心理健康的状态是动态变化的过程。随着人的成长、经验的积累和环境的改变,心理状况也会有所改变。所以,我们所做的每一次判断只能反映出该段时间内的心理健康状态。最后,应清楚心理健康标准只是一种理想的尺度,它是一个人心理健康发展的努力方向。

三、小学生心理发展的特点

小学生处于童年期阶段,该阶段是个体心理发展的一个重要转折时期。低年级的小学生具有明显的学前儿童心理发展特点,中、高年级的小学生则随着生理年龄的变化,逐渐步入青春发育期。

(一)小学生学习心理的发展特点

学习心理是指与学习活动紧密相关的非认知系统的心理因素及其倾向性,是小学生在获得、巩固知识与技能的过程中,内心世界产生的一种感受与体验,主要包括学习动机、学习兴趣、学习目标等。

1. 学习动机由不够明确向比较明确发展

低年级小学生对自己为什么要到学校去学习有各种各样的理解:有的是出于希望背上像哥哥或姐姐那样的漂亮书包,有的是希望戴上像哥哥或姐姐那样的红领巾。动机多种多样,但不够明确,学习动机也不够清晰。随着小学生知识经验和独立性的发展,他们会逐渐形成比较明确的学习动机,提高自身学习动机的清晰程度。

2. 学习兴趣由学习的形式向学习的内容发展

低年级小学生对学习过程的形式感兴趣并从中得到满足。例如,绒板上的小鸭、手里的小棍等,都能吸引他们投入到学习活动中。从小学中年级起,在良好的教育条件下,小学生开始注意学习内容。他们的学习兴趣减少了与学习形式的直接联系,而逐渐被学习的内容所左右。例如,他们对较复杂的学习(分析课文、写作、基础计算等)有了更高的兴趣,不满足于一般化的、低水平的智力活动。

3. 学习目标由近期目标向远期目标发展

低年级小学生的学习目标较多地关注眼前的利益和学校的要求,缺乏远期目标。例如,许多小学生学习是为了争得好分数,为集体(班级、学校)争光。随着年龄的增长,小学生逐渐懂得学习的社会意义,懂得当前的学习与将来要达到的目标之间的关系,就会开始形成远期目标。

(二)小学生认知能力的发展特点

小学生正处于个体发展的重要时期,生理发展尤其是神经系统的发展已经成熟,所以整个小学阶段都处于个体认知发展的迅速上升时期。

1. 小学生观察力的发展特点

(1)小学生的观察从缺乏系统性的知觉发展到有目的、有顺序的知觉。小学生尤其是低年级的学生,观察事物时常是杂乱无章的,缺乏系统性和目的性,观察受兴趣和情绪的影响很大,不能持续很长时间,经常会偏离观察的主要目标。随着注意力和思维能力的发展,他们观察的目的性逐渐增强,同时也会开始按照一定的顺序进行观察。

(2) 小学生的观察从模糊笼统的知觉发展到比较精确的知觉。低年级小学生在观察事物时,常常模糊不清,这和认识过程的发展有一定的关系。低年级小学生知识比较贫乏,观察事物时容易泛化,特别是容易混淆一些相类似的事物。随着年龄的增长,知识逐渐丰富,他们的观察才能由泛化到分化,才能比较精确地分辨事物。

2. 小学生注意力的发展特点

(1) 有意注意逐渐占据主导地位。小学低年级的学生在注意的发展上仍是无意注意占主导地位,易受教具的直观性、形象性所吸引,因而上课容易精力分散,会不由自主地“开小差”。小学四、五年级的学生有意注意开始逐渐发展起来并占据主导地位,他们能够有目的、有选择的注意有意义的认知材料。有意注意的发展一方面受教学及训练的影响,另一方面与四、五年级小学生大脑不断成熟、神经系统的兴奋与抑制过程的逐步协调有密切联系。

(2) 带有明显的情绪色彩。小学生由于大脑与神经系统活动的内抑制能力没有充分形成,因而一个兴奋中心的形成可能会导致面部表情、手脚乃至全身一起配合活动,所以他们的注意会带有明显的情绪色彩。教师可以根据这一线索判断学生是否在认真听讲,是否已经理解了教学内容。

(3) 具有鲜明的形象性。小学生尤其是低年级的学生,其知识水平和言语水平有限,在思维的发展上仍是具体形象思维占重要地位,因而那些具体生动、形象直观的事物容易引起他们的注意。随着年级的升高,小学生出现了以词为基础的第二信号系统和抽象逻辑思维能力的发展,对具有一定抽象水平的教材的注意能力会逐渐发展起来。

3. 小学生记忆力的发展特点

(1) 小学生无意记忆和有意记忆的发展。小学生的记忆,从学龄前期的无意记忆占主导地位逐渐发展到有意记忆占主导地位,这与小学阶段的学习任务的要求是一致的。小学生的学习已经不再像学前儿童那样随心所欲,而是必须按照一定的要求学习,要完成课程标准规定的学习任务。这样一来,学生对自己感兴趣的东西要学习,对自己不感兴趣的东西也要学习。也就是说,小学生想要完成小学阶段的学习任务,只靠无意记忆是不行的,必须发展有意记忆,使记忆为既定的学习目的服务。当然,有意记忆的发展并不是完全排斥无意记忆的作用,两种记忆在小学阶段的学习中都很重要。

(2) 小学生机械记忆和意义记忆的发展。小学生在记忆的理解性上,主要呈现出从机械记忆占主导地位过渡到理解记忆占主导地位的发展过程。低年级小学生因为抽象思维能力尚未发展完全,知识经验比较贫乏,因而缺少对记忆材料进行思维加工的理解能力,导致机械记忆占主导地位。但随着年龄的增长,知识经验储备增多,言语、思维能力逐渐发展,小学生对学习材料的理解能力逐渐增强,到三、四年级以后,有意义的理解记忆开始逐渐占据主导地位。

(3) 小学生形象记忆和逻辑记忆的发展。小学生的记忆发展逐步从以具体形象记忆为主过渡到以语词逻辑记忆为主。低年级小学生受语言及思维发展的影响,第一信号系统活动占优势,往往表现为形象记忆为主。随着年级的升高,以及教学影响,小学生的逻辑记忆逐渐发展起来,并逐渐占据优势。

4. 小学生想象力的发展特点

(1) 有意性迅速增长。小学生在学习过程中,为了更好地理解教学内容,完成教师布置的作业,必须进行有意识的想象活动。例如,在学习语文时,学生会通过想象来理解文中所描述的情境、故事发生的情节;在写作文时,学生会围绕某一主题进行构思;在学习自然时,学生会通过想象来理解大自然,增强对祖国大好河山的热爱,培养爱国主义思想。因此,从三、四年级开始,小学生的有意想象逐渐发展并占主导地位,从而使他们能顺利地完成各门课程的学习任务。

(2) 内容逐渐符合客观现实。低年级小学生想象内容常常脱离现实,或者不能准确地反映客观现实。在教师的不断指导下,以及学习内容的丰富和知识经验的逐步积累,到中、高年级时,他们想象的内容开始逐渐符合客观现实。

(3) 存在一定的直观性和具体性。小学生在想象时,特别是从事一些操作活动时,还需要借助具体事物来完成。小学生想象的这一特点就决定了教师在教学时,应给学生出示直观的、实物的教具,来帮助他们进行想象和思维。随着学生年级的升高,想象中直观性和具体性所占的比重逐渐减少。

5. 小学生思维的发展特点

(1) 主导性思维的变化。小学生的思维发展从以具体形象思维为主要形式逐步过渡到以抽象逻辑思维为主要形式。刚刚入学的小学生,思维带有明显的具体形象性。他们需要具体形象的帮助来理解抽象的字、词。在数学计算中,低年级小学生往往需要实物或手指的帮助才能进行运算。他们的思维活动在很大程度上,还是和面前的具体事物及生动的记忆表象联系着。到了中、高年级,小学生开始出现抽象逻辑思维,但这并不是说他们的思维就不存在具体形象性了。相反地,小学生的思维必须借助事物的具体形象来实现抽象逻辑思维,低年级小学生思维中的具体形象性成分占据优势地位,而抽象逻辑思维居次要地位。随着年级的升高,他们的抽象逻辑思维才逐渐占据主导地位。

(2) 思维发展的不平衡性。在整个小学时期,当具体到不同的思维对象时,小学生思维的发展趋势表现出明显的不平衡性。例如,低、中年级的小学生在遇到较为简单的问题时,能运用较高级的有效策略;但遇到较为困难的任务时,所采用的策略不一定有效。

（3）思维品质的发展。在心理学中,思维品质包括敏捷性、灵活性、深刻性和独创性。小学阶段是个体思维发生质变的时期,因此小学生的这些思维品质也会得到飞速发展。在思维的敏捷性方面,小学生主要表现为运算速度不断提高,运算能力产生明显的个体分化;思维灵活性的发展则表现在一题多解的解题数量逐渐增加,灵活解题的精细性增加,组合分析水平不断提高;对于思维深刻性的发展,小学生推理的间接性不断增强,提出假设的抽象逻辑能力也逐渐发展,三、四年级是思维深刻性发展的转折点。思维的独创性品质主要表现在两个方面:一方面是小学生从对具体形象材料的加工发展到对语词抽象材料的加工;另一方面是小学生思维独创性的发展是经过先模仿、半独立性的过渡,最后才发展到独创性的。

（三）小学生情绪情感的发展特点

学前儿童由于经验和智力水平的局限,情绪情感的丰富性、深刻性和稳定性还比较薄弱,并且情绪的自我调控能力也不强。进入小学后,随着生活环境的改变、认知能力的提高,小学生的情绪情感也得到了显著的发展。

1. 情绪的稳定性逐步增强

小学生在集体生活和独自学习活动的锻炼和影响下,控制、调节自己情绪的能力开始发展起来。虽然小学生的情绪仍然具有很大的冲动性,还不善于掩饰、控制自己的情绪,但他们的情绪已开始逐渐内化。高年级小学生已逐渐能意识到自己的情绪表现以及随之可能产生的后果,情绪的稳定性和平衡性日益增强,冲动性和易变性逐渐减弱。

2. 情绪的丰富性不断扩展

对于小学生来说,学习是他们的主导活动,因而大量与学习活动和学校生活有关的事物构成了小学生情绪的主要内容。完成各项学习任务,如写作业、背诵课文等是小学生在这一阶段最主要的需要。学习任务完成得顺利,满足了需要,小学生就会产生愉快的情绪体验;反之,则会产生消极的情绪体验。与此同时,小学生是在学校、班级等集体中学习和生活的,所以他们在集体中的角色和地位,以及与同伴、教师之间的关系,学校、班集体对个人的要求和评价等,都会引发复杂多样的情绪体验。

小学生的各种高级情感也在不断地发展,高级情感的加入及不断丰富更加充实了小学生的情感世界。小学生在加入少年先锋队后,会逐步接受社会主义核心价值观的教育,他们会将自己的情感体验与国家、民族、社会等联系起来。他们也会被历史上民族英雄的舍己为人、模范人物的坚毅顽强、科学家的刻苦钻研等崇高精神所感染,产生热爱祖国、热爱人民的情感。小学生通过在各种各样的班集体活动、少年先锋队活动、社会公益活动中,感受到个人与他人、个人与集体的关系,逐渐养成团结、友爱、互助、爱劳动、集体荣誉感、责任感等良好的行为习惯和个性品质,这使小学生情绪情感的内容日益丰富。

3. 情绪的深刻性不断增加

小学生的情绪与学前儿童相比,不但在内容上丰富多彩,而且其情绪体验也更加深刻。例如,有研究发现,同是恐惧的情绪体验,学前儿童主要是怕人、怕物、怕黑、怕吃药打针等具体的事物,小学生虽然也同样怕这些具体的事物,但更多的是对非具体的事物感到恐惧,如怕学习不好,致使考试成绩太差,怕受家长、老师的批评,怕受同学的讥笑、歧视,等等。研究还发现,同样一种消极的情绪,如愤怒,小学生对其的体验比学前儿童要现实得多。例如,学前儿童会因为父母因有事而取消去游乐园的计划而感到愤怒,小学生则可能了解到实际原因即父母工作忙等而产生失望感;学前儿童常因父母的一些日常生活规定,如饭前洗手、常剪指甲等而产生不愉快情绪,而小学生则常因在同伴交往中或在学校中受到讥笑、不公平待遇等而产生不愉快情绪。

小学生的各种高级情感也在不断地深化。例如,在评价他人时,小学生已不再像学前儿童那样把人仅仅分为"好人"和"坏人",仅仅根据表面的东西来把人界定为"好人"或"坏人",而是能够初步运用一定的道德标准来评价他人,评价事物的好坏;也不再像学前儿童那样只看事物对自己是否有益,而是能够把事物同他人、同集体的利益结合起来进行评价。到了小学高年级后,在独立学习和集体生活的锻炼下,小学生已能在一定程度上克制自己的一些欲望,努力克服困难去完成自己的任务,形成一定的理智感;也逐步开始理解自己对集体、对他人、对社会负有的一定责任。这些都表明小学生情绪的深刻性正在不断地增加。

(四) 小学生个性与社会性的发展特点

小学生个性与社会性的发展,在很大程度上影响着其在未来生活中怎样运用以及能否有效地运用自己获得的知识。小学生个性与社会性的发展主要体现在自我意识、社会性认知与人际关系三个方面。

1. 小学生自我意识的发展特点

自我意识的发展是一个不断社会化的过程,也是个性特征形成的过程,即自我意识的成熟往往标志着个性的基本形成。小学生的自我意识处于客观化时期,也是获得社会自我的时期。小学生自我意识的发展主要体现在自我概念、自我评价、自我体验三个方面。

第一,自我概念是个体心中对自己的印象,是对自己身体能力、性格、思想态度等方面的认识。小学生的自我概念逐渐从比较具体的外部特征描述转向为内部特征,即开始根据品质、人际关系以及动机等特点来描述自己。

第二,自我评价是在分析和评论自己的行为和活动的基础上形成的,是自我意识发展的主要成分和主要标志。小学生评价的对象、内容和范围逐渐扩大,自我评价能力逐渐发展,主要表现为:从顺从他人的评价发展到有一定见解的评价;从笼统评价发展到对具体优缺点进行评价,并且其评价稳定性也逐渐增强。

第三,自我体验是自我意识当中的情感问题,是对自己所产生的各种情绪情感的体验,比如愉快感、愤怒感、自尊感、委屈感和羞愧感等。自我体验的发展趋势与自我意识的发展较为一致。自尊心即为自我体验的主要表现形式,即自尊心强的小学生对自己的评价往往更加积极,反之,缺乏自尊心的小学生往往倾向于自暴自弃。

2. 小学生社会性认知的发展特点

所谓社会性认知,是指对自己和他人的观点、思想、情绪、动机的认知,以及对社会关系和集体组织关系的认知。社会性认知的发展与认知能力的发展相适应,随着年龄的增长,小学生对物质世界的认知逐渐丰富发展,对社会性的认识也是如此。其发展趋势主要表现为:从关注外部转为关注内部;开始多方面、多角度看待问题;思维从呆板转为灵活;从关心个人即时事件到关心他人及长远利益等。

3. 小学生人际关系的发展特点

同学前时期一样,小学生的主要交往对象是父母、教师和同伴,但在交往关系、性质等方面却与学前时期有着很大的变化。小学生的批判性和独立性不断发展,因此对于父母和教师,他们会表现出更多的自主性,而不再是依赖。对于成人权威也逐渐从信服转向为怀疑。除此之外,在同伴交往中,追求平等的交往关系逐渐占据重要地位。

上述发展特点表明,小学是个体心理发展的重要时期。学习活动成为小学生的主导活动,小学生的认知能力、情绪情感、自我意识以及人际关系等方面都在不断地发展和提高。

四、小学生心理健康的判断标准

根据心理健康的判断标准,结合小学生心理发展的特点,我们可以将小学生心理健康的判断标准归纳为以下六个方面:

(一) 学习生活适应良好

学习生活适应良好具体表现为:学生能够成为学习的主体,并且能够时刻表现出自己是学习活动的主人和探索者,学生通过学习获得满足感并从中增强对自己的信心,进而充分相信自己的能力。他们对学习有着浓厚的兴趣,上课能专心听讲,乐于开动脑筋,学生的注意力、观察力、记忆力、思维能力、想象力等智力因素均得到良好的发展,智力水平达到或超过同龄儿童的正常水平。学习成绩较为稳定,不会对完成学校生活的多种要求感到十分困难,如可以独立自主完成作业。学生能够在学习中形成良好的学习习惯,能独立制订学习计划、思考、按时完成作业,经常复习、预习功课并长期坚持努力学习。当在学习中遇到不愉快的情绪体验,如忧愁、恐惧、悲伤、考试前的焦虑和教师提问时的紧张等,能摆脱困扰并进行合理调适。

(二) 能正确地评价自己

能正确地评价自己是指个体能够认识到自身的长处和优势,对于不足也有着较为清晰的认识。小学生会在头脑中形成"我是一个较聪明的孩子,只是有些调皮"的观念,他们也会反躬自问:"自己在某一方面的处境和其他人比起来如何?"学生能够用从父母、教师、书本中获得的是非观念及价值观来比较和判定自己,并希望得到别人的赞许和认可。心理健康的学生能虚心地、批判地接受别人的评价,受到表扬时不骄傲,受到批评时不自卑,进而对自我有一个客观的认识并努力纠正错误。

(三) 初步具备自控能力

小学生的自控能力难以与成人相比,但如果不受到干扰(如噪音、忽然出现的新奇事物等),他们也能够控制自己的行为,并有一定的耐心和毅力。小学生在没人干扰的情况下,能坚持完成作业。但是如果小学生在无人干扰的情况下也做不到自控,遇到一点小困难就打退堂鼓的话,这就是心理不健康的表现了。

(四) 对外界事物充满好奇

心理健康的小学生对于新鲜事物、新任务都有很强的好奇心,表现得兴趣盎然、跃跃欲试。他们不断扩展自己的生活圈,乐于接触他人和新鲜事物,并在生活中获取一些新的经验,体会生活中的真理与酸甜苦辣,如凡事都喜欢问为什么。

(五) 愿意与人交往,人际关系和谐

小学生的人际关系主要包括亲子关系、师生关系、同伴关系。心理健康的小学生在与他人相处中能够关注对方的诉求,同时也能够恰当地满足其需求。具体表现为积极参与集体活动、乐于助人、为同伴所喜爱、尊敬家长、不逃避和教师相处等。遵守公共场合的公共秩序,知道尊重与关怀他人,在互信、互敬与关怀中收获

好的感情。知道避免用表面印象去评价别人,也不会把好恶强加给别人,而是用主动积极的态度和别人交流。

(六) 行为方式符合小学生的生理年龄、性别

小学生的行为特征是活泼天真、纯朴,同时也伴有顽皮、任性和以自我为中心,假如一个小学生展现出与其实际年龄不相符的样子,则应当引起教师的高度重视。另外,小学生性别意识相对薄弱,但男女两性行为差异依然存在。男孩热衷踢足球和打篮球,喜欢做模型船,爱看战争题材的故事。而女孩喜欢跳皮筋和踢毽子,喜欢布娃娃等手工制品,以及《白雪公主》《海的女儿》等童话作品。如果儿童行为过分异性化,即男孩出现女性行为,而女孩的行为带有过多的男性行为倾向,特别是前一种表现会对其今后的心理发展造成潜在的不良影响。

综上所述,小学生心理健康的判断标准是多层次、多方面的,教师在判断一个小学生的心理是否健康时,既要从多个角度进行考察,还要结合不同地区、不同民族、不同文化背景等具体情况。

第二节　小学生心理健康的现状与常见问题

近年来,许多研究者根据小学生心理健康的判断标准,通过相应的心理测验,对所得到的数据进行统计分析,发现小学生的心理健康问题呈逐年上升且多样化的趋势。

一、小学生心理健康的现状

关于小学生心理健康的现状,我国许多学者以不同地区的小学生为被试,运用相关的测验进行了问卷调查,得出了一些有代表性的结果。中国科学院心理研究所、社会科学出版社联合发布的第二本心理健康蓝皮书《中国国民心理健康发展报告(2019—2020)》中指出,小学阶段的抑郁发生率为 10% 左右,其中重度抑郁的发生率为 1.9%～3.3%。四川大学附属小学心理中心小组成员协同四川大学心理科研团队于 2021 年运用《长处和困难问卷》对本校 1—6 年级 1 921 名小学生进行问卷测试,结果显示:情绪处于异常水平的约 2.7%,品行问题处于异常水平的约 4%,多动问题(注意力不集中)处于异常水平的约 8.3%,同伴交往问题处于异常水平的约 5%,亲社会(良性行为)处于异常水平的约 6.1%。彭华军等人对昆明市小学生进行抽样调查,结果发现小学生心理健康水平在某些人口学变量上存在显著差异,具体表现为:城市小学生心理健康水平显著优于农村小学生;在心理健康状况的 8 个因子中,

学习焦虑最为突出,六年级学生比四年级学生更焦虑,农村学生比城市学生更焦虑,女生比男生更焦虑。唐慧琴、忻仁娥等人联合 19 个省、自治区、直辖市的大、中城市的心理卫生工作者组成全国 22 个城市协作调查组,对 24 013 名 4—16 岁城市儿童进行调查,结果表明各类行为问题的总检出率为 12.93%±2.19%。其中男生行为问题的检出率为 13.4%,女生行为问题的检出率为 12.5%;6—11 岁(小学阶段)行为问题的检出率为 14.1%。俞国良等人的调查也发现,小学生的心理行为问题因年级不同而表现出差异,从整体趋势看,3—6 年级小学生学习方面的心理问题逐渐增多。随着年级的升高,学习方面体脑不协调、不适应的学生逐渐增多,五年级学生问题最多;在人际关系的信任感方面,2—5 年级小学生问题逐渐增多,五年级最多,六年级明显减少。另外,小学生的人际建设性不断增强,在对社会自我、家庭自我、学业自我和自我认同上,小学 2—5 年级学生的评价渐趋消极,而六年级则有所回升。

天津市教育科学研究院课题组 2018 年第四次对全国中小学生思想品德状况进行了调查,其中,中小学生的心理健康状况是本次调查的重要内容之一。调查对象包括河北、甘肃、山东、湖南、四川、江苏等 6 个省份 12 个城市的 63 所学校,共计9 322 名中小学生。心理健康部分的调查内容包括:生活愉快度和生活满意度状况;自我评价与自信心状况;人际关系状况;对挫折的承受力与情绪的恢复力状况;生活的方向感与生命的意义感状况等。就小学生群体而言,关于学生生活的愉快度调查,对于“你现在生活得如何”,选择“不太愉快”和“不愉快的”的,四年级学生占比分别为 5.4% 和 2.5%,六年级学生占比分别为 6.4% 和 2.1%;关于学生生活满意度的调查,对于“你对自己的生活感到如何”,选择“不太满意”和“不满意”的,四年级学生占比分别为 3.6% 和 1.1%,六年级学生占比分别为 4.7% 和 1.7%。在应对学习与生活困难的信心方面,对于“你对自己应对学习与生活困难感到如何”,选择“不太自信”和“没有信心”的,四年级学生占比分别为 7.7% 和 1.8%,六年级学生占比分别为 8.7% 和 1.2%。

总之,目前关于小学生心理健康状况的调查很多,对于这些结果我们要有科学的判断和正确的认识。首先,这些调查基本上属于小地区范围内的调查,不能将数据结果推及到更大的范围,每个地区、每个学校都可能存在着差异;其次,不同的调查运用的问卷不同,所得到的结果会有很大的差异,并不能说明某个地区小学生心理健康的水平高于或低于另一地区;最后,有些调查数据可能过于夸大了小学生的心理健康问题,出现了调查问卷滥用的现象以及数据结果不可信的情况。

二、小学生常见的心理问题

随着竞争的日益激烈及生活节奏的加快,小学生面临的压力也在逐渐增加。由于心理发展的不成熟,小学生对事物的认识具有表面化和片面性,应对能力不强,容易在现实生活中出现各种心理问题。

(一) 嫉妒心理

小学生喜欢把自己与他人进行比较,开始注意他人对自己的评价。当他们看到他人,尤其是平时自己看不起的人,在某些方面超过自己时会产生嫉妒心理。有嫉妒心理的小学生一方面不承认他人的成绩和进步,别人明明成绩好进步大,或某方面发展较快,却视而不见,不予承认;另一方面贬低他人的成绩和进步,常见的是把他人成绩、进步的取得说成是偶然的、投机的。例如,说某位同学"运气好,题目被他给猜中了"。

(二) 狭隘心理

狭隘是指一个人的心胸、气量、见识具有局限性,不宽广、宏大。有狭隘心理的小学生在思想上表现为:遇到一点委屈或很小的得失便斤斤计较、耿耿于怀。有的小学生听到教师或家长一两句批评的话就接受不了,甚至痛哭流涕;有的小学生对学习、生活中一点小小的失误就认为是莫大的失败、挫折,长时间寝食不安。有狭隘心理的小学生在行为上表现为:人际交往面窄,只同与自己观点、兴趣一致或能力、水平不超过自己的人交往,容不下那些与自己意见有分歧或比自己强的人。

(三) 厌学心理

在小学生的学习和生活中,如果学习时间和游戏时间安排得不合理,就会导致学习成绩无法提升,学生对学习没有充足的兴趣,从而形成了厌学心理。具有厌学心理的小学生常常表现为学习懒散、无精打采,听课时注意力分散、不能积极思考、时常走神;课后不愿复习、不愿做作业。一项学习适应性测验的结果表明:30%的小学生对学习缺乏热情,具体体现在学习"不主动"或"有时主动";54%的学生在准备学习时会马上感到厌烦;20%的学生会在厌烦学习时找"头疼"或"肚子痛"等理由;36%的学生对学校环境不适应,主要体现在由于不喜欢某教师从而讨厌其执教学科。

(四) 自卑心理

埃里克森在人格发展阶段理论中将6—12岁儿童心理特征总结为"勤奋对自卑的冲突",并认为处在这一时期的个体,勤奋感高于自卑感就会凸显优秀能力品质,自卑感高于勤奋感就会弱化学习效能。在获得勤奋感的方式中,只有一条"捷径",那就是学生成功地完成学习任务,使自身在达到更高的目标之后体会到乐趣,从而有利于增强自身的自主学习,提升学习和生活的自信心。目前,许多小学生在很长一段时间里处于"被支配"的状态,对学习和与之有关的事情的态度都不是他们最本真的看法,当然也不可能真真切切地体会成功之后的快乐,勤奋感得不到增强。而受教育问题积累、学生家庭和自身条件等因素制约,部分学生总觉得自己"不够好""不如别人",并将失败归因于"自己笨"。

(五) 逆反心理

逆反心理是个体成长发展中的正常心理,是自我意识萌生并增强,藐视权威的表现。但小学生的逆反心理往往带有明显的盲目性,凡规则禁止的、别人反对的、与社会要求相反的事,他们都想尝试一下,其行动结果常常也不是自己所期望和追求的。小学生的逆反心理还具有冲动性,常受激情支配,不听劝告,随心所欲,有时会发生一些极端的事,待事情发生后却悔之晚矣。

(六) 焦虑心理

在各种焦虑中,小学生主要面临的是学习焦虑,表现为学习压力过大,对考试不能很好地控制,出现考试焦虑等问题。对学习成绩不满、考试成绩差、害怕受到父母打骂,再加上小学生抱有很多幻想,期望能把美好的幻想变成现实,就会做出各种努力,甚至刻意去追求。当这些需要不能得到满足时,他们便会出现焦虑。

(七) 孤独心理

在人际关系方面,有些小学生常常觉得自己是茫茫大海上的一叶孤舟,性格孤僻,不愿意与人交往,却抱怨别人不理解自己,不接纳自己。这些学生让人感觉缺乏热情、缺乏耐心,有的甚至喜欢强词夺理,不合群、孤僻,或者爱发脾气、骂人等。

案 例

小沈,男,12岁,是一名小学六年级的学生。他自由散漫,喜欢惹是生非。在学校课堂中,他总是喜欢在老师讲课时插嘴,或故意弄出声响,影响大家学习,因此同学们都不喜欢他。他常常受到同学们的抱怨,每当这时候,小沈会认为自己的自尊心受到了损害,就会采用暴力方式解决,责骂同学等。一旦家长批评他,他就会大发脾气,一点儿也听不进去家长的劝告,对家长提出的要求更是讨价还价。在一次课间,他去戏弄其他班级的同学,把毛毛虫塞进另一个男生的裤子里。为此,班主任当着全班同学的面对他进行批评,却没想到小沈丝毫没有悔过的意思,还一副不服气的样子,大喊:"又不是我一个人干的!"

经过与小沈妈妈的交谈,心理健康教育教师从侧面了解到,小沈的爸爸从事运输工作,经常不在家中,对他的教育也是空白状态。偶尔回家,爸爸对小沈的不良行为也是缺乏良好的管制,经常是一味地打骂。除此之外,小沈的妈妈对他很是溺爱,爸爸的粗暴造成了他的固执和任性,不和谐的家庭环境使他养成"以我为中心"的心理和自由散漫的性格。而进入学校后,小沈因为有着不良的行为习惯,与同学们不能友好相处,常常受到教师和家长的批评和指责,从而产生了逆反心理。

小沈为什么会形成上述不良的行为习惯?如果你是小沈的班主任或心理健康教师,你会采用什么样的办法帮助他?

第三节 小学生心理健康的影响因素

小学生的心理状态是一个复杂多变的动态过程,其间的影响因素也是复杂多样的,既有内在的生物学因素和心理因素,也有外在的环境因素。各种因素之间相互作用,共同影响小学生心理健康的水平。

一、影响小学生心理健康的生物学因素

生物学因素作为内在因素,为小学生心理健康的发展提供了前提和基础。遗传、发育迟缓、性别和年龄、器质性因素是影响小学生心理健康的主要生物学因素。

(一)遗传因素

遗传,是指亲代通过基因(DNA)把自己的性状传递给子代的现象。遗传与小学生的心理健康之间有着密切的联系,许多研究表明,遗传因素在精神疾病的发病以及个体智力的发展中有着一定的作用。

在遗传与精神疾病发病的关系上,国内外研究团队对此做了大量的相关研究。根据《新英格兰医学杂志》的报道:如果母亲患有精神分裂症,那么其子女患有此病的概率大约是常人的 9.3 倍;如果父亲患有精神分裂症,那么其子女患此病的概率则为常人的 7.2 倍。另一项研究表明:患有癫痫病的人,与先天遗传相关的概率大约为 43%。同卵双生子患有躁狂抑郁症的同病率大约为 58.3%,而异卵双生子的同病率约为 17.5%,血缘关系越为亲近的人,其发病率也就越高。国内对于遗传与精神疾病发病的关系也做了一定的调查,例如,上海精神卫生中心曾对 1 196 例精神分裂症患者的 54 576 位亲属做了调查,结果发现,其中有 956 位患有精神疾病,患病率达到了 17.5%,与当地的居民相比较竟高出 6 倍之多。

在遗传与个体智力发展的关系上,遗传因素是智力落后不可忽视的一个原因。英国曾在 20 世纪 70 年代做过遗传与智力关系的调查,结果显示,在所有的智力低下患者中,由先天性遗传疾病造成的约有 37%。

（二）发育迟缓因素

生理发育迟缓对小学生心理健康的不利影响已经被许多研究所证实。我国研究者发现，如果以说话、走路、大小便自控月龄作为生理成熟的指标，那么，在25～36个月才能说话、走路的小学生中，有心理健康问题者所占的百分比大于正常者所占的百分比，而且这种差异非常明显；在大于36个月才能说话、走路、自控大小便的小学生中，有心理健康问题者所占的百分比也大于正常者所占的百分比。生理发育迟缓对小学生心理健康的影响表现在两个方面：一方面，生理发育的程度本身会对小学生的心理和行为产生影响，如甲状腺素缺乏可引起小学生智力迟钝、记忆减退、语言迟缓和情绪淡薄的心理障碍；另一方面，伴随着生理发育的变化，小学生的基本心理功能也在发展，如果生理发育迟缓的话，就会使他们在行为上出现动作不协调、自控性差，心理上产生自卑感和抑郁倾向，进而影响其自我意识的发展。

（三）性别和年龄因素

已有研究表明，目前我国女性的青春期一般开始于10～12岁，男性要比女性晚两年左右。在通常情况下，身体正常自然发育并没有给小学生的心理造成不利影响，但因为小学生个体不同，生理成熟时间并不统一，存在早熟和晚熟之分。成熟早的男生与发育正常的女生，成熟晚的女生与发育正常的男生，这两类孩子都是相互沟通的对象，容易产生自信开朗的好心态。但是早熟女生与晚熟男生之间并无对应玩伴，沟通对象匮乏，容易出现自卑、焦虑等一系列心理问题。

（四）器质性因素

脑损伤是影响小学生心理健康的重要因素之一。脑组织损伤一方面会影响小学生的智力，造成记忆力缺损、注意力不能集中，甚至阻碍正常思维的进行。比如，人的抽象思维功能主要在大脑左半球颞叶相连的部位，如果这个部位受损，思维就很难获得发展；言语运动功能的部位在中央前回的下部分，如果这个部位受损，虽然仍能听懂别人说话，能看书，却不会说话（即失语症）。另一方面会使小学生出现情感障碍，如有的小学生表现出过度的快乐、悲痛，或者容易发怒；有的小学生原来脾气很好，伤后却变得暴躁无比；还有的小学生在发生脑损伤后，会产生幻觉和妄想。此外，小学生如果患一些传染性疾病（如脑炎、脑膜炎、肺炎和病毒性感冒），会使脑神经组织受到严重危害，进而导致一定心理障碍。临床研究与实践发现，细菌、病毒、螺旋体及其他感染所引起的高热、维生素缺乏、血管病变等都可能出现脑功能或器官性病变，从而导致各种精神症状。

二、影响小学生心理健康的环境因素

环境作为外在因素,对小学生心理健康的发展起着主导作用。在某种程度上,环境因素直接决定着小学生心理健康的水平。在环境因素中,家庭环境、学校环境和社会环境是影响小学生心理健康的三个主要因素。

(一)家庭环境

家庭对于小学生来说是第一课堂。良好的家庭环境能够培养小学生健康的心理和健全的人格,不良的家庭环境则会导致小学生人格缺陷和行为偏差。在家庭环境中,父母关系、父母对子女的期望、父母自身的品行及家庭结构变化对小学生心理健康具有重要影响。

1. 父母关系

在众多家庭因素中,父母之间的不良关系对小学生心理健康会产生极大的消极影响。如果父母婚姻不和谐,经常发生冲突,则容易导致子女有心理问题。因为不顺利的婚姻生活往往使父母无暇顾及子女的事务,这种控制力量的消失是小学生出现心理问题的主要原因之一,而且它在某种程度上比父母离异对子女造成的负面影响还要大。研究发现,家庭中父母之间紧张的冲突关系会成为子女心理创伤的背景。这种心理创伤会使子女的性格带有一系列消极特点,并且还可能导致子女在心理上的某些病态。父母冲突、关系不和对小学生心理健康的消极影响主要表现在:孩子生活在充满矛盾、父母要求经常不一致的环境中,家庭中缺少宁静、平和、幸福、安定氛围,缺少心理健康发展所必需的一切条件,出现心理问题的概率增加;孩子行为放纵,缺乏自制力,适应能力逐渐降低;等等。

2. 父母期望

父母的要求和期望对子女起着潜移默化的作用。研究表明,父母对子女的期望过高或过低,均对其心理健康和发展不利。过高的期望会使子女产生恐惧、挫折感、压抑、敌视等不良心理;过低的期望则容易使子女对自我的评价过低,产生自卑感、自暴自弃等。笔者曾对某校1—6年级全体小学生进行调查,结果发现几乎一半的小学生认为父母对其现在的学习成绩并不满意,34%的小学生认为自己经常达不到父母的要求,62%的小学生表示父母经常在自己的面前说别的孩子比自己好。

3. 父母品行

父母的道德品质、人格素质以及日常的言行举止对子女的心理健康起着潜移默化的示范作用,父母本身的不良思想道德品质对子女的心理健康具有严重危害。当子女发现父母品行不良时,自尊心会受到伤害,心里会蒙上阴影,产生沮丧、怨恨、烦恼和自卑等不良心理。这种不良心理使他们厌恶集体、厌恶家庭,一旦接触了坏朋友或受不良思想观念的影响,特别容易走上歧途。另外,父母自身品行有问题,就会在子女心目中丧失威信,无法合理地管教子女,子女因不信任父母,容易产生虚伪、自私自利等不健康心理。父母不能为子女树立良好的榜样,往往不能及时纠正子女的错误,甚至会采取默认的态度,这样,会使子女在犯错误时缺乏耻辱感和罪责感。

4. 家庭结构

家庭作为社会的基本单元,有可能因为各种原因,使家庭结构发生变化,造成因离婚、分居或外出而产生的破碎家庭或单亲家庭的出现,进而对小学生心理和行为产生重要影响。不完整的家庭虽然不一定必然导致心理问题,但可能会形成不完善的家庭动力,导致其成员比一般的人更容易表现出比较贫乏的适应行为模式。有研究发现,离异家庭小学生与完整家庭小学生相比,在学业、情绪及社会性发展方面存在着显著差异。

此外,父母关系恶化对小学生的心理健康也会产生影响。父母因关系恶化而产生的焦虑、失望、悲伤、恐惧等消极情绪会通过家庭气氛影响到子女。一方面,由于父母关系恶化,家庭经济状况也会改变,消费水平有所降低,小学生要适应这一变化还有一个心理过程;另一方面,父母关系恶化被很多小学生认为是不光彩的事,因此,他们常常会因为担心同学瞧不起自己或生活水平下降而产生惴惴不安、自卑的心理。

(二)学校环境

学校环境是小学生成长过程中的重要生活环境,是小学生必须接触的一个集体环境。在学校环境中,小学生逐渐扩大与外界的接触范围。近年来,国内外不少研究报告了班级氛围、教师素质和师生关系等学校因素对小学生心理健康的影响。

1. 班级氛围

教育家苏霍姆林斯基曾经说过:"只有创造一个教育人的环境,教育才能收到预期的效果。"由此可见,班级作为一个学生学习生活的集体环境具有潜在而强大的教育功能。有研究者在对班级氛围与学生情感素质关系的研究中发现,班级氛围对学生情感素质的班级变异的方差贡献率超过半数,并且达到了显著性水平,充分说明班级氛围对学生的情感素质具有显著的影响作用。纪艳秋对班级组织气氛与学生学习态度关系的研究发现,如果班级呈现出的是目标导向清晰、团结、有规律有秩序等积极正向的班级氛围的话,那么学生对自我的要求、肯定及成就感就会有所提升。[①]班级氛围作为小学生长期学习和生活的环境,能够对班级内学生的行

---

① 纪艳秋. 大庆市初中教师班级管理风格与班级组织气氛对学生学习态度影响研究[D]. 哈尔滨:哈尔滨师范大学,2012.

为有所解释,也能够对学生可能出现的问题进行预测,所以班级氛围在小学生心理健康成长方面具有重要意义。

2. 教师素质

班杜拉的社会学习理论认为,身教重于言教,人的行为是通过对榜样行为的观察学习获得的。教师素质影响着教师的言行举止,而教师的言行举止会潜移默化地影响他的学生。美国全国教育联合会指出,鉴于教师的情绪对学生有重要影响,因此不能让一位情绪失控的教师在学校里面任教。如果一位教师有严重的抑郁、过分的沮丧、极度的消沉,那么他对于学生心理健康的影响犹如传染病对身体健康的威胁一样严重。王乃河的研究发现,教师作为主导者如果具有良好的自我意识、稳定的情绪情感、坚强的意志品质、乐观的生活态度和机智的应对方式,不但能够提升学生的积极性、树立学生的自信心,而且也会将这些优良的心理品质潜移默化地传递给学生。[1]彭康清在关于教师的问题行为对学生心理健康影响的研究中指出,教师的问题行为会直接影响学生心理的健康发展,如果教师对学生的评价不正确,对自身的情绪缺乏控制,对学生的个性缺少尊重,不仅会影响学生学习的积极性,也会阻碍学生价值观和人生观的确立。[2]

3. 师生关系

师生关系是教育过程中最重要、最活跃的关系,这种关系的和谐程度影响着教育目标是否达成和最终的教育成效。亲密的师生关系能够减少小学生的孤独感,改善小学生对学校的态度,促进小学生对良好人际关系的渴望,有助于小学生道德品质的培养。张丽华等人采用师生关系满意度量表、自尊评定问卷和同伴关系满意度量表对560名学生进行施测,结果发现,师生关系与学生的自尊有密切关系,师生关系对自尊产生的影响更多的是通过同伴关系间接实现的。雷榕、锁媛等人采用师生关系问卷和症状自评量表对西安市四所学校的学生进行问卷调查,结果发现,师生关系可以显著的影响和预测学生的学校适应和心理健康;师生关系的支持性、亲密性和满意度各因子与心理健康各因子间呈显著负相关。从以上研究可以看出,教师与学生的关系显著影响着学生心理健康的各个方面,和谐的师生关系可以促进学生的身心健康,而教师若不能正确对待学生,则会引起其一系列的问题。

(三) 社会环境

社会环境在小学生心理健康发展中具有综合性作用。一定的社会风气、优秀的社会文化、良好的社区环境,都会对小学生的心理健康产生影响。

① 王乃河.教师的心理素质对学生的影响[J].山西财经大学学报,2013,35(S1):151.
② 彭康清.教师问题行为对学生心理健康影响的研究[J].南昌教育学院学报,2015,10(5):116-119.

1. 社会风气

社会风气与小学生的关系就像自然气候与植物的关系一样,社会风气可以通过家庭、社区、同伴、传媒等途径影响其心理健康。在目前错综复杂的社会环境中,传统文化和价值观受到了前所未有的冲击,很多人在道德方面和精神方面有了变化,我们经常能够看到有关打击贪污受贿、道德败坏、权钱交易泛滥等现象的报道,这样的不良社会风气严重影响了小学生的心理健康。如社会上"走后门""拉关系""向钱看"等不良风气,会使一些小学生的心理产生扭曲,难以形成正确的人生观、价值观和世界观。

2. 社会文化

优秀的文化可以提高小学生的思想境界,促进小学生奋发上进;低级、庸俗的文化会腐蚀小学生的灵魂,阻碍小学生的健康成长和进步。在文化市场上一些传播媒介传播的暴力、庸俗以及其他有损小学生心理健康的内容,对社会文化环境造成了一定程度的污染。这种受污染的社会文化环境对涉世不深的小学生会产生极大的消极影响,误导正在成长中的小学生。以网络暴力游戏为例,与传统媒体相比,小学生在网络暴力游戏中学习模仿的程度和强度都更深、更大。因为在传统媒体面前,小学生处于被动接受的地位,但在网络游戏中,小学生的主体地位得以体现,其学习模仿过程是一个互动的过程。从另一个角度讲,网络暴力游戏中反复出现的暴力、血腥和死亡情节,强化了小学生对暴力的认同,并造成小学生对暴力的麻木,从而模糊其道德认知,淡化了虚拟游戏与现实生活的差异,使其误认为这种用原始暴力的方式解决问题是合理的。

3. 社区环境

处于不同社区环境的小学生,其心理健康状况也不尽相同。有研究发现,人类的行为深受所处周围环境的影响,城乡差异、人口密度、环境污染、噪声等与人的生存密切相关的因素,对小学生的心理健康状况存在着明显影响。如生活在城市的小学生,由于住房单元化,同邻居、伙伴的交往明显减少,这种状况不利于他们的社会化,使其缺乏与人交往的技巧,容易形成孤僻的性格。还有研究发现,人口密度过大与小学生犯罪率有密切关系,精神疾病以及其他心理变态也与人口密度有关。大城市物理环境和社会环境的变化日新月异,导致了大量或过量信息的产生,使人们的心理严重"超负荷",交通阻塞、住房拥挤使人们更容易产生矛盾和争吵,生活在其中的小学生也容易出现紧张心理,出现心理健康方面的问题。

三、影响小学生心理健康的心理因素

心理健康的实质是心理的功能状态,而决定心理功能状态的根本原因在于心理活动的内部机制。所以,小学生的各项心理素质的发展水平和内部机制的完善程度也是影响其心理健康水平的主要原因。

（一）心理冲突

心理发展过程中存在着矛盾和冲突，这是非常常见的现象，在某些情况下，有些矛盾还是心理发展的主要推动力量。但是，当心理矛盾与冲突过于激烈或持久，以至于个体依靠自身的力量已无法协调和处理时，就可能产生心理困扰，导致某些心理问题和心理障碍。对于小学生而言，常见的心理冲突有双趋冲突、双避冲突、趋避冲突和多重趋避冲突四种类型。双趋冲突即"接近—接近"型冲突，也就是"鱼与熊掌不可兼得"的情境。在这种情境下，两种选择都对小学生具有强烈的吸引力，但是他们只能在这二者中选取一个，是一种难以取舍的心理状态。例如，有些小学生既想取得优异的成绩，又沉迷于游戏而不努力学习。双避冲突即"回避—回避"型冲突，也就是"左右两难"的情境。在这种情境下，小学生同样面临两种选择，但是这两种选择都会给他们带来不利的后果，因此他们对这二者都极其排斥，但是又不得不选择二者中的一个。例如，某小学生患了蛀牙，他既不愿意牙痛，又不愿意去牙科看牙；趋避冲突即"接近—回避"型冲突，也就是"进退两难"的情境。在这种情境下，小学生面临的只有一个选择目标，但是这个目标既可以给他们带来好处，令他们很向往，又会给他们带来不利的影响，令他们想要逃避，由此产生了强烈的心理冲突。例如，假期中的社会实践活动，可以锻炼小学生的实践能力，提高小学生的人际交往和社会适应水平，但需要小学生每天坚持参加。多重趋避冲突即"多重接近—回避"型冲突。在这种情境下，小学生所面临的每个选择，都会为他们带来好处，与此同时又伴随着不利的影响。例如，小学生在选择社团活动课时，有多门课程可供选择，每门课程都有它的好处，也有它的弊端。

（二）人格特征

人格特征指的是在不同的时间与不同的情境中保持相对一致的行为方式的一种倾向。人格特征主要由气质、性格和能力三种成分表征出来，对个体心理健康影响较大的是气质和性格。

1. 气质

气质是不依活动目的、活动内容而转移的、典型且稳定的心理活动的动力特性。个体的动力特性具体表现为心理活动的速度、强度和灵活性。一个群体中所具有的共同或类似心理活动特点的规律性结合被称为气质类型。胆汁质、多血质、黏液质与抑郁质是四种主要的气质类型。具有胆汁质气质类型的小学生，在情绪方面，无论是快乐或悲伤，情绪体验都很强烈，情绪爆发后，能够迅速平息，并且具有很大灵活性。具有多血质气质类型的小学生，情绪易表露，也易变化，他们非常敏感,碰到不愉快的事情便大声哭泣,只需稍做抚慰,或有事让自己开心,立刻破涕为笑;他们思维敏捷、反应速度快,喜欢与人打交道。具有黏液质气质类型的小学生,情绪兴奋性相对较弱、情绪较稳定,不易产生强烈不安与热情;他们坚持性强,但灵活性不足,不易适应新环境。具有抑郁质气质类型的小学生,情感生活不丰富,很少外露自己的情感,但对生活中遇到的波折体验却很强烈;对事物反应具有较高的敏感性,能觉察到一般人所不能觉察出来的事件;他们不爱与人交往,常有孤独感。

2. 性格

性格是人格表征系统中最重要、最显著的方面,指人对现实的态度和行为方式中比较稳定的独特的心理特征的总和。例如善良、诚实、坚毅、大胆等,都是对一个人的性格特征的描述。已有研究表明,小学生性格发展水平随着年龄增长逐步上升,但其发展速率呈现不平衡,不等速的特征。小学 2—4 年级发展缓慢,是一个稳定的发展时期;4—6 年级的学生成长比较迅速,进入快速成长的时期。其主要原因是小学中、高年级的学生已经充分适应了以学习为中心的在校生活,集体生活的范围在逐渐扩展,同伴交往在不断增多,教师、集体、同伴对他们性格的直接影响越来越大,他们的性格特点也越来越丰富。到了小学六年级,学生开始进入青春期,青春期身心的巨大变化又会给他们性格发展带来深远的影响,这一时期各种性格因素都发生了很大的变化。这一时期的小学生求知欲迅速增长,而自制力明显减弱,思维的灵活性发展缓慢。他们有很强的情绪体验和对人对事的敏感性,但同时也缺乏自我分析和自我宽慰的本领,所以,他们性格的发展就会陷入矛盾之中。

(三) 认知态度

根据艾里斯的 ABC 理论,A 指诱发性事件(activating events),B 指个体在遇到诱发事件后相应产生的信念(beliefs),他对这一事件的看法、解释和评价,C 指特定情景下,个体情绪及行为的结果(consequence)。对同一事件 A,决定个体 C 的独特方式的最直接的原因是 B 而不是 A,即人的情绪或行为反应不是由某一诱发性事件的本身所引起的,而是由经历了这一事件的人对这一事件的解释和评价所引起的。对于小学生而言,其心理健康受情绪影响,而情绪受认知态度所支配。由于家庭环境和教养方式不同,所受的学校教育与生活经历不同,不同的小学生形成了不同的认知态度与价值观,因此就会对同一事物采取不同的评价态度,产生不同的情感体验,从而对心理健康产生不同的影响。例如,同样是考试不及格,不同的小学生对此评价不同,产生的情感反应也相应不同;同样是受到不公正的对待,不同的小学生会给予不同的解释,从而会产生不同的情绪体验。

视频

影响小学生
心理健康的因
素:认知态度

综上所述,小学生的心理健康状况是小学生自身与环境之间相互作用的结果。因此,教师不应该从单一因素去考虑对小学生心理健康的影响,而应该从多角度、多水平对影响因素进行全面的分析与干预,从而提高小学生的心理健康水平。

？ 自我复盘

通过本章的学习,请你结合对小学生心理健康的宏观印象,绘制出头脑中的知识建构图。

```
[空白方框]
```

📚 本章练习

1. 名词解释

心理健康　　自我意识　　气质　　性格

2. 简答题

(1) 判断小学生心理健康的方法与标准有哪些?

(2) 小学生的思维发展具有哪些特点?

(3) 小学生社会性认知的发展趋势有哪些?

3. 实践题

小刘,九岁,小学三年级的学生。她学习成绩优异,各方面能力很强,善于表现自己,喜欢参加学校和班级组织的各项活动。小刘的父母是商人,收入较高,家庭条件比较优越。她是家中的独生女,爷爷奶奶围着她一个人转,爸爸妈妈也对她十分宠爱。在学校,老师喜欢她,同学崇拜她。但稍加留意就会发现小刘经常会因为其他同学多得一朵小红花或受到老师的表扬而闷闷不乐,看到别人衣服漂亮她会不高兴,甚至有时还会故意找别人的"茬"。

请结合上述案例分析影响小学生心理健康的因素。

第二章
小学生心理健康教育概述

　　小学生心理健康教育是小学教育活动的重要组成部分。在小学阶段，教师基于小学生的身心发展特点，针对小学生常见的问题，开展系统的小学生心理健康教育，对于促进小学生心理素质和心理健康的全面发展有着很大的推动力量。因此，掌握小学生心理健康教育的内涵，把握小学生心理健康教育与德育之间的关系，了解小学生心理健康教育的历史与发展历程，理解小学生心理健康教育在教学工作中的地位和作用是十分必要的。

■ 学习目标

1. 掌握小学生心理健康教育的内涵；
2. 把握小学生心理健康教育与德育的关系；
3. 了解小学生心理健康教育的历史与发展；
4. 理解小学生心理健康教育的意义。

■ 关键问题

1. 如何从广义和狭义的角度理解小学生心理健康教育？
2. 小学生心理健康教育具体包含哪些类型？
3. 小学生心理健康教育的发展经历了哪四个阶段？
4. 小学生心理健康教育目前存在哪些问题？
5. 小学生心理健康教育在小学教育活动中有何作用？

■ 问题情境

丽丽在日记中写道：我平时学习成绩很好，总是班级的第一名，同学们都很羡慕我，说我是小天才，但他们根本不知道，我内心实际上并不为此感到快乐。我其实一直都很羡慕我们班上的一个同学，她虽然成绩中等，但是能歌善舞，而且很会开玩笑，我内心一直希望自己能够像她一样，成为学校文艺表演时的小明星。有些时候，我会很悲观，觉得自己的命运注定了就只能在学习上有些成就，多么希望有一种神奇的方法能让我一夜之间就变成她那样啊！有什么办法能帮我吗？

如果你是丽丽的心理健康教师，你在对丽丽进行心理健康教育时要注意哪些问题？这种类型的教育与德育有何区别？

第一节　小学生心理健康教育的内涵与理解

2012年,教育部颁发《中小学心理健康教育指导纲要(2012年修订)》,该文件对推进我国中小学心理健康教育工作起到了至关重要的作用。《中小学心理健康教育指导纲要(2012年修订)》中要求学校按照"全面推进、突出重点、分类指导、协调发展"的工作方针,根据本地区实际情况,积极做好学校心理健康教育工作。从此,小学生心理健康教育成为新时代统筹解决小学生心理健康问题的有效途径,并且在促进小学生的全面发展中发挥着越来越重要的作用。

一、小学生心理健康教育的内涵

理解小学生心理健康教育的内涵是整个小学生心理健康教育工作的起点,是保障小学生心理健康教育工作科学性和专业性的前提和基础。因此,对小学生心理健康教育基本内涵进行阐释与辨析,有利于小学生心理健康教育科学性、规范性和专业性的提高。

(一) 小学生心理健康教育的基本含义

小学生心理健康教育是以心理学的理论和方法为基础,根据小学生身心发展的特点,有目的、有计划、有针对性地开展工作,培养小学生良好的心理品质,开发其心理潜能,进而促进小学生身心和谐发展和素质全面提高的教育活动。

小学生心理健康教育的含义具体可以分成三个层次:其一,小学生心理健康教育是面向全体小学生的。小学生心理健康教育要根据小学生的身心发展特点进行,主要是指小学生的一般发展特点。在大多数情况下,小学生心理健康教育所做的工作是促进全体小学生心理素质的提高,并不只针对具有某些心理问题的小学生。其二,小学生心理健康教育以心理学理论和方法为基础,例如发展心理学、教育心理学、心理咨询与治疗等理论是小学生心理健康教育的理论基础。此外,小学生心理健康教育的具体操作方法是基于心理咨询理论流派和技术而产生并加以运用的。其三,小学生心理健康教育的根本目的是促进小学生身心和谐、全面发展。这是指小学生心理健康教育要培养小学生良好的心理品质,塑造小学生健全的人格,进而促进小学生潜能的开发。

关于小学生心理健康教育,我们可以从广义和狭义两个角度来理解。从广义的角度上讲,小学生心理健康教育是指一切有助于小学生心理素质的培养和人格健全的教育活动,包括学校、家庭、社会的有关教育、学科渗透和社会影响等;而狭义的小学生心理健康教育,是指在学校范围内的、以心理素质培养和健全人格为目的的专门教育。我们所说的小学生心理健康教育,主要是从狭义的角度来说的。

小学时期是个体心理发展的转折期,在这一时期,小学生开始学习生活,并与父母以外的教师和同伴接触。相比于学前儿童,小学生能够感受到更多的集体荣誉感,对父母、教师的态度也有所改变,这时,小学生的逆反心理可能是常见的心理问题。除此之外,小学生有着更多的学习课程、课外活动、家庭作业与学习目标,这就使得小学生容易产生厌学情绪,甚至会对学习产生恐惧心理。由此可见,小学生的身心发展特点,所处家庭、学校,以及社会文化等因素均可以导致各类心理问题。

小学生心理健康教育就是基于小学生的特点和问题,根据心理学的理论和方法所开展的具体教学和活动。从小学生心理健康教育的内涵来看,小学生心理健康教育是面向全体学生的,通过这种教育方式,可以帮助小学生认识自我、调控自我,提高自身的心理素质,并促进自身人格成长发展。小学生与同伴交往过程中,有时会产生自我怀疑和自卑的情绪,学校专门的心理健康教育就可以帮助小学生作出积极的自我评价,并增强自信心。

(二) 小学生心理健康教育与相邻概念的关系

想要科学深入地理解小学生心理健康教育,有必要分析它与小学生心理辅导、小学生心理咨询和小学生心理治疗这些相邻概念之间的关系。

目前,关于小学生心理辅导、小学生心理咨询和小学生心理治疗的概念尚没有统一的意见。一般而言,小学生心理辅导是指在一种新型的建设性人际关系中,小学教师运用其专业知识和技能,给小学生以符合其需要的协助和服务,帮助小学生正确了解自己、认识环境,在学习、人际关系等方面调整自己的行为,增强社会适应,充分发挥自己的潜能。小学生心理咨询是指咨询者运用心理学专业知识与技能,通过语言、文字和其他信息传递方式,给小学生以帮助、启发和指导的过程。小学生心理治疗是指在良好的治疗关系的基础上,由经过专门训练的治疗师,运用心理学的有关理论和技术,帮助小学生消除或缓解其心理问题或障碍,促进其人格向健康、协调的方向发展。从上述对心理辅导、心理咨询和心理治疗概念的分析,我们发现,它们与小学生心理健康教育在某些方面是相似的。例如,它们都是从心理上帮助人、教育人的过程;常采用一致的理论方法和技术:都希望通过助人者和求助者之间的互动,达到使求助者改变和成长的目的:都注重建立助人者和求助者之间良好的人际关系,认为这是帮助求助者改变和成长的条件;等等。因此,四者之间具有某种程度的一致性和渗透性。

但是需要注意的是,小学生心理健康教育与小学生心理辅导、小学生心理咨询和小学生心理治疗在工作对象、工作内容、工作模式和运作模式等方面具有不同之处。

1. 工作对象不同

在小学生心理健康教育和小学生心理辅导工作中,工作对象通常是以正常小学生为主,从事这种工作的人被称为辅导员或心理教师,他们需要接受涉及心理咨询内容的心理学或教育学专业训练。在心理咨询工作中,工作对象通常被称为来访者或求助者,主要指在适应和发展方面有某些心理困扰或轻、中度心理障碍(或称有轻、中度心理问题)的小学生,从事心理咨询工作的人被称为咨询者或咨询员,他们接受心理学专业训练。在心理治疗工作中,工作对象通常被称为患者或病人,主要指患有较严重的心理障碍(或称心理疾病、重度心理问题等)的小学生,从事心理治疗工作的人被称为临床心理学家(主要接受心理学专业训练)和精神病医生(主要接受医学专业训练)。

2. 工作内容不同

小学生心理健康教育与小学生心理辅导只是处理一般情境中的问题,即表层性(意识层)问题;小学生心理治疗则要深入人格结构的深层,即处理无意识层面问题;小学生心理咨询介于二者之间,即解决通往深层的中层面问题,同时也涉及表层与深层问题。

3. 工作模式不同

小学生心理治疗的工作模式是医学模式,心理医生通过心理分析等方法深入到患者的无意识领域,帮助患者处理无意识的冲动和神经质的焦虑,使其解除症状,改变病态行为,重建人格。在此种医学模式中,心理医生处于中心地位,享有绝对权威;而患者处于从属地位,只能被动地服从医生。小学生心理咨询的工作模式主要是教育和发展模式,咨询者主要是在意识层面工作,强调教育性、支持性和指导性,重点是寻找已存在于来访者自身的内在积极因素并使其发展,或在对现存条件分析的基础上提出改进意见。在这种教育和发展模式中,咨询者十分重视与来访者之间的真诚、尊重、同感和交互影响关系,并将来访者置于咨询过程的中心地位,双方关系是平等的、民主协商式的。小学生心理健康教育与小学生心理辅导的工作模式是教育和发展模式,强调教育性、发展性、主体性、活动性、协同性和成功性等。在小学生心理健康教育工作中,教师与学生之间是主导与主体的关系;在小学生心理辅导中,辅导员与学生是一种合作式、民主式的关系,辅导员只是协助学生解决问题,而不是代替学生解决问题。

4. 运作模式不同

小学生心理健康教育和小学生心理辅导是一种义务工作,是非经营性的;小学生心理治疗是经营性的;而小学生心理咨询既可以是非经营性的,又可以是经营性的,因此,咨询者在咨询之初要与来访者的监护人订立咨询契约,就咨询目标、方式、保密范围、收费方法、咨询时间、地点等问题达成协议,共同遵守。

总之,小学生心理健康教育与小学生心理辅导、小学生心理咨询、小学生心理治疗既有区别又有联系。其中,它与小学生心理辅导之间的联系尤为密切,即都关注小学生的整体发展,都强调主动性和超前性,因此,有时人们也将小学生心理健康教育直接称为小学生心理辅导。

延伸阅读

认识自己的二十问法

这是帮助你认识自己的一种方法,分两步进行。

第一步,问自己 10 次或 20 次:我是谁? 请你把头脑中浮现出来的答案一一写出来。例如:我是 ×× (姓名),我是 ×× 学校的学生,等等。由于这是自我分析资料,可以不给别人看,所以想到什么就回答什么,不要有顾虑。每次回答的时间为20 秒,如果写不出来,可以略去,继续往下写。

第二步,对自己的答案进行分析。分析的内容包括以下几个方面:

1. 答案的数量和质量,即一共写出几个答案,答案中哪些方面的内容多。如果能答出 9~10 个答案,则大体上可以认为没有特别的障碍。如果只能写出 8 个或更少的答案,则可以认为是过分压抑自己。因为个体在回答时,会以感到无聊、感到害羞、时间不够等为借口,不能回答更多的问题。

2. 回答内容的表现方式有三种情况:符合客观情况的,如"我是大女儿""我是小学生"等;主观解释的情况,如"我是老实人""我很胆小"等;中性的情况,即谁都不能做出判断的情况。如果主观评价和客观评价都有,可以认为取得平衡;如果倾向于主观或客观,则不能取得平衡。在主观评价中,最好是既说到自己好的方面(令人满意的特征),也说到自己不足之处(令人不满意的特征)。如果只说到好的,会使人觉得是自满;只作不好的评价,又会令人感到缺乏信心。

3. 回答的内容是否涉及自己的未来。哪怕只有一个答案涉及未来(如"我是未来的大学生"),也说明自己有理想和抱负,在现实生活中充满生机。如果没有一个答案涉及未来,则可能说明自己对未来考虑不多。

(三) 小学生心理健康教育的类型

从不同角度出发,小学生心理健康教育有着多种多样的类型,而对其进行明确的分类可以帮助教师在实际工作中更加具体、可操作。也就是说,在小学生心理健康教育工作的计划和实施中,教师可以根据小学生的个体差异、问题特征等,选择适当的心理健康教育类型,进而有效地帮助小学生,促进其发展成长。

1. 根据性质进行分类

根据小学生心理健康教育的性质,可以分为发展性心理健康教育和补救性心理健康教育。发展性心理健康教育是教师对小学生心理素质与心理健康进行有目的、有计划地训练与提升,使小学生心理品质不断得到优化。发展性心理健康教育面向全体小学生进行,目的是让他们更好地认识自我,提高自我调控、承受挫折及适应环境等能力,培养其健全人格及良好心理品质,继而努力提高他们的心理素质及心理健康水平。发展性心理健康教育是学校开展心理健康教育工作的基础和重点,同时也是主要任务。

补救性心理健康教育主要是针对那些在心理健康方面已经出现了一定问题的小学生进行专门的帮助,使之得以克服这些问题。也就是说,补救性心理健康教育面向的是少数具有心理困扰和心理障碍的小学生,并针对这些学生开展补救性和矫治性的心理咨询与辅导。通过补救性心理健康教育,学生可以尽快摆脱困扰和障碍,进行积极地自我调节,从而恢复并提高心理健康水平。

总之,发展性心理健康教育主要面对正常发展的小学生,是提高性的;而补救性心理健康教育则主要针对在心理方面出现不同程度问题的小学生,是矫正性的。如果将小学生心理方面出现问题这一情况比喻为生病的话,发展性心理健康教育就相当于锻炼身体和增强体质,而补救性心理健康教育则相当于治疗疾病。

2. 根据途径进行分类

根据小学生心理健康教育的途径,可以分为心育教学、心理咨询和心理治疗。心育教学是指根据小学生的心理特征和规律,运用辅导与教学等方法,帮助小学生形成良好的心理素质或调节其不良的心理健康状态。心育教学的基本特点是由教师主动地设计和实施辅导与教学方案。它既可以是发展性教学,也可以是补救性教学,但主要面对的是正常小学生群体;实施辅导与教学方案既可以在课堂内进行,也可以在课外活动中进行。

心理咨询是指根据小学生的心理特征与规律,运用心理学方法和技术,帮助来访者排除各种心理问题,使之能及时摆脱不利的心理状态,并恢复到健康的心理状态。心理咨询实际上是一种人际关系,在这种关系中,咨询师创造一定的心理氛围和条件,使得来访者的心理发生变化,做出选择,从而成为一个有责任感的独立个体,成为一个更好的人和更好的社会成员。心理咨询的主要特点是在学校咨询室内,由经过心理咨询专门训练的教育者,对前来咨询的小学生进行指导和帮助。心理咨询一般是补救性的,主要面对的是心理处于不平衡状态或者心理处于程度较轻的不健康状态的小学生。简单来说,心理咨询是通过人际关系运用心理学方法帮助小学生自强自立的过程,咨询的根本目的是帮助其做到自强自立。

心理治疗是一种治疗过程,是指在良好治疗关系的基础上,受过心理治疗专业训练的教育者,根据小学生所患有的特殊心理障碍,运用心理治疗相关的理论与技术,通过持续地人际互动,对已经产生较严重心理障碍的小学生进行专门的调节,消除或控制他们的心理障碍,恢复和增进其身心健康的过程。

3. 根据内容进行分类

根据小学生心理健康教育的内容,可以分为团体发展性教育、团体补救性教育、个别发展性教育和个别补救性教育。团体发展性教育主要表现在心育课程或者心育教学上。它是以班级作为一个单元,有目的、有计划地对小学生实施系统的教育方案,促使小学生养成与社会和生活相适应的心理素质。团体发展性教育是学校在制定办学方针、培养目标和办学思想的基础上,明确重点培养小学生哪些心理素质以及各年级应如何安排等问题,进而设计出相应的团体教育方案,并按预定计划实施。团体发展性教育活动的一般程序是:设计某个特定的情景,安排一定的活动,并通过教育、感染、沟通和暗示等方式来促使小学生某种心理素质的形成和发展。

团体补救性教育的主要开展形式是团体辅导,它是针对小学生群体中一些值得关注或者常见的心理问题而制定教育方案,并将其落实到学生所在的班级或者小组中,让学生能够获得正确的观念,从而转变不良的心理健康状态。这种教育活动在开展程序上和团体发展性教育基本相同,但是没有按照培养目标和办学思想进行系统设计,只是针对个体的具体情况或者存在的问题进行有针对性的教育活动设计。例如,"小学生逆反心理团体心理辅导""小学生厌学心理团体心理辅导"等都是比较常见的团体补救性教育主题。

个别发展性教育,即个别培养教育,它是根据每个小学生心理素质的实际情况,有目的、有计划地设计出一套系统的、适合这个学生心理健康成长的培养方案,再进行个别化实施,使这个学生能够健康成长。由于不同的小学生有不同的心理特点或情况,完全依靠团体教育是行不通的。所以,强调共性的团体教育和强调个性的个别教育相结合,才是有效的心理健康教育。相比于团体性质的教育,个别发展性教育并不存在于课堂中,而是通过提供某种条件或者创设某种环境以达到培养目的,如谈心、行为指导和强化。

个别补救性教育,以个别咨询为主要形式,它是针对学生个体的一些值得关注的心理健康问题以及学生的个人特点和实际情况,有针对性地制订出适合该学生解决自身心理健康问题的专项培养计划,对该学生进行个别实施,帮助其认识理解到正确的观念,改善不良的心理状态。个别补救性教育与个别发展性教育的不同之处在于,个别补救性教育不是预先进行系统设计的,而是针对学生成长过程中存在的具体心理健康问题进行设计,其目的是通过这一教育程序的实施,消除学生出现的心理问题,因而是矫正性、补救性的教育方式。

综上所述,心理健康教育是小学教育中的一种具有专门目的的、对小学生的特别教育,是包括心育教学、心理咨询和心理治疗在内的多种途径和形式的旨在培养小学生良好心理素质、促进小学生心理健康的教育和辅导活动。

二、小学生心理健康教育与德育的关系

小学作为人才培养的基础阶段，此时的品德发展和塑造将会影响个体终身发展。与此同时，小学生正处于好奇心强烈和学习能力迅速发展的阶段，因此小学阶段是对其进行正确心理引导的关键时期。教师正确理解小学生心理健康教育与德育之间的关系，有利于促进小学生心理的健康发展。

视频

小学生心理健
康教育与德育
的关系

（一）小学生心理健康教育与德育的联系

小学生心理健康教育与德育都是学校教育的组成部分，工作对象都是正在成长发展的小学生。因此，二者在基本职能、教育内容和教学渠道方面具有相同之处。

1. 基本职能基本相同

小学生心理健康教育是针对小学生生理、心理发展的特点，采用有关心理教育的方法与手段，以培养小学生良好心理素质，促进小学生身心全面和谐发展与素质全面提升为目标的一种教育活动。小学生心理健康教育是实施素质教育的重要组成部分，也是培养全面发展的高质量人才不可缺少的重要环节。

小学德育就是思想品德教育，是学校对小学生进行思想教育、道德教育、心理品质教育的统称。它是指教育者依据社会或者某一阶级的观念、政治准则以及道德行为规范等因素，有目的、有计划地对小学生施加影响，培养小学生的思想观念、道德品质和心理品质，使其在思想品德方面逐渐形成社会或者阶级所需要的观点和行为的教育活动。

由此可见，小学生心理健康教育与德育的工作对象都是学生，都是为社会主义现代化建设培养德智体美劳全面发展的人才，育人是二者基本的、共同的职能。

2. 教育内容有共同之处

小学生心理健康教育的高层次目标是培养小学生形成良好的心理素质。心理素质包括能力素质、心理品质和心理健康素质，因此小学生心理健康教育的内容包括心理品质教育。

1993 年国家教育委员会颁发的《小学德育纲要》指出了小学生心理品质教育的重点内容，即诚实守信，谦虚谨慎，宽宏大量，富有同情心，活泼开朗，勇敢坚强，坚忍不拔，不畏困难，不任性，惜时守信，认真负责，自尊自爱，锐意进取。1998 年教育部颁布的《中小学德育工作规程》在第二条中指出，德育就是向学生传授政治、思想、道德及心理品质的教育。它是中小学实施素质教育的一项重要内容，对于青少年学生的健康成长及学校各项工作起着导向、动力和保证的作用。这一规程明确了德育的内涵并指出心理品质教育在德育内容中占有重要地位。2014 年

教育部印发的《关于培育和践行社会主义核心价值观　进一步加强中小学德育工作的意见》中指出,要通过加强中华优秀传统文化教育、公民意识教育、生态文明教育、心理健康教育和网络环境下德育工作来培育和践行社会主义核心价值观。

3. 教育渠道有共同之处

小学生心理健康教育和德育都要求全面渗透在学校教育的全过程。在学科教学、各项教育活动、班主任工作等各方面工作中,教师都应注重对学生进行心理健康教育和德育,这是促进学生心理健康发展和培养优良品德的共同的重要途径。另外,小学生心理健康教育不仅可以与道德与法治课程及其他教学内容有机结合,而且还可以利用课外活动课、班团队活动进行。

4. 小学生心理健康教育是德育的基础

思想教育主要培养小学生的科学世界观;道德教育的核心是使小学生形成正确的人生观和价值观,以及符合社会要求的道德品质;心理健康教育主要培养小学生形成有利于个体生存发展的心理素质。因此,心理健康教育为小学生接受思想和道德教育提供良好的心理背景。换句话说,良好的心理素质是小学生接受教师的教育影响,形成良好的政治思想和道德品质的基础。

综上所述,小学生心理健康教育与德育有许多共同之处,二者之间有着密切的联系。正是由于这一点,有些人可能会忽视小学生心理健康教育,甚至把它视为德育的组成部分,以德育取代心理健康教育。这一观念是错误的,其实二者之间除了拥有共同之处,也都有着自己的特殊性。

(二) 小学生心理健康教育与德育的区别

小学生心理健康教育与德育作为学校教育的有机组成部分,分别承担着不同的任务,因此,二者在理论基础、教育目标、教育内容和教学方法上存在区别。

1. 理论基础不同

小学生心理健康教育主要以心理学理论为指导。在小学生心理健康教育中,根据发展心理学的相关理论,教师可以了解小学生身心发展的特点,进而开展具有针对性的心理健康教育活动。例如,根据埃里克森的人格发展阶段理论,教师可以得知小学生正处于勤奋对自卑的心理冲突中,因此可以制定与其相关的,如以厌学心理、自卑心理为主题的心理健康教育活动。除此之外,根据心理咨询与治疗的相关理论,教师可以针对具有某些心理问题的小学生,并采用适当的心理咨询与治疗方法为其提供适当的心理帮助。例如,当小学生由于某种因素产生认知偏差和负面情绪时,教师可以根据 ABC 情绪疗法来制订个案咨询计划,并帮助小学生恢复健康的心理状态。而德育主要以马克思主义理论为指导,并借鉴伦理学和心理学的一些理论。以这些理论为基础,德育帮助小学生初步养成爱祖国、爱人民、爱劳动、爱科学、爱社会主义的情感;树立基本的是非观念、法律意识和集体意识;初步养成孝敬父母、尊敬教师、团结同学的优秀品质;讲究卫生、勤俭节约、遵守纪律、文明礼貌的良好行为习惯,进而逐步培养起良好的意志品质和乐观向上的性格。

2. 教育目标不同

小学生心理健康教育的目标在于形成、促进、维护学生的心理健康,使其逐步形成良好的心理素质。德育工作则重视按照阶级及社会的利益和准则去规范学生的行为。小学生心理健康教育主要是为了解决学生在心理发展过程中存在的各种矛盾与冲突,帮助小学生走向心理基本成熟,促进个体身心全面、和谐发展。德育工作则直接解决小学生的社会倾向和政治倾向问题,帮助小学生树立正确的政治方向、世界观、人生观、价值观,解决是与非、善与恶的问题。小学生心理健康教育在人际关系层面上考虑,要求小学生成为一个特定的人,同周围的环境、同周围的人保持心理上的适应。而德育工作将小学生置于社会关系层面并进行考察和培养,并要求他们根据自己当前扮演以及未来将要担当的社会角色来采取行动。

3. 教育内容不同

小学生心理健康教育与德育从内容上看是一种交叉关系,它们都具有培养和发展心理品质的使命,但又各有其特定的内容。小学生心理健康教育主要是通过认识自我、加强自我调控、承受挫折和适应环境等方面的教育,有利于小学生在学习和课外休闲、心理指导的同时,情感逐步走向成熟,自我意识水平持续提高。而德育则是以认识社会为主线,帮助小学生认识到社会对他们的要求与道德规范,使其逐渐形成某种社会或阶级需要的思想观点与行为。

4. 教学方法不同

小学生心理健康教育特别强调尊重学生、信任学生、相信学生的潜力,以平等的态度对待学生,接纳、指导、协助学生,以达到助人自助的目的。在这个过程中,教师灵活运用交谈、倾听、讨论、角色扮演、心理测量、心理训练等方法。但德育工作以说服教育为主,以提供榜样、建立规范和实践锻炼为辅,属于教导的过程,通常偏向理论灌输和榜样示范指导行为。德育工作者起着"塑造者"的作用,用一定的要求来规范小学生的观念与言行举止。

在小学生心理健康教育中,教师并不扮演"塑造者"的角色,也不强求小学生接受其个人意见,他的作用在于推动小学生积极思考、自我反省,增强其分析问题的能力,使其通过解决自己成长过程中的问题逐渐成熟起来。因此,它要求教师放下主观立场,设身处地地感受小学生的内心体验,从而深刻了解其思想行为的动机。教师应尊重、理解与接纳小学生,使小学生感到自身的价值,感到其自尊心受到爱护,借以强化剖析自我,改变自我的勇气,与小学生保持平等交流的地位。小学生心理健康教育需要理解、接纳,而不是说教、劝告,这是人际沟通的艺术,是心灵的沟通。它要求教师体验小学生的内心世界,并对小学生的情绪做出适宜的回应;它以尊重为基础,以同感为前提,意在以心灵的沟通来强化小学生自我反省与自我完善的意向;它旨在帮助小学生成长,却不企图加以指导,目的在于强化小学生自立与自我完善的意向。因此,小学生心理健康教育不是一个灌输过程,而是一个讨论过程,是一个助人自助的过程。

综上所述,小学生心理健康教育与德育工作有密切的联系,同时也具有一定的区别,因此二者不能互相取代,但可以互为补充,结合进行,充分发挥二者在育人活动中各自的独特作用。

第二节　小学生心理健康教育的发展历程与现状

小学生心理健康教育作为一门学科和一项工作,在我国始于 20 世纪 80 年代。在四十余年的发展中,小学生心理健康教育取得了一系列的成效,但仍存在着一些消极倾向和亟待解决的问题。因此,我们有必要对我国小学生心理健康教育进行历史的回顾、现实的分析以及未来的展望。

一、小学生心理健康教育的发展历程

我国心理健康教育是改革开放的产物,最先在大学校园出现,然后逐步推广到中小学。随着教育观念的更新和素质教育的全面推进,我国的小学生心理健康教育经历了一个由引入、探索、起步到发展的过程。

(一)开始引入阶段

20 世纪 80 年代初,随着改革开放政策的贯彻,我国的心理健康工作首先在心理卫生领域开始出现。1985 年,中国心理卫生协会重新成立,并设置了心身医学、儿童青少年心理卫生、心理咨询与心理治疗等专业委员会。1986 年底,中国心理卫生协会在北京召开了首届青少年心理卫生学术交流会。以此为标志,心理卫生运动开始了向教育界的发展,从而对学校心理教育产生了重要的影响。在心理卫生运动如火如荼的同时,心理健康教育首先在我国的高等学校获得了最早的重视和发展。1982 年,北京师范大学率先成立心理测量与咨询服务中心,开展心理健康教育;北京大学 1984 年建立了心理健康咨询室;上海交通大学 1985 年建立了益友咨询服务中心等。紧随其后,中小学心理健康教育也迅速开展起来。1989 年,

上海市成立了中小学心理辅导协会,该协会是全国最早以推广、研究、普及提高中小学、幼儿园心理健康教育工作为宗旨的专业性学术团体。

(二)初步探索阶段

20 世纪 90 年代初,随着越来越多的人学习心理咨询与辅导的相关内容,关于学校心理健康教育的理论研究和实践活动活跃起来。各种学术组织纷纷成立,中国心理学会、中国心理卫生协会、中国社会心理学会、中国教育学会均有相关的分支组织或专业委员会,来负责心理健康教育的学术研究、人员培训等活动。特别值得一提的是,党和政府在这一时期也开始重视小学心理健康教育工作。1990 年 10 月,江泽民同志在中国少年先锋队全国代表大会的祝词中阐述了培养心理素质的重大意义,他说"要锻炼强健的体魄和良好的心理素质,一个民族的新一代没有强健的体魄和良好的心理素质,这个民族就没有力量,就不可能屹立于世界民族之林"。1993 年,中共中央、国务院颁发的《中国教育改革和发展纲要》指出,中小学要由应试教育转向素质教育,心理素质成为素质教育的一个重要组成部分。此后,中小学心理健康教育成为教育改革的热门话题,很多学校开始把心理健康教育作为教育改革的重要课题。

(三)正式起步阶段

20 世纪 90 年代中期,我国小学心理健康教育进入正式的起步阶段。1994 年,中共中央、国务院颁发了《关于进一步加强和改进学校德育工作的若干意见》,明确指出:"通过多种方式对不同年龄层次的学生进行心理健康教育和指导。"1995 年,国家教育委员会颁布《普通高校德育大纲》,把心理健康教育列为德育内容,具体包括普及心理卫生知识、培养良好个性品质、提高心理调适能力等。1999 年,教育部第一次就心理健康教育问题专门颁发了《关于加强中小学心理健康教育的若干意见》,该文件对中小学心理健康教育作了非常具体的要求和规定。2001 年初,中共中央、国务院再次颁发《关于适应新形势进一步加强和改进中小学德育工作的意见》,并又一次指出:"中小学都要加强心理健康教育。"由于得到了政府的支持,许多小学都系统地开展了心理健康教育工作,相关机构也有计划地制定了学校心理健康教育工作规范,许多单位组织编写了不同版本的小学心理健康教育教材。

(四)快速发展阶段

21 世纪以后,我国小学心理健康教育进入蓬勃发展的时期,其重要性越来越为人们所重视。2001 年,《中华人民共和国国民经济和社会发展第十个五年计划纲要》中明确提出"加强青少年的思想政治、道德品质、心理健康和法制教育",这是我国第一次把青少年的心理健康教育列入国民经济和社会发展的五年规划。同年 6 月,国务院颁发的《关于基础教育改革和发展的决定》中又十分明确地指出:"加强中小学生的心理健康教育。"2012 年 9 月,教育部颁发《中小学心理健康教育指导纲要》,强调了心理健康教育的重要作用,并指导小学开展心理健康教育工作。这些政策文件都有力地促进了我国小学心理健康教育的快速高效发展。

二、小学生心理健康教育的现状

从我国小学生心理健康教育发展的历程中,我们可以看出它是在政府主导下、自上而下地推行,这也是我国小学生心理健康教育能够得以快速发展的重要原因。

(一) 国家对小学生心理健康教育高度重视

自 2012 年教育部颁发《中小学心理健康教育指导纲要(2012 年修订)》以来,我国逐渐重视小学心理健康教育的实施和发展。2017 年,国家卫生计生委、中宣部以及其他多个部门联合印发了《关于加强心理健康服务的指导意见》,该意见表示,我国每年患有心理行为异常和常见精神障碍疾病的学生数量呈逐年递增的趋势,这充分显示出加强学生心理健康教育的重要性。由于党和政府的高度重视,教育部成立了中小学心理健康教育咨询委员会,加大了对全国心理健康教育工作的宏观指导。与此同时,大部分省、市、地区都成立了由领导、专家和富有实践经验的一线心理教师组成的心理健康教育研究与指导委员会,开展组织协调、政策制定、科研、培训、评估检查等工作,推进小学生心理健康教育在学校中广泛深入开展。

延伸阅读

教育部《中小学心理健康教育指导纲要(2012 年修订)》
节选

心理健康教育的主要任务是:全面推进素质教育,增强学校德育工作的针对性、实效性和吸引力,开发学生的心理潜能,提高学生的心理健康水平,促进学生形成健康的心理素质,减少和避免各种不利因素对学生心理健康的影响,培养身心健康、具有社会责任感、创新精神和实践能力的德智体美全面发展的社会主义建设者和接班人。

按照"全面推进、突出重点、分类指导、协调发展"的工作方针,不同地区应根据本地实际情况,积极做好心理健康教育工作。

全面推进。要普及、巩固和深化中小学心理健康教育,加快制度建设、课程建设、心理辅导室建设和师资队伍建设,积极拓展心理健康教育渠道,建立学校、家庭和社区心理健康教育网络和协作机制,全面推进中小学心理健康教育科学发展,在学校普遍建立起规范的心理健康教育服务体系,全面提高全体学生的心理素质。

突出重点。地方教育行政部门和学校要利用地方课程或学校课程科学系统地开展心理健康教育;要加强心理辅导室建设,切实发挥心理辅导室在预防和解决学生心理行为问题中的重要作用;加强心理健康教育师资队伍建设,建立一支科学化、专业化的稳定的中小学心理健康教育教师队伍。

分类指导。大中城市和经济发达地区,要在普遍开展心理健康教育工作的基础上,继续推进和深化心理健康教育工作,努力提高质量和成效,率先建立成熟的心理健康教育服务体系;其他地区,要尽快完善心理健康教育工作机制,建立心理健康教育辅导室和稳定的心理健康专业教师队伍,普遍开展心理健康教育工作。

协调发展。坚持公共教育资源和优质教育资源向农村、中西部地区倾斜、逐渐缩小东西部、城乡和区域之间中小学心理健康教育的发展差距,以中西部地区和农村地区发展为重点,推动中小学心理健康教育全面、协调发展。按照"城乡结合,以城带乡"的原则,加强城乡中小学心理健康教育的交流与合作,实现心理健康教育全覆盖和城乡均衡化发展。同时,着力提高中小学心理健康教育质量和成效,促进学生的心理素质和德智体美全面协调发展。

(二) 开展形式多样的小学生心理健康教育活动

目前,我国许多省市的小学都开展了一系列有关心理健康教育的实践活动,内容和形式丰富多彩,如开设心理健康教育课程,进行小学生个别心理辅导,开通心理辅导热线,组织小学生团体心理活动,开展小学生心理剧表演,建立小学生心理档案,运用多种媒介如板报、信箱等宣传心理健康的知识等。小学生心理健康教育活动已成为小学师生共同参与,社会和家庭紧密配合的一种重要教育活动。

(三) 进行小学生心理健康教育的理论研究

自心理健康教育活动在我国学校开展以来,一批学者、专家和广大教师开展了有关小学生心理健康的理论研究。如北京师范大学郑日昌教授主持的《学生心理健康教育研究问题》,上海市教科院吴增强研究员主持的《中小学心理健康运行系统的研究》,北京师范大学沃建中教授主持的《中小学心理素质建构与培养研究》,湖北省武汉市教科所徐学俊研究员主持的《中小学心理健康教育与心理辅导体系研究》,湖南师大郑和钧教授主持的《中小学生协同教学与心理发展研究》等。对近十年有关小学生心理健康教育的相关文章的统计分析,2013—2017 年文献总体呈现出阶段式上升趋势,2018、2019 年有小幅度下降,2020—2023 年呈现大幅度上升趋势,数量达 600 余篇。

（四）加强小学生心理健康教育教师队伍建设

全国各省市自21世纪初开始开展心理健康教育的师资培训工作,举办各级各类小学生心理健康教育教师的培训班。例如,"国培计划"中每年均有中小学心理健康教育教师的培训项目;北京市2000年对1 500名专兼职教师进行了培训;上海市从1999年开始为期一年的学校心理健康教师的上岗培训工作,并核发资格证书;天津市规定每校必须有1～3名心理辅导教师且持证上岗,目前已培训了12 000名教师。2023年,深圳、广州、长春等城市开始对中小学心理健康教师进行等级认证培训。有关高校还积极配合地方教育发展需要,调整专业或课程,培养专业的小学心理健康教育人才,这些措施对建立一支高素质的心理健康教育教师队伍起到了积极的作用。

三、小学生心理健康教育存在的问题

虽然我国各类学校都将心理健康教育放在了素质教育的首位,但是目前小学生心理健康教育依旧存在思想观念上重视不够、专业化师资力量不强、地区间发展不平衡、操作规范性不高等问题。

（一）思想观念上重视不够

小学开展心理健康教育,既是小学生自身健康成长的需要,也是社会发展对人才培养的要求,它是素质教育的重要组成部分,是培养高质量专业化人才的重要环节。然而,许多学校管理者、教师、家长对此重视不够,认识片面,认为素质教育和心理健康教育只是形式上的需要。有些小学虽然名义上开设了心理健康教育课程,建立了心理辅导室,举办了心理健康教育讲座等,但由于忽视了教师自身思想观念的转变和更新,缺乏正确的认识,最终也往往流于形式。因此,解决教师深层的认识和观念问题,是做好小学生心理健康教育的头等大事。

（二）专业化师资力量不强

加强小学生心理健康教育师资队伍建设,提高其心理健康教育能力,是保障小学心理健康教育顺利开展的关键因素。联合国教科文组织曾对学校心理健康教育教师的资格和训练提出三项要求:一是要具有教学文凭和教师资格证书,二是要有五年以上的教学经验,三是要系统地学习有关心理学课程。而我国目前从事小学心理健康教育工作的人员构成复杂,专职教师较少,班主任和学科教师兼任,还有部分学校由校医兼任或者外聘社会机构的教师,他们的专业资质远不如专职教师,专业水平有待提升。2023年,有研究者对某市中小学心理健康教育教师进行了调查。调查发现,兼职教师占 78.42%;专职教师中有心理学专业背景的占 50.38%,而在兼职教师中,有心理学专业背景的仅占 5.95%。

(三) 地区间发展不平衡

目前,我国小学生心理健康教育工作在上海、北京、广州、南京等地已进行了四十余年的研究与实践,积累了许多成功的经验,取得了很好的成效。但是就全国而言,存在着地区间发展的不平衡,大中城市、经济发达地区、东南沿海等地区重视程度高,普及面广,发展速度快。而小城镇、中西部经济欠发达地区,特别是广大农村小学,无论是重视程度、普及面还是发展水平都不理想。农村小学、乡镇小学的心理健康教育工作,不论是工作内容的丰富程度,还是拥有专职心理教师的学校数量;不论是开设心理咨询与辅导的学校数量,还是设置心理咨询室的学校数量,都落后于城市、城区小学。城市、城区小学不仅比农村地区的小学更加重视心理健康教育,而且拥有更多的教育资源,便于开展形式多样、内容丰富的心理健康教育工作,这使得他们能够聘请专职心理教师并开设心理健康教育相关课程,编写校本教材;能够建设心理咨询室并开展心理咨询与辅导。

(四) 操作规范性不高

小学生心理健康教育是一项操作性很强的专业性工作,缺乏规范性,不仅会损害它的科学性,而且会影响小学生心理的健康成长。目前,我国小学生心理健康教育教师的培训通常强调专业知识和操作技能,专业伦理规范常常被忽视,以至于很多心理健康教育教师(尤其是兼职教师)对小学生心理健康教育的专业伦理不甚了解。另外,由于师资力量的专业化水平有限,缺乏相应行为规范的约束和指导,教师在实际教育过程中失控现象时常发生,造成了一些负面的影响,如误用测验量表或其他测验手段,随意解释测验结果,缺乏对测验结果的深度分析等。

四、小学生心理健康教育的发展趋势

小学生心理健康教育已成为现代学校教育的有机组成部分,这是小学生自身发展的需要,是教育改革和发展的需要,也是未来社会对人才培养的需要。面对未来,我国的小学生心理健康教育在制度化、普及化、专业化和科技化方面会得到进一步的保障和发展。

(一) 小学生心理健康教育的制度化

小学生心理健康教育是教师运用专业知识和技能提供心理服务,协助小学生解决学习生活中的各种心理问题,从而促进其心理素质和心理健康水平的提高。

因此,小学生心理健康教育的制度化管理,可以明确小学心理健康教育教师的申请资格与条件,工作的职责与范围,以及相关的权利和义务;还可以确定小学生心理健康教育在小学组织结构中的地位,合理解决小学心理健康教育教师身兼数职的问题。同时,相关部门还应该设立专门的专业管理机构,加强对获得资格的小学心理健康教育教师的后期审核和专业技术培训,建立并实施督导计划,成立专业伦理委员会,接受伦理问题的申诉,并负责对违反专业伦理守则的行为进行处理。

(二) 小学生心理健康教育的普及化

随着观念的更新,文明程度的提高,教育的发展以及生活水平的改善,小学生心理健康教育将渗透在教育观、学生观和人才观之中,成为学校教育的内在要求,同时也将成为追求身心和谐、健康发展的每一个小学生的内在需要。小学生心理健康教育将会获得更广泛而普遍的全方位发展,由沿海经济发达地区逐步扩展到中西部内陆地区,由城市、城区小学扩展到农村、城镇小学。不仅如此,小学生心理健康教育也会全面渗透到学校教育的全过程和各方面,成为学校整体工作的有机组成部分。

(三) 小学生心理健康教育的专业化

由于小学生心理健康教育的操作性、规范性和科学性很强,对小学心理健康教育教师的专业要求很高,只有经过专业培养和专门训练的教师才能胜任。所以,要保证这项工作的科学性和规范性,就必须建立一支训练有素、数量充足的师资队伍。在未来的小学生心理健康教育工作中,教师的专业训练时间和频率会延长和增加,继续教育会成为常态化,有更多的地区将制定小学心理健康教育教师的专业标准。除了短期的培训,很多高等院校也会大力发展相关专业,以培养数量充足的专业化心理健康教育教师。

(四) 小学生心理健康教育的科技化

社会科学技术的突飞猛进,尤其是信息科学、神经科学和心理科学的发展,为小学生心理健康教育工作的现代化提供了保证。目前,计算机及网络技术在小学生心理健康教育活动中已获得了广泛的应用,许多小学对学生的心理测量在计算机上完成,各种心理档案资料的储存、管理和运用由专门的算法和程序处理。小学心理健康教育教师的培训可以通过网络进行大规模的专业训练,可以建立全国心理健康教育网络系统,教师间互通信息、共享资源。

综上所述,目前我国的小学生心理健康教育在以多种多样的形式蓬勃发展,一线学校开展了小学生心理健康教育的理论与实践研究,高等院校对小学生心理健康教育专业师范生进行了专业化的培养,这一点是值得肯定的。小学生想要形成健康的心理,则需要家庭、学校、社会三方面的共同努力,承担各自的教育责任,通过各种积极方式打开教育渠道,给小学生创造一个良好的教育环境,为他们的身心健康教育提供条件,努力培养他们强大的心理素质,促进小学生的身心全面发展。

第三节　小学生心理健康教育的地位与作用

小学生心理健康教育是素质教育的重要组成部分,它的发展程度决定了小学生的自我发展、自我完善和自我成熟。对小学生进行心理健康教育,旨在促进其心理健康,提高其心理素质,开发其心理潜能。因此,小学生心理健康教育不仅是现代学校教育的基石,更是人的全面发展的奠基工程。

一、小学生心理健康教育的地位

从发展心理学的角度看,小学生正处于身心发展的重要时期。小学生的思维方式由具体形象思维向抽象逻辑思维过渡,并具有一定的不平衡性;情绪方面虽然有能力控制、调节自己的情绪,但仍然具有较强的冲动性,并且在面对各类学习活动时容易产生消极情绪;自我意识方面能够根据人际关系以及动机等特点来描述自己,但具有片面性和不稳定性。在这种情形下,开展小学生心理健康教育,不仅是学生全面发展、实施素质教育的需要,也是现代学校教育体系中不可缺少的重要内容。

(一) 小学生心理健康教育是现代学校教育的基石

现代学校教育由三个方面构成:一是自然科学知识,二是社会科学知识,三是有关人类本身的知识。小学生心理健康教育所涉及的是对自己知识的理解,在现代教育理念中,塑造人格要比传授知识与技能更为重要。小学生心理健康教育作为现代学校教育中的一个标志,最主要的特点是以人为中心,其最终目的是要更好地实现个体全面发展与潜能充分开发。一个人的成长不仅要有工具性知识技能和智力开发,还要具备完善的心理素质,要学会理性调节自身情绪,塑造健全人格,要学会更好地开发自我,更好地生存。学校教育在教授知识之余,更应重视学生全面素质提升,为学生健全人格提供成长的土壤。学生拥有良好的心理素质,可以为其他领域的学习提供更有效地支持。小学生心理健康教育的这一功能,决定了其在现代学校教育中处于基石地位。

（二）小学生心理健康教育是素质教育的重要内容

所谓素质教育就是根据人的发展以及社会发展对人才的现实需求,把提高全体学生的基本素质作为根本宗旨,尊重学生主体,树立主动精神,重视对学生智力潜能的开发,把帮助他们养成健全人格作为教育的基本特征。

1. 小学生心理健康教育是素质教育的内在要求

当前提倡和实施的素质教育就是培养学生各个方面的综合素质。教育部印发的《义务教育课程方案(2022年版)》强调,要"坚持全面发展,育人为本;聚焦核心素养,面向未来"。小学生心理健康教育既是学校教育内容的充实,也是素质教育体系中的一个重要环节。小学生心理健康教育关系到素质教育目标的达成和素质教育的真正效果,它不仅是素质教育的起点,也是素质教育的最终归宿。

2. 小学生心理健康教育在素质教育中处于基础与核心地位

没有完善的心理素质就不能很好地发挥智力等素质的作用。学生所有的成长,无不以它为基础,以它为脉络。小学生心理健康教育包括对小学生进行认知与思维能力的培养,形成健康的心态、崇高的感情、坚强的意志品质,以及学会战胜生活困难、化解学习中的困难,养成关心别人的好习惯,提高创造力。只有内心世界适应了外部生存发展环境,小学生在德智体美劳等方面才会同时进步。

3. 小学生心理健康是实施素质教育的一个重要目的

心理健康教育能够切实提高小学生的心理素质,是全面推进素质教育目标实现的一项重要内容。重视并加强小学生心理健康教育工作,有计划、有针对性地传播心理健康知识,促进小学生心理健康发展,从而实现生理、心理素质全面发展。良好的社会适应能力对于培养社会需要的人才,推进素质教育的发展和民族素质的提高都具有十分重要的作用。

（三）小学生心理健康教育是全面发展教育的组成部分

从马克思主义理论出发,人的全面发展是人的体力和智力、能力和志趣、道德精神和审美情趣的多方面的统一发展。它是包括人的心理健康发展在内的全面发展,因此,全面发展的教育必然包括心理健康教育发展的内容。苏联著名教育家苏霍姆林斯基指出:"离开了心理方面的培养,体力、道德和审美方面的培养都是无法设想的。"小学生心理健康教育对于贯彻国家教育方针,培养全面发展的人才至关重要。

长期以来,由于多种原因,小学生心理健康教育未能受到应有的重视,在以"德、智、体、美、劳"为主的全面发展教育中,没有明确提出心理健康教育。从严格意义上讲,全面发展的教育不是没有心理健康教育,而是没有系统与独立的心理健康教育,心理健康教育大多被纳入了德育的范畴。但是就当代社会的发展，当代教育的发展以及当代小学生的发展而言，学校应该有体系独立而健全的心理健康教育，心理健康教育的目标、性质、功能、原则、内容与价值等，都是其他教育所无法替代的。

（四）小学生心理健康教育是小学生身心发展的需要

小学是人生的一个重要阶段，在很长一段时间里，我们的教育中普遍存在着重智育而忽视德育、重视生理健康而忽视心理健康等现象，许多教师缺乏心理健康教育方面的认识与能力。就目前小学生的心理健康现状而言，心理问题日渐增多，呈现出向低龄化方向发展趋势。大、中、小学生出现诸多心理问题的原因都可追溯到其小学时期。与此同时，大量调查结果也表明小学生心理健康问题必须得到我们足够的重视，比如他们在生活中常常会遇到的交往上的冲突，学习上的困难，情绪上的冲动，娱乐上的限制和行为上的不良。从个性心理素质上看，这些问题呈现出小学生依赖性强，自制力、责任心、意志力较弱的特点。

二、小学生心理健康教育的意义

在社会层面上，小学生心理健康教育有利于社会主义精神文明建设和社会局面的安定和谐；在学校层面上，小学生心理健康教育对学校的其他教育具有促进作用，有利于推进素质教育的全面实施；在个人层面上，小学生心理健康教育有利于学生形成健全的人格，提高其社会适应能力，促进其身心健康和全面发展。

（一）小学生心理健康教育有利于社会精神文明建设

加强社会主义精神文明建设是我国新时代的一项根本性的战略任务。学校是培养人才的基地，也是建设社会主义精神文明的重要场所，所以开展小学生心理健康教育，优化社会心理环境，既是社会主义精神文明建设的一项重要内容，也是社会主义精神文明建设的一种动力，其意义重大。首先，心理健康教育有助于小学生克服自身消极的心理状态，促进积极向上心理的形成，振奋民族精神；其次，心理健康教育有助于塑造小学生健全的人格，提高道德水准，净化社会风气；最后，心理健康教育有助于调动小学生的主动性、积极性和创造性，从而以科学的态度面对学习和生活中的各种问题，推动文化的发展与进步。另外，健康的心理，良好的心理素质，对社会的安定和谐具有稳压器和润滑剂的作用。目前有些小学生在同伴交往中发生矛盾冲突，甚至是攻击行为，其原因是多方面的，但与小学生的心理健康水平不高、心理素质不强有很大关系。例如，当个体心理承受力、自我控制力等心理适应能力不强时，就可能在遭遇挫折后采取不理智的行为，从而给学校和社会带来一系列不安定的因素。

（二）小学生心理健康教育有利于学校其他领域的教育

小学生心理健康教育作为基础性工作为学校开展其他领域的教育创造条件，其主要体现为以行之有效的方式，让学生保持良好的受教育心理，让各项教育更高效地开展。学校心理健康教育所特有的理论与方法也为学校教育带来了新的视角，从更为广阔的领域和更高层次出发，对德育、智育、体育、美育、劳动教育进行策划与实施，使学校教育更切合小学生的特点和教育规律。

就德育而言，虽然培养心理素质与思想道德素质的理论基础、目的任务、途径方法等均有不同，但是小学生心理健康教育对提高小学德育工作却具有积极作用。小学生心理健康教育对德育的促进作用体现在：第一，基于小学生的心理特征进行心理素质教育有助于教师增强德育工作的针对性；第二，强调对小学生的尊重、理解和信任，有利于在德育工作中营造一个和谐、融洽、互相了解的人际交往环境和心理环境；第三，学生某些不良品德与行为问题常常在不良的心理状态中形成和趋向严重，有些不良行为背后的真正原因是心理问题，所以，小学德育工作要重视对小学生进行心理教育，只有将这两者有机地融合起来，德育工作才会具有坚实的心理基础和事半功倍的效果。

就智育而言，小学生心理健康教育有助于智育的科学化和效率的提高。小学生心理健康教育能提高小学生认知能力（如感知力、记忆力、思维力、想象力等），有利于小学生学习水平的提高。有研究发现：在学习成绩良好的小学生中，心理正常者比存在心理问题者所占比例更高；相反地，在学习成绩较差的小学生中，品行障碍者比心理正常者比例更高。这一结果说明心理健康问题是影响小学生学习质量的一个重要原因。

就体育而言，小学生心理健康水平的高低，直接关系到其生理健康状况的好坏。现代医学证明，很多心理问题都会直接导致或者加重一些疾病的进展，甚至导致个体生理机能的整体衰竭。有研究发现，情感对性成熟过程有直接作用，过度情绪低落可直接造成性激素分泌量不足而影响身高、体重等，不良的情绪也会导致呼吸加快，心跳加快，手脚发麻，全身皮肤出现针刺感和头晕的现象，这就是医学上常说的"换气过度"。

就美育而言，心理健康教育有助于小学生更清晰地认识自己的兴趣、特长和情感需求，进而培养他们对美的认知和欣赏能力。通过心理健康教育，小学生能够更深入地理解美育活动背后的意义和情感，提升自身的审美水平。同时，心理健康教育可以培养小学生的情感表达能力和创造力，帮助他们更好地表达内心世界，释放情绪和情感。这对于美育课程中的艺术创作、表演等活动具有重要意义，促进小学生在美育领域的发展。

就劳动教育而言,心理健康教育能够培养小学生的团队合作意识和交流能力,帮助他们更好地与他人合作、分享和协作。在劳动教育中,这种团队合作精神可以促进小学生合作完成任务、互相支持,提升班集体的工作效率和质量。同时,心理健康教育能够培养小学生的责任感和自信心,使他们能够勇于承担任务、克服困难。在劳动教育中,这种责任心和自信心可以帮助小学生更积极地投入到社会实践活动中,不断提升自我价值和实践能力。

(三) 小学生心理健康教育有利于小学生身心健康

身心健康是小学生一切发展的前提和基础。陶行知先生曾指出:健康是生活的出发点,也是教育的出发点。只有生理健康和心理健康都得到重视,小学生才能全面提高他们的身心健康水平。

1. 小学生心理健康教育有利于形成健全的人格

心理健康教育是小学生个性全面发展和健全人格养成的基础。小学生的成长过程,既是学习知识、发展智能、增强身体素质的过程,也是人格的形成和发展的过程。开展小学生心理健康教育,不仅能够帮助他们提高自我认识,解决学习困扰,调控情绪情感,培养意志品质,改善人际关系,而且能为他们健全人格的养成打下基础。目前部分教师与家长重视知识的获得和智能的开发,而相对比较忽视优良品德和健康人格的塑造,这就会造成小学生身心发展的缺陷,不利于整体素质的提高和成才立业。小学生心理健康教育坚持以人为本,强调无条件地尊重,完整地接纳,这会使小学生感受到自身存在的价值,充分发挥自己的潜能,使人格得到完善和升华。

2. 小学生心理健康教育有利于提高社会适应能力

今天的小学生是未来社会的建设者、参与者和接班人。作为社会的成员,他们不仅要有为社会作贡献的愿望和真才实学,也需要有良好的社会适应能力,这是社会对人才的基本需求,也是现代人心理健康的重要标准。因此,通过心理健康教育,促进小学生社会适应能力的提高是必要的。人的心理和行为是密不可分的,良好的行为习惯受良好心理素质的支配,同时,良好行为习惯又可以内化、积淀为一定的心理素质。人的心理素质一旦形成,在相应的情景中就会产生条件性反应,进而表现为一定的适应能力。心理健康教育根据小学生身心发展特点,采取科学有效的途径与方法,提高小学生心理素质,促进良好行为习惯的养成,从而培养和增强小学生相应的社会适应能力。

3. 小学生心理健康教育有利于减轻学习负担

2021 年 7 月,中共中央办公厅、国务院办公厅印发的《关于进一步减轻义务教育阶段学生作业负担和校外培训负担的意见》指出:"构建良好生态、有效缓解家长焦虑情绪,促进学生全面发展、健康成长。""双减"减的是家长和学生的负担,其核心是让教育真正回归"立德树人"的根本任务,更强调培养学生的自主性,促进学生的全面发展。减轻学生过重的学习负担,涉及的因素很多,开展小学生心理健康教育是有效的途径之一。产生小学生过重的学习负担有其社会、家庭、学校的多种原因:有来自外部的,也有来自内部的;有学习量的客观方面,也有心理的主观方面。有研究表明,小学生内部的心理压力是造成小学生过重学习负担的重要原因。因此,想要减轻小学生过重的学习负担,必须减轻小学生过重的心理压力,增强小学生的心理承受能力。心理健康教育可以激发小学生的学习动机,培养小学生广泛的学习兴趣,锻炼其战胜困难的意志品质,树立良好的自尊和自信等,提高他们的心理承受能力,有效降低各种学习焦虑,从而极大地调动小学生学习的积极性和主动性,愉快、轻松地学习,达到提高学习质量的效果。因此,减轻学生的学习负担,除了可以从学习任务的量和难度上加以调整,还可以通过减轻学生心理压力、提高心理承受能力、开发心理潜能的心理健康教育来实现。

❓ 自我复盘

　　通过本章的学习,请您结合对小学生心理健康教育的宏观印象,绘制出头脑中的知识建构图。

📖 本章练习

1. 名词解释

小学生心理健康教育　　　发展性心理健康教育　　　补救性心理健康教育

2. 简答题

(1) 小学生心理健康教育与德育之间具有哪些关系？

(2) 小学生心理健康教育与心理辅导、心理咨询、心理治疗有哪些区别？

(3) 小学生心理健康教育未来发展的趋势如何？

(4) 小学生心理健康教育在学校教育中有怎样的地位？

3. 实践题

小红，女，11岁，是一名小学四年级的学生。小红的父亲在公安局工作，母亲在保险公司工作，家庭条件较好，家庭成员在物质方面的需要都能够得到满足。小红是在父亲的溺爱以及母亲的严厉教导下成长的，母亲对小红的说服引导较少，经常责骂小红，埋怨小红是个"笨孩子"。

在学校里，小红极端厌学，在上课时什么也不学，经常玩东西、啃手指、左右乱转或打扰其他同学学习。因此，小红的学习成绩很差，除了英语之外，其他科目几乎不做作业。小红在和同学的相处方面也存在问题，同学们都不愿意和她玩，也不愿意和她坐同桌。正因为这样，小红严重缺乏自信，情绪变化无常，喜欢一个人待在角落里。不仅如此，她还经常偷拿其他同学的物品，如笔、本、橡皮、钱等，如果是偶然在地上捡到，她就会据为己有。她还会用偷偷拿到的钱买东西，送给其他同学，希望有人能够喜欢她，和她玩。

请结合案例，说明如何通过心理健康教育和德育的方式来帮助小红。

第三章
小学生心理健康教育的目标、原则和内容

教师应帮助小学生认识困难与挫折是人生道路上经常发生的事情，引导学生正确对待所遇到的困难和挫折，培养他们内心的安全感，知道正确对待挫折可以磨炼自己的意志，能使自己成熟和坚强。教师可以引导学生在日常的学习与生活中，遇到困难与挫折不退缩、不回避，能正确对待挫折，并看到自己的长处，取长补短；帮助学生学会遇到挫折后能积极探索正确的解决方法，或者及时向成人寻求帮助。

■ 学习目标

1. 掌握小学生心理健康教育的目标；
2. 了解小学生心理健康教育的原则；
3. 把握小学生心理健康教育的内容；
4. 能够根据学段差异有针对性地开展小学生心理健康教育工作。

■ 关键问题

1. 提出小学生心理健康教育目标的依据是什么？
2. 小学生心理健康教育的总目标和具体目标分别是什么？
3. 教师在进行小学生心理健康教育时要遵循哪些原则？
4. 小学生心理健康教育的核心内容是什么？

■ 问题情境

林林是一个很聪明的孩子：上课时认真听老师讲课，积极回答课堂问题，课下也能按时完成作业。性格开朗的她与班级同学相处得十分友好，平时也乐于帮助同学。但是自从几次数学考试，林林取得的成绩不太理想后，她的性格发生了微妙的变化。林林开始变得沉默寡言，看起来总是郁郁寡欢，课堂上也不再踊跃发言，好像总是有一些自己的心事。心理老师在与林林交谈后发现，她因为自己数学考试没考好，非常伤心，慢慢地也开始觉得是自己太笨了，所以怎么学都学不好，并开始担心自己不能在以后的考试中有好的表现。

林林的情况属于哪种心理健康问题？教师对其进行心理辅导应达成怎样的目标？

第一节 小学生心理健康教育的目标

小学生心理健康教育的目标是学校开展心理健康教育的基本方向和依据,它决定了心理健康教育的内容,直接影响了心理健康教育的途径和方法,与此同时,它也是检验、评估心理健康教育效果的重要参考标准。因此,小学生心理健康教育是整个学校心理健康教育工作的航标灯和方向盘,科学地理解并掌握小学心理健康教育的目标与任务,对教师顺利实施心理健康教育具有重要的理论意义和现实意义。

一、小学生心理健康教育目标提出的依据

心理健康教育的目标是指在一定阶段内心理健康教育所要达到的预期结果,它规定了心理健康教学活动的方向,是确定心理健康教育内容,设计心理健康教育方案,运用教学方法,选择学习活动,评价学习效果以及诊断补救的依据。

(一)以学校教育目标为依据

心理健康教育是学校教育的组成部分之一,是素质教育的中介和基础。因此,小学生心理健康教育的总目标应与学校教育目标相一致,反映党的教育方针和要求,注意与德智体美劳等教育目标的沟通和衔接。换言之,小学生心理健康教育在直接提升小学生的心理健康水平、增强小学生心理素质的同时,还要促进全体小学生的全面发展,即小学生心理健康教育的目标就是要促进学校教育目标的实现。

(二)以发展性理念为依据

发展性理念是心理健康教育最本质的特征之一。小学生心理健康教育的目标应着眼于心理素质的提高、心理机能的充分发挥以及个性的和谐发展,而不应该把重点仅放在对学生问题心理及行为的干预与改善上。虽然后者也是小学生心理健康教育目标的内容,但整个小学生心理健康教育的目标应体现发展为主、防治为辅的精神。

(三)以小学生心理发展规律与年龄特点为依据

小学生处于人生发展的重要时期,期间经历了儿童期与少年期,这两个阶段存在着既有区别,又相互联系、相互衔接、持续发展的关系。在各个不同发展阶段,小学生的心理发展既有共性的一面,也有不同的年龄特点,同时还存在着个体差异。

从心理健康的角度来看,每一阶段的小学生都有其不同的发展任务,也都有其不同的发展中的矛盾与困难。因此,小学心理健康教育的目标体系应当反映小学生身心发展的特点与规律,体现不同阶段小学生在心理发展上的分化与衔接。

(四) 以小学生心理健康的标准为依据

小学生心理健康教育的根本目标在于促进其心理健康,那么小学生心理健康教育目标体系的建构,就不能不依据小学生心理健康的标准。虽然关于小学生心理健康的标准问题尚未取得一致认识,但是生存适应、发展适应、心理适应、社会适应以及在学生角色上的具体化,在一定程度上可以体现小学生心理健康标准的内在逻辑要素,可以作为制定小学生心理健康教育目标的参照。

(五) 以系统观点及协同思想为依据

小学生的心理健康不是单一的构成物,从心理健康机理的分析来看,小学生的心理健康是多种因素相互作用的结果,在结构上它是由内外子系统有机构成的综合运行系统,在表现形式上可外化在小学生活动的不同领域。因此,小学生心理健康教育目标的建构,应兼顾社会要求与个人需要,考虑目标的层次性及其合理性,以及心理素质内在要素的相对完整性与协同性。

二、小学生心理健康教育的总目标

世界卫生组织把个体的健康定义为"不但没有身体的疾病和缺陷,还要有心理和社会适应能力的完满状态"。这表明,在现代社会,仅仅没有身体的疾病和缺陷还不能算作健康,还需要健康的心理和良好的社会适应能力。教育部 2012 年 9 月颁布的《中小学心理健康教育指导纲要(2012 年修订)》(以下简称《纲要》)中指出,心理健康教育的总目标是提高全体学生的心理素质,培养他们积极乐观、健康向上的心理品质,充分开发他们的心理潜能,促进学生身心和谐可持续发展,为他们健康成长和幸福生活奠定基础。

小学作为个体在学校学习生活的开端,其心理健康教育的目标应完全贯彻心理健康教育的总目标,尤其是针对小学生积极心理品质的培养,更要在最早期的阶段做好准备工作。整体而言,小学生心理健康教育应围绕着小学生身心和谐发展的最终目标,从心理素质维护的这一基础性要求出发,进一步创造和谐的教育环境,提供优秀的师资力量,开展优质的心理健康教育服务,结合小学生发展的个体差异,培养他们积极的生活心理状态,最终实现潜能的挖掘和培育,帮助他们成长为具有超越自我价值追求的青少年。

三、小学生心理健康教育的具体目标

《纲要》中明确提出了小学心理健康教育的具体目标:使学生学会学习和生活,正确认识自我,提高自主自助和自我教育能力,增强调控情绪、承受挫折、适应环境的能力,培养学生健全的人格和良好的个性心理品质;对有心理困扰或心理问题的学生,进行科学有效的心理辅导,及时给予必要的危机干预,提高其心理健康水平。落实到小学心理健康教育工作中,具体目标主要表现为解决性教育目标和预防性教育目标两个模块。解决性教育目标围绕着已经发生的小学生心理健康问题,给予其有效的心理咨询服务,使他们尽快调节,恢复到健康的生活状态;预防性教育目标主要指向小学生心理素质的成长和发展,在基于心理发展规律的基础上,充分利用家长、学校和社会三位一体的力量,减少和避免各种不利因素对小学生心理健康的影响,培养身心健康、具有社会责任感、创新精神和实践能力的德智体美劳全面发展的社会主义建设者和接班人。

视频

小学生心理
健康教育的
具体目标

(一) 培养认知能力

培养和训练小学生具有较高的认知能力,注重开发其心理潜能,矫正其不良认知。通过认知发展教育使小学生了解认知发展的规律、特点及自身认知水平;通过一系列认知活动训练帮助他们意识到自身的不良认知,并学会对认知进行调控。

(二) 调控情绪情感

培养和训练小学生具有自我情绪调控能力,使其情绪稳定、心情愉快、积极情绪多于消极情绪,经常保持乐观、积极、向上的心态,情绪反应适度。通过情绪心理活动使小学生了解情绪的正常值及自身情绪变化的特点;通过有效的调控手段使其经常保持良好的心境和乐观的情绪,形成适度的情绪反应能力和较强的抗干扰能力,避免情绪的大起大落和两极化波动,使其学会科学地调控自己的情绪,避免心理失衡。

(三) 磨炼健全意志

培养和训练小学生具有健全的意志,使其能自觉地确定行为目的,并根据目的克服各种困难以实现预定目的,注重提高其行动的自觉性、果断性、顽强性和自制力。通过意志优化教育使小学生充分了解意志在成长中的作用以及自身意志品质的弱点,协助小学生提高调节自我、克服困难的主观能动性,提高意志行为水平,不为偶发的诱因所驱使;通过意志训练使其学会应对挫折刺激,增强心理承受力,从而避免心理偏差,具备果断、持久、坚强的意志品质。

（四）塑造完善个性

培养和训练小学生具有正确的自我观念,具有健全统一的个性,使其对自己的认识比较接近现实,能愉快地接受自己,对自己的生活、学习现状和未来有一定程度的满足感和发展意愿,以积极进取的人生观作为个性的核心,把自己的愿望、目标和行为统一起来。通过个性心理活动使小学生了解健康个性的标准及自身的个性特点,并通过有意识的训练形成良好的个性;通过个性心理调适使小学生增强自我教育能力,矫正不良个性品质。

（五）调节学习心理

培养和训练小学生具有适合的学习目标、较高的学习动机、正确的学习态度和科学的学习策略。通过学习心理调适和训练培养小学生学习的愿望、专注能力和学习技巧,使其学会考试心理的调节、学习时间的安排、休息时间的安排等。

（六）训练人际关系

培养和训练小学生具有和谐的人际关系,使其乐于与人交往、宽以待人、乐于助人,客观评价他人和自己,取他人之长补己之短,形成积极的交往态度,在复杂的人际关系中保护和发展自己。通过交往心理活动使小学生了解和掌握人际交往的特点与规律;通过交往心理训练帮助他们掌握一定的交往技巧,在群体中能够与人和睦相处,善于在群体中发挥自己的特长,从而减少人际冲突,促进人际和谐。

第二节　小学生心理健康教育的原则

小学生心理健康教育的组织和开展必须以贯彻和落实《纲要》为主要目标,具体的实施和安排应建立在心理健康教育指导思想的指引下。《纲要》中明确指出,小学心理健康教育工作必须高举中国特色社会主义伟大旗帜,以邓小平理论、"三个代表"重要思想和科学发展观为指导,学习践行社会主义核心价值体系,贯彻党的教育方针,坚持立德树人、育人为本。在中国特色社会主义发展和建设的现阶段,围绕社会主义核心价值观的形成和建立,培养良好品德素质和促进身心全面发展就是小学心理健康教育的工作重心。基于《纲要》要求和小学生心理健康教育工作实际,教师在开展小学生心理健康教育时必须遵循以下基本原则:坚持科学性和实效性相结合;坚持发展、预防和危机干预相结合;坚持面向全体学生和关注个体差异相结合;坚持教师的主导性与学生的主体性相结合。

一、坚持科学性和实效性相结合

教师要根据小学生身心发展的规律和特点及心理健康教育的规律,科学开展心理健康教育,注重心理健康教育的实践性与实效性,切实提高小学生的心理素质和心理健康水平。

想要保证心理健康教育工作的科学性,就需要深入理解小学生的心理活动,能够对小学生的心理状态及其发展规律有准确的认识和把握,同时在教育过程中能够结合理论知识对小学生展开教育和培养。教师需要运用系统论的观点来指导教育工作,把小学生的心理活动看成是一个有机的整体,对小学生的心理问题做全面的、系统的分析,防止教育工作的片面性。小学心理健康教育的目的就是促进小学生人格的整体发展,使其心理素质以至于整体素质都得到优化。从小学生的自我内在发展来看,其心理是一个由知、情、意、行密切联系在一起的整体,学校心理健康教育就是要协调知、情、意、行之间的关系,并且使他们所组成的这个整体得到提高。从内外关系来看,小学生的心理和外部其他条件,如家庭、学校、社会之间是互相制约、互相促进的,教师在进行小学心理健康教育时,一定要把影响小学生的外部条件和其自我发展的内部条件结合起来进行考虑,这样才能从广度和深度两方面加深对小学生心理的认识。从社会取向来看,小学生心理健康教育的目的是促进学生德智体美劳的全面发展,所以在进行小学生心理健康教育的过程中,教师应从个体心理的完整性和统一性,个体身心因素与外界环境的制约性和协调性等综合因素出发,全面把握和分析小学生心理问题的成因,并采取相应的有效措施,同时结合家庭、社会各方面的力量,使心理健康教育的开展更有效,也更有意义。

小学生心理健康教育工作的时效性主要体现在进行心理健康教育时,教师要能够充分联系实际展开教育活动,通过实践活动促进小学生心理的健康发展。活动是连接主体与客体的桥梁,通过活动主体才可能认识事物,同时通过活动主体作用于客体之上,主体对客体的认识才能得到检验。这样每一次的实践活动都给主体的心理世界带来变更,要么把对新事物的认识整合到原有的心理结构当中,要么改变自己的心理结构去顺应新事物。由此可见活动对人的心理发展的重要性,因此活动是实施心理健康教育的重要载体。为此教师应根据不同年龄学生的心理特点,为他们"定制"丰富多彩、形式多样的活动,这样小学生在每个年龄阶段都有充足的、符合自己身心健康的活动。随着年龄的增长,小学生的心理也在逐渐地成熟,他们对活动的体验会更加丰富和深入,这种活动和体验必然有助于他们的心理成长。当然,教师在组织小学生心理健康活动时,要避免急于求成。小学生的心理发展是一个逐渐推进的过程,所以教师既要注意活动开展的丰富性,也要重视活动开展的可持续性，并且还要让小学生多参加其他形式的活动和训练。

科学性与时效性的结合能够实现以小学生全面发展为目标，以小学生心理发展规律为基础，以师生良好的互动环境为依托，以家庭—学校—社会三位一体的教育模式为重心，综合利用多种方法和系列活动，使小学生在丰富的体验中不断获得感悟，使心理健康教育工作更有成效。

二、坚持发展、预防和危机干预相结合

小学生心理健康教育的根本目的在于面对全体小学生预防心理问题，增进心理健康，促进心理发展，全面提高心理素质。教师要立足教育和发展，培养小学生积极的心理品质，挖掘他们的心理潜能，注重预防和解决发展过程中的心理行为问题，在应急和突发事件中及时进行危机干预。

小学生心理健康教育重视培养小学生积极进取精神，树立正确的世界观、人生观、价值观，使小学生掌握正确的思想方法，建立积极的思维模式，养成高尚的道德情操，发展优秀的心理品质。积极心理品质的早期培养不仅有助于提高小学生的心理健康状态，也有助于提高小学生应对心理烦恼和困惑时的有效调节能力，达到预防较为严重的心理疾病或心理危机的目的。与此同时，教师要以发展的眼光来看待小学生，不仅要敏锐发现小学生身上出现的问题，更要把握小学生的过去，很好的预测小学生将来可能出现的问题，同时能够在小学生出现心理危机的时刻进行精准判断给出有效的建议和措施。小学生的心理健康问题存在一个发展的过程，教师只有对小学生做动态的分析，比较过去与现在才能预测未来，这样才能弄清小学生产生心理健康问题的来龙去脉，从而更深刻地了解小学生。反之，如果把小学生的问题看成是一成不变的，容易把小学生判断为"无可救药"或"绝对优秀"。坚持发展性原则，有利于预防小学生心理问题的产生，并及时发现小学生在学习、生活及社会活动中产生的各种心理矛盾。教师应采取实事求是的分析态度，帮助小学生养成正确看待问题的习惯，掌握正确看待问题的方法，使小学生在解决各种心理冲突、发展良好的个性的同时，不知不觉地接受辩证唯物主义及科学社会主义的思想。

只有坚持预防和促进发展，才能有效帮助小学生在其自身条件允许的范围内，达到最佳的心理状态，心理潜能得到最大的发展，人格得到健全与和谐发展，形成对学习生活和社会环境的良好适应能力。

三、坚持面向全体学生和关注个体差异相结合

小学生心理健康教育要让每一个小学生都得到发展，但他们之间有着个体差异，因此，这项工作既要面向全体小学生，又要关注个体差异。在面向全体小学生

的基础上,关注每个小学生的特殊发展,既不能使个体差异消失在全体之中,也不能只注意个别而放弃全体。面向全体小学生,就是要以全体小学生为服务对象,针对小学生发展的各个阶段存在的心理与行为的共性问题,普遍开展心理健康教育活动,对共性问题给予集中解答,提高他们的心理健康水平。与此同时,还要根据小学生的个性特点,有针对性地进行心理健康教育,以提高小学生的心理素质。每个小学生都有不同的家庭环境、社会背景、生活经历,具有不同的能力、需要、兴趣、经验及价值观等,在心理发展上就会呈现出许多独特性。在心理健康教育过程中,教师应该使小学生的差异性和独特性得以展示,分析各个小学生的特点,有的放矢,因材施教,重视差异,使每个小学生的心理健康水平都得以提高。

此外,《纲要》中明确指出,心理健康教育的实施原则不仅局限于心理健康教育教师这一群体,而是全体教师都需要树立心理健康教育意识,在整个教育过程中,能够做到尊重学生,平等对待学生,要重视学生的意见,认真耐心听取学生陈述自己的问题,鼓励他们消除顾虑,畅所欲言,并表示最大程度的理解;要尊重学生的人格,在任何情况下都不允许侮辱学生,不允许讽刺挖苦或嘲笑学生,不揭学生的短,不泄露学生的秘密,特别是对那些存在心理问题或有心理疾患的学生,更应确保心理健康教育在民主型师生关系中进行并取得圆满结果。教师对学生的尊重既体现在民主平等的态度上,又体现在尊重学生的选择上,但是这并不意味着放任和迁就,而是给学生创造安全温馨的学习气氛,使学生愿意发表自己的意见,愿意让教师参与自己的决策过程。

因此,对于每个小学生来说,心理健康教育不可能期望以同样的方式达到同样的效果,而是要学会区别对待,弹性运用各种教育策略,因人、因事、因地、因时而制宜,为每一个小学生的健康发展给予帮助,以达到殊途同归之效。

四、坚持教师的主导性和学生的主体性相结合

小学生心理健康教育要以小学生为主体,尊重小学生的主体地位,调动小学生的主动性和积极性,把教师的教育与小学生的积极主动参加有机地结合起来。在小学阶段,小学生需要通过自主参与心理健康教育,发展出健康积极的心理素质,遇到问题能够及时调整。小学心理健康教育教师是通过助人的过程让小学生学会自助。这种从助人到自助的过程正是教师的引导和小学生的参与共同实现的。小学生的发展是建立在小学生主动行为的基础上,尤其是针对小学阶段,自主的参与和反思能够建立良好的学习和生活习惯,同时也能够完成接受教育新知和发展独立自我的目标。教师的引导须从小学生的实际状况和需要出发,充分发挥和调动小学生的主体性,引导其积极主动关注自身心理健康,培养其自主自助维护自身心理健康的意识和能力。

视频

教师主导与学生主体相结合原则

第三节　小学生心理健康教育的内容

　　小学生正处于生理、心理发展的高速时期,随着自身不断发展以及社会交往不断深入,他们可能会遇到学习、生活、人际交往等方面各种不同的心理问题。教师应及时发现小学生存在的各种问题,引导小学生积极解决问题,帮助小学生培养健康的身心状态。因此,小学生心理健康教育的主要内容包括自我意识、学习心理、人际关系和社会生活适应等方面的内容,引导小学生形成正确的自我意识、稳定的学习动机、和谐的人际关系和良好的生活适应能力,从而保证小学生身心的健康发展。

一、自我意识的教育与辅导

　　自我意识是个体对自己存在状态的觉知,是人对自身状态及自己与客观世界关系的认识。自我意识的发展过程是个体不断社会化的过程,也是人格特征形成的过程,自我意识的成熟往往标志着人格的基本形成。自我意识主要包括自我认识、自我体验和自我调控三种心理成分。自我认识是自我意识的认知成分,是个体对自己的洞察和理解,包括自我观察和自我评价。自我体验是自我意识的情感成分,是个体伴随着自我认识而产生的内心体验,是自我意识在情感上的表现。自我调控是自我意识的意志成分,是自我意识在行为上的表现,是实现自我意识调节的最后环节,包括自我监控、自我激励和自我教育等。

　　自我意识的教育与辅导是指教师运用心理健康教育的理论与技术,帮助小学生科学地认识自我、接纳自我和管理自我,促进小学生形成良好的自我概念和完善发展自我意识,形成自尊、自信、自爱和自强的健康人格的教育活动。其主要包括对自我认识、自我接纳和自我完善三方面的教育与辅导工作。

(一)自我认识的教育与辅导

　　自我认识的教育与辅导能够培养小学生对自己的生理状态、心理特征以及自己与周围人的关系进行正确的认识,从而使其形成自我意识的健康发展和良好自我概念的形成。客观准确地认识自我是发展自我意识的前提。一个人只有对自我有全面的评价,才能看到自己的优势,发现自己的不足,最大限度地挖掘自身潜质。

　　小学生对自己的认识评价在很大程度上依靠来自他人的评价,特别是教师的评价。而自我认识的难处就在于自己认识自己。自我是认识的主体,又是认识的客体,要使认识具有全面性、正确性,就需要借助各种正确的参考系。只有打破自我封闭,拓宽生活范围,增加生活阅历,扩展交往空间,积极参加活动,扩大社会实践,才能找到多种参考系,以便多方面地认识真正的自我。

1. 通过对他人的认识来认识自我

个体时刻都处于与外界的密切联系中,个体要超越自我认识的局限性,就必须通过认识他人来认识外界。深刻的自我认识是以深刻地认识和理解他人、社会为前提的。在现实生活中,小学生应该多关注周围的事物,将眼光落于现实中,一个人如果过于关注自我,就可能脱离现实,将自己与社会割裂开来。教师要学会"察言观色",在教学实践中观察小学生的一举一动,了解小学生的思想现状,鼓励他们多与他人进行接触和交往,将小学生从个人世界中释放出来。

2. 通过分析他人对自己的评价来认识自我

个体对自我的认识一定程度上受到他人评价和态度的影响,同时也反映着他人的评价和态度。教师应引导小学生正确接受他人的评价,而不是简单的全盘接受他人的评价。小学生应学会分析评价者及其所作评价,然后有选择地接受他人的评价,从而形成关于自己的观念,达成自我认识。所以,正确地开展同学间的互评,教师给予具体而有针对性的评价,都将有助于小学生自我认识能力的提高。

3. 通过与他人的比较来认识自我

个体对自我的认识,不是独立地进行的,而是需要通过与他人相互比较才能实现。教师应让小学生认识到,每个人都有自己的优势与不足,在与他人比较的过程中,引导小学生发现自己与他人的不同点,并对这些差异进行分析。这样细致的观察与比较,不仅能帮助小学生更清晰地了解自己,发现自身的独特之处,同时也可以帮助他们更深刻地理解个体差异,保持良好的自信。

4. 通过自我比较来认识自我

小学生不仅可以通过与他人比较来认识自我,也可以将过去的自我与现在的自我进行对比,来进一步认识自我。在教学活动过程中,教师一方面应鼓励小学生超越自己,不要满足于现有的成绩;另一方面也应引导小学生建立合理的目标观念和抱负水平,不沉溺于过去的失败。

5. 通过自己的活动表现和成果来认识自我

自我意识是个体实践活动的反映,个体在实践活动中的表现可以为认识自我提供途径。小学生在进行各种学习活动时,有很多机会来展示自己的聪明才智、意志特征和道德品质。教师应引导小学生正确分析自己在活动中的表现,帮助小学生客观地认识自己的才能和不足,进一步发挥自己的长处,弥补自己的短处。

6. 通过自我反思和自我批评来认识自我

小学生已初步具备自我反思的能力,但是他们的自我反思活动带有片面性和局限性。这时需要教师引导小学生加强自我审视,正确对待自己的优缺点,逐步形成自我检查与自我控制的能力,让小学生敢于进行自我批评,在自我批评中更深刻地认识自我。同时,教师在教育过程中要引导小学生学会自我控制,学会调节自己的情绪。教师可以帮助小学生制订行之有效的计划,并规定一些奖罚措施,当做错事时,小学生要主动根据奖罚措施"惩罚"自己;当得到别人赞扬时,小学生可以鼓励自己再接再厉,做得更好。

(二) 自我接纳的教育与辅导

自我接纳是指个体认可和肯定真实的自我。自尊者对自我充满信心,乐于接受对自我的教育和要求,有利于正确自我意识的形成;而自卑者片面夸大自己的缺点,以消极的态度拒绝接纳自己,甚至否认自我存在的价值,这将极大地阻碍正确自我意识的形成。因此,在自我接纳的教育与辅导过程中,教师应有意识地采取有效措施,培养和提高小学生的自尊心和自信心。

1. 自尊心的培养

自尊心就是尊重自己的人格,尊重自己的荣誉,维护自我尊严的情感体验。由于小学生自我评价能力不高,自尊水平较低,仍处于发展阶段,因此,培养、激发和保护他们的自尊,是教师的一项重要职责。研究表明,影响小学生自尊的因素有很多,其中,教师的教学风格、教师的提问方式、教师对小学生的期望与态度等对小学生自尊发展具有重要影响。所以,教师在进行教学活动时,要努力挖掘小学生的优点,用多元化标准评价小学生,通过正面的、积极的引导激发小学生的自尊,通过创设多元的教学情境,使每个小学生都能看到自己的能力与长处,从而提高小学生的自尊水平。

2. 自信心的培养

自信心是个体在发展过程中非常重要的心理品质,它主要体现在个体相信自己具备解决问题的能力,并能克服困难,实现自己既定的目标。如果遇到失败也能客观分析失败原因,有信心进行反复地尝试与挑战。教师在进行教学活动中,首先要因材施教,从小学生的实际出发,用不同的标准要求小学生,使每个小学生在各自的起点上取得进步,获得成功,从而形成自信。其次,教师要尊重小学生,不轻易作出否定的评价,不以单纯的考试分数来评价他们。最后,教师要多给小学生创设发挥特长的机会,组织丰富多彩的活动,让他们在活动中感知自己的力量,使小学生进一步对自己产生信心。

(三) 自我完善的教育与辅导

自我完善是指小学生在实现自己的理想或目标的过程中,有意识地调控自己的心理和行为,发挥自己的主观能动性,能主动地将自己看作教育的对象,积极寻找提升自我的机会。自我完善的教育与辅导,是指教师教育小学生如何确立有价值的自我目标,引导小学生学会自我管理,学会处理自我意识问题上的困扰,努力改善自我。

教师首先要提高小学生进行自我探索的积极性,使他们将认识和了解自我当作一件乐事。其次是帮助小学生强化自我动机。例如,教师可以在教学活动中先布置一些轻松的任务,使小学生体会到成就感,然后一步一步地提高要求,同时给予指导和榜样示范。另外,对于自我监控过程中一些具体的行为,比如怎样制订学习计划,怎样确定自我目标,怎样发现并克服自己的缺点等,对不同的小学生进行有针对性的辅导。

二、学习心理的教育与辅导

儿童升入小学后,学习成为他们生活中的主导活动。在学校中,小学生不仅能系统地掌握科学文化知识,也能通过教师的言传身教、与同学们的交往互动在心理发展多方面受益。从广义上讲,学习是人和动物经验获得以及行为发生变化的过程。从狭义上讲,小学生的学习是在教师的指导下,有目的、有计划、系统地掌握知识、技能和行为规范的活动。学习成绩与小学生的心理健康有着密切的联系。学习成绩优秀的小学生往往心理健康水平较高;而心理健康水平较高的小学生,往往具有较高的学习兴趣和学习动机,能处理好学习困难和考试焦虑。根据小学生学习心理的特点,教师对于小学生学习问题的辅导主要包括学习动机的激发、学习策略的指导和考试焦虑的调节。

(一) 学习动机的教育与辅导

学习动机是指引发与维持小学生的学习行为,并使之指向一定学业目标的一种动力倾向。小学生的学习动机可以分为两类:一类是远大的、与社会意义相联系的动机;另一类是直接与学习活动本身相联系的动机。

低年级小学生由于心理发展水平和知识经验的制约,主要的学习动机是直接与学习活动本身相联系的动机。从小学三、四年级开始,在班集体的影响下,小学生已逐渐理解学习的社会意义,他们会把成为班上的优秀生、做同学的榜样、成为对社会有用的人等作为自己的学习动机。

学习动机的教育与辅导主要是针对小学生的成就动机进行心理教育,帮助小学生正确认识自己的能力,认识成就动机对学习的重要作用,进而树立恰当的学业目标水平。培养和激发小学生的学习动机,有以下几点具体策略:

1. 提出具体问题,明确学习目标

学习目标能够指引学习动机。在教学过程的各个环节中,教师应向小学生提

出明确具体的目标。目标的提出需要考虑小学生的个体差异,使目标与小学生个人的学习能力保持一致。如果小学生将自己的目标定得太高,就会产生好高骛远的心理,久而久之还会产生自卑心理,做什么事情都缺乏动力,这种现象无益于自我发展。因此,教师在教学过程中,要引导小学生确定正确合理的目标,从实际能力入手,结合现实情况,将学习目标设定在学生的"最近发展区"内,在实现目标的过程中不断产生成就感,以此进一步激发个人潜能。

2. 及时强化,给出学习反馈

当小学生及时了解自己学习的结果后,如考试成绩、作业反馈等,不仅能看到自己的进步,还能通过教师的反馈明确自己的缺点和不足,这些都能激发小学生的学习动机。教师对小学生学习结果进行的评价具有强化作用,因此教师对小学生的评价应考虑其个体差异,对学习成绩较差、自信心较低的学生,应该以表扬鼓励为主,帮助学生逐步树立起学习的信心;对于成绩较好,但有些自傲的小学生,要提出更高的要求,在表扬的同时还应指出其不足。

3. 创设问题情境,激发求知欲

创设问题情境是指在教学中提出一些小学生用现有的知识和习惯的方法不能立即解决的问题,从而在教材内容和小学生的求知心理之间制造一种不协调,引起小学生的认知矛盾,把小学生引到与问题有关的情境中,从而激发小学生求知的欲望和积极的思维。创设问题情境是通过"设疑"引起小学生头脑中认知矛盾的方法。例如,在学习"百分数"的内容时,教师提出"科技小组在进行种子的发芽实验,怎样才能知道种子的发芽率"这一问题,小学生非常感兴趣,所以在参与讨论的过程中,内在动机始终处于激发状态。

4. 培养学习兴趣

兴趣是最好的老师。当小学生对学习产生了内在兴趣后,就会渴望获得知识,并在学习过程中产生愉快的学习体验。教师在教学活动中,可以采用多种方法来培养小学生的学习兴趣。首先,教师应让小学生明确学习知识的社会意义,多组织小学生参加课内外实践活动,教会小学生运用所学知识解决实际问题,从中体验到成功的愉快和学好知识的乐趣。其次,教师可以不断改进教学方法,采用有趣的、变换的方式呈现教学内容。最后,教师可以通过不断扩大小学生的知识面,使小学生某一知识领域的知识不断得到积累。小学生在某一学科上拥有的知识越丰富,基础越扎实,学习起来就越轻松,兴趣也就会更加稳定。

5. 适当进行归因训练,提高学习积极性

不同的归因方式会导致小学生产生不同的认知、情感和行为反应。因此,教师指导小学生进行成败归因是至关重要的。教师首先应该为小学生树立成败归因的榜样,让小学生在教师的影响下形成正确的归因方法。除此之外,小学生还

可以通过小组合作、共同讨论的方式进行成败归因。在这期间，教师可以进行恰当地引导，引导小学生从有利于今后发展的角度进行积极归因，从而提高学习的积极性。

6. 激发小学生的认知内驱力，提升学习动机的稳定性

认知内驱力是一种个体要求掌握知识和解决问题的需要。大多数小学生都有强烈的好奇心和求知欲，教师在实际教学过程中应该充分利用这一特点，引导他们成为知识的探索者和发现者。对于低年级小学生来说，一个有趣的提问便能引起他们的好奇心，这种好奇心可以在教师不断地追问中转变为求知欲，从而形成学习动机。因此，在教学过程中有效地发挥认知内驱力的作用，能使小学生的学习动机更具稳定性。

（二）学习策略的教育与辅导

学习策略是指小学生在学习过程中为了提高学习效率，有目的的使用有关学习的方法、程序和技巧等。学习策略既可以是内隐的规则系统，也可以是外显的操作程序。学习策略可以概括为认知策略、元认知策略和资源管理策略。学习策略的教育与辅导就是要教会小学生掌握有效的学习策略，使他们产生学习的兴趣，提高学习的能力。为了培养小学生的学习策略，教师可以从以下几个方面入手：

1. 认知策略

认知策略是加工信息的方法和技术，个体通过使用这些方法和技术可以将信息有效地从记忆中提取出来。认知策略主要包括复述策略、组织策略、精细加工策略等。

复述策略是指为了保持信息而对信息进行多次重复的过程，它是小学生主要使用的学习记忆手段。组织策略是指对材料按照其特征或类别进行归类整理或编码的过程中使用的组织方式和方法，常用的组织策略包括列提纲、做示意图、画表格等。精细加工策略是通过把所学的新知识和头脑中已有的知识联系起来，使新的知识得到具有逻辑意义的加工，常用的精细加工策略包括记忆术、做笔记和联系生活实际等。

教师在进行教学活动时，应根据不同的科目和不同的学习阶段，分别教授小学生不同的认知策略。例如，在学习数学等科目时，小学生可以使用精细加工策略将知识与生活实际联系起来，这不仅可以帮助自己理解所学知识的意义，还能认识到所学知识的价值；在初次学习英语单词、语文课文时，小学生可以使用复述策略，加深和巩固所学单词、课文。

2. 元认知策略

元认知是指对认知的认知，即个体对自身认知活动的认知。它包含两个认知

視頻

学习策略的教育与辅导

成分,分别为对认知过程的知识与对认知行为的调节和控制。

对认知过程的知识包括有效完成任务所需的技能、策略及其来源的意识。对认知行为的调节和控制则是运用自我监控机制确保任务能顺利地完成,包括制订认知计划、监控计划的执行以及对认知过程的调整和修改。元认知策略的两个成分是相互协同完成工作的。小学生一般先了解自己当前的任务,然后用一些标准来评价自己的理解、制订相应的学习计划、预估学习的时间,然后监控自己的学习进展。实际上,认知策略与元认知策略在小学生学习过程中一起发挥着重要的作用。

3. 资源管理策略

资源管理策略是指个体有效地管理和利用已有的学习资源,提高自己的学习效率和学习质量。资源管理策略包括时间管理策略和努力管理策略。

时间管理策略是指个体在学习过程中,合理地安排自己的时间,能根据自己的总体目标,对学习时间做出总体安排,并通过阶段性的时间表来落实。小学生在进行时间安排时,需考虑不同时间段中自己情绪状态的差异,确保在最佳状态中学习最重要的内容。

努力管理策略是指为了更好地进行学习,个体需要运用一些策略来保证自己有效地将精力用于学习。努力管理策略包括情绪管理、动机控制和环境管理。小学生既可以通过情绪管理和动机控制来促进学习,也可以通过选择改变周围环境来促进自己的学习。

(三) 考试焦虑的教育与辅导

考试是检验小学生学业水平的一种常用教育评价。随着社会发展和教学改革,考试的内容和方式都发生了新的变化,但它作为评估教学质量、检验学习效果的功能没有改变。考试是小学生面临的主要应激源之一,对小学生的身心健康有着很大的影响。

考试焦虑就是指面对考试时,小学生出现紧张、忐忑不安的现象,同时伴有头晕、头痛、呕吐、心慌、手脚发冷、多汗等自主神经紊乱症状,个别还出现坐立不安和失眠。研究表明,绝大多数小学生在临考前都有一定程度的紧张或焦虑。适度的紧张可以维持小学生的兴奋性,增强学习的积极性和自觉性,提高注意力和反应速度等。在考试及其准备过程中,维持一定程度的紧张是必要的。但是,当小学生表现为高度紧张和焦虑时,学习效率就会降低。引发考试焦虑的原因有很多:首先是考试本身的压力,包括考试的方式,考题的难度等;其次是个人应对考试结果所带来的压力,包括考试的意义,对成绩的期待,对自己表现的评价等;最后是面对父母、社会等外界条件所施加的压力。针对这些不良影响,教师应该采取以下办法帮助小学生克服考试焦虑:

1. 端正应试动机，减轻心理负担

小学生应学会正确对待考试，把各方面的压力当作一种期待，一种关心，一种鞭策自己的动力，并学会正确对待考试的结果。事实证明，动机对个人的成就有巨大的影响，在考试中如果只有固定的成就动机——成败在此一举，就很容易把自己引入恐慌之中，从而造成过度的焦虑。教师需帮助小学生意识到，在当今社会中，实现目标和理想的途径有很多，考试只是其中很重要但不是唯一的途径。

2. 做好充分准备，形成良好的应试状态

在考前做好充分的准备，形成良好的应试状态，是预防产生过度焦虑的有效方法。考前做好物质准备、知识准备、身体准备和心理准备等，能有效帮助小学生缓解考试焦虑。做好物质准备包括考试文具准备齐全，这可以保证小学生不必为意外而分心。知识准备主要是指考前一段时间全面而细致的复习。通过多轮复习，可以使小学生形成知识体系，便于考试时提取知识。如果小学生缺乏心理准备，考试时忧心忡忡，犹如一场大灾难，将严重影响考试。所以每个小学生在考试时都要积极调整自己的心态，对考试中出现的各种困难和挫折做出客观科学的估计，做好克服困难和挫折的充分准备。

3. 冷静处理"怯场"

怯场是指小学生在考试过程中，由于考试情境本身引起的情绪高度紧张和焦虑，难以控制自己的心理活动。当小学生意识到自己产生了怯场情绪时，首先需要冷静下来，可以采用调整呼吸的方式让身体放松下来。为避免怯场，小学生还可以在考试前的几分钟内，做一些积极的准备活动。例如考前半小时内，不要继续紧张的复习，避免讨论和思考与考试相关的问题，可以选择听听音乐放松大脑；考试时可以提前几分钟进入考场，简单熟悉一下环境，然后安静地坐到自己的座位上进行深呼吸。总而言之，这些活动都有助于小学生缓解心理压力，预防怯场发生。

三、人际关系的教育与辅导

人际关系是指人们在交往过程中形成的相互之间的关系，它是交往双方彼此心理上的依恋与心理距离的反映，它是交往需求在交往过程中得到满足程度的体现。当交往需求得到满足时，双方就会产生积极、和谐的人际关系；否则就会产生消极、不和谐的人际关系。良好的人际关系是心理健康的外在表现之一。

进入到小学后，小学生的社会关系发生了很大变化。虽然交往的主要对象仍是家长、教师和同伴，但是交往的性质与幼儿园时期相比有所不同。小学生会在与人交往的过程中学习社会规范和与人相处的技能。在社会学习的过程中，小学生学会了适应，在适应中又得到了发展。良好的人际关系不仅有利于小学生的心理健康，也能促进其认知能力的发展。

（一）师生关系的教育与辅导

师生关系是师生之间建立的一种多层次的立体结构交往模型。从心理学角度来看,师生关系指师生在互动过程中所形成的认知、情感、行为等方面的关系,是一种心理关系。师生关系与亲子关系不同,由于社会角色规定,它更多地体现为教育者和被教育者、领导者和被领导者之间的一种关系,并带有明显的教育性质。许多研究者对师生关系与小学生心理发展的关系做了大量的研究,认为师生关系对小学生的学校适应、社会性行为、自我意识、学习成绩等都有显著的影响。

随着年龄的增长,小学生的交往观念、交往行为的特点都发生了变化。对3—6年级小学师生关系特点的研究发现,小学生的师生关系具有亲密性、反应性和冲突性的特点;在不同年级,师生关系在这几个方面有不同的表现,五年级小学生表现出高亲密、高反应和高冲突的特点,而六年级小学生则表现出低亲密、低反应、低冲突的特点。

在和谐的师生关系下,小学生更加愿意表达自己的想法,尤其是在课堂中积极表达见解,有助于课堂教学与学习效率的双向提升。通过友好的沟通交流,能激发小学生的自信心,使其认识到自身的长处及不足,并在以后的成长中进行强化。教师在师生关系中处于主导地位,所以师生关系的促进和改善也应该以教师为重点。

1. 更新教育理念,尊重小学生人格特点

良好的观念是行动的指引,只有转变刻板的教育理念,才能为良好师生关系的构建创造条件。教师应该消除传统模式下以自我为中心的想法,认识到小学生在班级中的主体性地位,进一步做好引导和服务工作,解决小学生在生活和学习中面临的问题,从而营造和谐的班级氛围。教师应该尊重小学生的人格,认识到小学生与自身的平等关系,以构建和谐、民主、平等的师生关系为目标,从而体现小学生的独立性与自主性,实现小学生的全面发展。

2. 利用课余时间,实现师生自由交往

教师要充分利用课外时间与小学生进行非正式的师生交往,使师生在自由自在、无拘无束的气氛中进行交往。教师想要从心理上拉近师生之间的距离,就需要放低姿态,放下架子,与小学生做知心朋友。同时教师还要在课余时间积极参加小学生的课余活动,加强与小学生的交流,与小学生打成一片,做他们的朋友,这样才能有效拉近师生之间的距离,建立和谐的师生关系,培养小学生的健全人格。

3. 了解小学生需要,培养良好人格品质

教师良好的人格品质可以改善和促进师生交往,在此基础上,教师应充分了解小学生的需要,有利于建立融洽的师生关系。教师既要懂教学法理论,又要有实践经验和丰富的教学方法,引发学生的兴趣,培养学生的能力。在长期教学活动中,

无论是怎样的小学生,教师都应能以对他们的爱、对他们的接受和欣赏以及自身较优秀的素质赢得小学生的喜爱,建立起良好的师生关系,从而高质量地完成教学任务。

(二) 同伴关系的教育与辅导

在小学中,同伴关系是指具有相同年龄特征的学生群体构成的人际关系。到了小学阶段,社会互动大部分是在团体中进行的。同伴关系可以分为两种:一种是同伴接纳,另一种是友谊关系。同伴接纳反映的是群体对个体的态度;友谊关系是个体之间的情感联系。良好的同伴关系能让小学生拥有较多的支持性资源并获得心理安全感,让小学生较少体验到孤独、沮丧等消极情绪,从而提高小学生的效能感、适应能力和学业成就。同伴作为小学生成长与发展过程中的重要交流对象,不仅能给小学生提供必要的情感支持,而且能促进小学生的身心发展,为提高其学业成就保驾护航。教师要认识到小学生的社会交往和建立良好同伴关系对提高其适应能力和学业成就的重要性,并积极创造条件提高小学生的同伴交往能力、发展良好的同伴关系。

许多小学生不知道怎样与同伴建立良好的关系,满足自己交往的需要,常常在实际交往中感到十分苦恼。因此,教师在解决小学生同伴关系中的冲突,对小学生进行同伴关系教育时,可以从以下几个方面入手:首先,教师可以在课堂上安排师生之间、生生之间的互动,使小学生在互动的过程中,更好地学习科学知识,培养社会交往技能。其次,教师要充分了解小学生同伴关系的现状,及时公正地处理同伴冲突。同伴关系主要发生在班级环境中,因此班级风气对同伴关系的性质具有重要作用,教师在班级形成和建设的过程中,要注重创设积极、团结、友爱和支持的班级风气。最后,教师要充分利用同伴自由交往中形成的非正式团体,利用非正式团体中的核心人物来促进良好的同伴关系发展。

(三) 亲子关系的教育与辅导

亲子关系是子女与父母之间建立的一种人际关系,它是在家庭生活中逐渐形成并发展起来的。亲子关系是在小学生的社会生活中出现最早、持续时间最长的一种人际关系,与同伴关系和师生关系相比,也更具稳定性。

随着小学生独立性的增强,他们对家人的依恋逐渐减弱,亲子关系发生了微妙的变化。从形式上看,小学生和父母交往的时间减少,父母对他们的关注也在减少。小学生与父母的交流更多地依靠语言,而身体的接触越来越少。从内容上看,父母从以关注小学生生活为主转为关注小学生学习为主,从以抚育为主转为以教育为主。父母对小学生的控制力也在变化。研究表明,随着年龄的增长,小学生越来越多地开始自己做出决策。

亲子关系的教育与辅导就是教育小学生更多地理解父母,尊重父母,并帮助小学生与父母进行有效沟通;同时也使父母更好地理解子女,满足子女的合理需要,正确处理代沟问题,形成和谐的亲子关系。教师也要对父母进行适当的指导,使他们更多地理解子女、尊重子女、满足子女的合理需要,帮助父母更新教育观念,采取恰当的教养态度。同时,教师还要指导小学生学会站在父母的角度看问题,引导他们明白家庭矛盾和冲突的普遍性,学会理解与尊重父母。

四、社会生活的教育与辅导

对于处在身心快速发展时期的小学生来说,除了自我意识、学习考试、人际关系等方面的问题,情绪管理与休闲娱乐也是教育教学需关注的重点内容,它们也对小学生心理健康的发展起到重要的作用。

(一) 情绪教育与辅导

情绪是个体对客观事物的态度体验以及相应的行为反应,它是以主体的愿望和需要为中介的一种心理活动,由主观体验、外部表现和生理唤醒三种成分组成。情绪、情感有传递信息、沟通思想的社会功能,不仅对小学生的心理和行为活动起着重要的调节作用,也对小学生的身心健康产生重要的影响。

进入小学以后,小学生在学习生活、实践活动中会接触到更多的人和事,同时伴随着认知能力的发展,小学生的情感也进一步发展和变化。情绪辅导是指运用有关心理健康的理论和技术,帮助小学生认识、接纳和恰当地表达自己的情绪,识别他人的情绪并有效地沟通,克服自身的消极情感,培养良好的情感品质的一种教育活动。

1. 在学习、人际交往中进行情绪辅导

在小学生消极情绪事件中,出现频率最高的是人际交往方面的事件和学习问题。作业多、考试难、同伴关系矛盾等是小学生在学习生活中主要面临的消极情绪事件。这些事件之所以会引发小学生的消极情绪,一方面可能是其确实存在学业上的问题,另一方面可能是他们没有掌握有效的学习方法和人际交往的技巧,因此教师对小学生的情绪辅导需要与学习辅导和人际交往辅导相结合,以小学生具体的困惑和实际发生的事件为抓手,提出有针对性的建议和指导,让小学生有实际的获得。

2. 在家庭教育中进行情绪辅导

高年级小学生自我意识的特点表现为:情绪体验更加丰富,情绪易波动,自我意识进一步发展。但消极情绪产生的原因不仅来自小学生自身,也来自父母及家庭教育。父母采用不同的教养方式会对小学生的情绪发展产生不同的影响。例如,

专制型的父母对子女经常批评责骂,严格控制其生活活动,不允许子女有与自身不一致的想法和观点。在这种家庭氛围中,一方面,子女习得了父母不良的情绪事件处理模式,影响了自身的情绪调节策略;另一方面,子女没有自主宽松的家庭氛围用以表达与处理情绪,易造成消极情绪长久的压抑。因此,学校的情绪辅导应与家庭教育辅导相结合,争取家长的配合与支持,实现家校同步,让教师与家长共同促进小学生拥有愉悦的情绪和良好的学习生活状态。

3. 在性别角色教育中体现情绪辅导

在小学阶段,男生和女生使用情绪调节策略方面存在性别差异,例如男生更常采用压抑情绪的方式,而女生更常采用表达情绪的方式,如哭泣、宣泄、倾诉等。传统的性别教育要求男生要坚强、勇敢、男子汉不能掉眼泪,所营造的女性形象大多是柔弱、爱哭和易感。在小学中,男生如果经常压抑自己的情绪,不良情绪不能顺利地表达和输出,容易进一步引发一系列心理问题,久而久之会影响健康人格的发展;女生常常哭泣、吵闹,采用不合理的方式发泄情绪,或者无休止的倾诉,也会影响她们的身心健康和人际关系。因此,教师在情绪辅导的过程中,除了引导男、女生采用适度的压抑和表达策略,还需教会他们用更加开放和理性的态度面对消极情绪,鼓励他们打破性别刻板印象,及时梳理和调节情绪,成为情绪状态健康的人。

4. 情绪辅导要考虑到文化差异

在我国传统的社会文化中,情绪表达被赋予了更多其他的含义。比如取得好成绩时表露出喜悦的情绪可能会被定义为骄傲,得意忘形,而难过哭泣则可能会被认为是脆弱的表现。情绪的表达与小学生的人格品质相互关联,传统文化一直强调的隐忍教育,对个体情绪的表达造成了很多困扰。所以,小学生在情绪调节中更多采用压抑策略。而现在有所不同,新时代的社会文化背景更加注重个体的感受和体验,并对情绪赋予更多积极的意义,每种情绪后面都有其价值和意义,而这种价值和意义只关乎个体自身。在这样的社会文化背景下,个体情绪表达更为自由和流畅。因此,在制定情绪辅导课程和组织相关活动时,教师一方面要借鉴已有研究的成熟经验,另一方面也要考虑社会文化的变化,创设适合当下小学生情绪调节的机制,让小学生体验、选择、总结出适合自己的情绪管理方法。

(二) 休闲教育与休闲辅导

休闲是指个体完成学习和工作后,剩余的、由其自己自由支配时间的一种状态。休闲教育培养人们的休闲观念、休闲选择能力、休闲知识和技能,帮助人们从新的角度看待生活,并做出合适选择,更好地展开休闲生活。小学生处于人生生活方式和内容选择建构的关键时期。因此,探讨在小学教育中开展休闲教育,科学引领小学生掌握休闲知识、树立正确的休闲价值观、提高小学生休闲技能水平、培养小学生休闲素养,对小学生身心全面健康发展具有一定意义。

休闲教育引导小学生利用休闲时间积极参加课外阅读活动和社会实践,使小学生能够有更多的时间来根据自己的兴趣去观察、操作和思考,促进小学生的个性和身心全面发展,提高其创新能力和思维能力等。同时,休闲教育有助于小学生在学习活动过程中学会生活。首先,通过休闲教育,小学生可以学会正确休闲的方式,进而以更加积极、昂扬的精神状态,主动地投入到学习生活中,在学会生活中更好地了解学习的意义和价值,并通过高效率的学习为以后充分实现自我价值打下良好基础。其次,通过休闲教育,小学生能充分发挥想象力和创造力,从而最大限度地挖掘才能和潜力,使自己获得创新而又高质量的学习生活。最后,通过休闲教育,小学生可以改变自己的不良生活习惯,培养高尚的情趣和爱好,增长新的知识与技能,从而不断地丰富与完善自己,提高自己的生活质量和生活情趣。

休闲辅导作为生活辅导的一部分,目的是帮助小学生树立正确的休闲态度和休闲目标,提高休闲生活的质量,使课余生活丰富多彩,进而培养小学生良好的人格和高尚的情操。休闲辅导主要包括三个方面的内容:一是了解休闲功能。休闲具有放松身心、发展小学生心理健康和满足小学生爱好的功能。二是了解休闲活动。休闲活动从内容上可以分为娱乐、体育、交流、审美、知识五个方面,教师要教育小学生选择那些能增强精神力量、丰富精神生活、获得精神财富的休闲活动。三是懂得休闲伦理,预防负面的、危害性的休闲方式。同时,小学生在进行休闲活动时应遵守社会公德和社会秩序,不得损害他人的健康和利益。

? 自我复盘

通过本章的学习,请您结合对小学生心理健康教育的目标、原则和内容的宏观印象,绘制出头脑中的知识建构图。

本章练习

1. 名词解释

自尊心　　元认知　　认知策略　　资源管理策略

2. 简答题

(1) 小学生心理健康教育的具体目标是什么?

(2) 教师在进行小学生心理健康教育时应该遵循哪些原则?

(3) 如何对小学生进行自我认识方面的辅导?

(4) 如何对小学生进行学习动机方面的辅导?

(5) 如何对小学生进行情绪方面的辅导?

3. 实践题

小全是小学五年级的小学生,爸爸妈妈对他要求非常严格,但由于生性好动、好玩的性格特点,小全总是不能长时间静下来坚持学习,学习成绩始终保持在班上的中下水平。而与小全原来水平相差不多的小华经过不断地努力,学习成绩逐步提高。面对着老师对小华的赞扬和父母对自己的责怪,小全的心理非常的不平衡,他开始想方设法攻击小华,挑拨小华与同学的关系。

请你结合案例分析小全的做法,并给予合适的解决方法。

第四章

小学生个体心理辅导的过程与方法

教师在教授课业知识的同时，也要实时关注同学们的心理健康情况，只有这样才能在学生的心理发展出现状况时，提供及时、适当的帮助。本章内容围绕小学生个体心理辅导的过程与方法，为教师提供辅导所需要的相关知识与技巧。个体心理辅导作为小学生心理健康教育的一个重要途径，在指导学生的心理发展上发挥了不可替代的作用，在今天已成为现代学校教育的重要内容之一。

■ 学习目标

1. 了解小学生个体心理辅导的内涵与类型；
2. 掌握小学生个体心理辅导的方法；
3. 了解小学生个体心理辅导的流程。

■ 关键问题

1. 小学生心理辅导的含义和特点是什么？
2. 如何使用精神分析疗法对小学生进行辅导？
3. 当事人中心疗法可以用于哪些类型的心理辅导？
4. 认知疗法主要应用的技术有哪些？
5. 焦点解决短期治疗的基本假设与原则有哪些？
6. 表达性艺术治疗主要有哪些类型？
7. 家庭治疗的主要原则有哪些？
8. 心理辅导的程序有哪些？

■ 问题情境

新转校生小明是一个内向害羞的孩子，教师发现在上课提问的时候，小明想要回答，但是又怕答错，所以从来不敢举手。在班级活动时，小明几乎不发言。虽然小明也想和同学们建立友谊，但是他不知道怎么做。原来，在小明三岁的时候，他的父母就离婚了，之后又各自成立家庭，所以小明从三岁起就一直和爷爷奶奶一起生活。因为爷爷奶奶腿脚不好，所以很少带领小明外出和其他小朋友玩。小明懂事乖巧，知道爷爷奶奶的不容易，也很少提出什么要求。

针对小明的情况，教师采取哪种心理辅导的方法更合适？

第一节　小学生心理辅导的内涵与类型

在小学中,有的教师认为心理辅导在某种程度上就是谈心,只要有爱心和耐心就足够了;有的教师认为心理辅导就是为来访者出谋划策;有的教师则认为心理辅导就是劝导安慰。那么,心理辅导到底是什么? 如何才能恰到好处地发挥心理辅导在小学心理健康教育中应有的作用?

一、小学生心理辅导的内涵

了解小学生心理辅导的内涵,首先要从心理辅导的内涵与特征入手,了解心理辅导与其他学科教育的不同之处。

(一) 心理辅导的内涵与特征

"辅导"一词泛指帮助和指导,是有关专业人员对当事人的帮助和指导。而心理辅导的内涵,国内外研究者对此有许多不同的看法,但均突出强调辅导既是一种特殊的人际关系,又是一个过程。借助这种人际关系能够使咨询对象发生改变,以便更好地面对自己的问题,更好地成长;增强适应能力,使潜能得以充分的发展。

《哲学百科全书》从心理辅导的特征上来界定其内涵,认为心理辅导有六个方面的特征:(1)主要着重于正常人;(2)对人的一生提供有效的帮助;(3)强调个人的力量和价值;(4)强调认知因素,尤其是理性在选择和决定中的作用;(5)研究个人在制定总目标、计划以及扮演社会角色方面的个性差异;(6)充分考虑情境和环境的因素,强调人对于环境资源的利用以及必要时改变环境。

《心理学百科全书》提出了心理辅导的两种模式,即教育模式和发展模式。该书指出:心理辅导始终遵循着教育的而不是临床的、治疗的或医学的模式,咨询对象(不是患者)被认为是在应付日常生活中的压力和任务方面需要帮助的正常人。咨询人员的任务就是教会他们模仿某些策略和新的行为,从而能够最大限度地发挥其已经存在的能力,或者形成更为适当的应变能力。心理辅导强调发展的模式,它试图帮助咨询对象得到充分的发展,扫除其正常成长过程中的障碍。

综上所述,心理辅导是以维护人的心理健康状态为目标和内容的一项工作,其内涵为:心理辅导是心理学的一门重要学科,也是心理学为实践服务的一个重要领域,是一门正在兴起并日益受到人们重视的新学科。具体而言,心理辅导是借助一种特殊的人际关系,运用心理学的理论知识和方法,通过言语、文字及其他信息传递方式,就来访者的心理、精神方面存在的问题,向其提供帮助、启发和指导的过程。在辅导过程中,咨询人员努力营造出良好的人际关系氛围对来访者进行启发和帮助,使来访者消除不良心理因素的影响,产生认识、情感和态度上的变化,从而找到其心理问题的产生原因,辨明心理问题的性质,为之寻求摆脱心理困扰的条件和对策,使之达到恢复心理平衡、增强心理素质、提高适应能力、增进身心健康的目的。

心理辅导工作一般具有以下几个特征:

1. 心理辅导不是一般的助人行为

心理辅导是运用心理学的知识、理论和方法从心理上为来访者提供帮助的活动。咨询人员是经过严格专业训练的从业人员。在日常生活中,人们也可以进行互相帮助,通过聊天、谈心使紧张情绪得以缓解,但这是一种日常交流而不是心理辅导。心理辅导有其特定的目的和任务,特定的操作过程和手段,以及解决问题的专业理论与方法。它是一种有目的、有意识的职业行为,而不是人与人之间一般的社会交往。

2. 心理辅导强调一种特殊的人际关系

咨询人员和来访者之间必须有一定程度的相互信任和理解,来访者才肯于坦述自己的问题,接受咨询人员的帮助。咨询人员对来访者的态度是诚恳的,帮助和理解是真诚的,这是促使来访者接受影响、发生变化而需营造的最基本的心理气氛。但咨询人员与来访者之间的关系又不同于社会生活中的朋友或其他人际关系,在这一点上,咨询人员应把握好尺度,保持一定距离,以保证自己能够客观地对待问题,有效地寻求解决的手段,确保辅导过程的顺利进行。

3. 心理辅导解决的是来访者心理或精神方面存在的问题

心理辅导并非帮助来访者处理生活中的具体问题,也不是治疗精神类病症。例如,一个因考试焦虑而来访的学生,希望咨询人员帮他交涉缓考问题;一个在教育子女方面遇到困扰的母亲要求咨询人员找她的儿子谈一次话;一个严重精神病患者的家属要求咨询人员对之进行治疗……这些问题都是因来访者对心理辅导的误解所造成的。面对这样的问题,咨询人员一方面应耐心对之加以解释,并引导来访者把解决问题的着眼点集中于自己的心理问题,通过辅导调整消极情绪,以积极的态度面对自己生活中的实际问题;另一方面,应根据具体情况进行适当转介,转介也是对来访者的尊重。

4. 心理辅导是一种学习和成长的过程

这种学习和成长主要表现为人格或个性方面的成长,包含心理成熟、增强自主性和自我完善的意味。不能正确对待自己和他人是产生心理困扰的重要根源,通过心理辅导使来访者学会对待自己,从而减少内心世界出现的矛盾和冲突。心理辅导要帮助来访者学会怎样与他人和睦相处,消除不善交往以及交往焦虑而带来的心理困扰,帮助来访者自强自立,这些都是人格上的学习和成长。

(二) 小学生心理辅导的内涵

什么是小学生心理辅导? 到目前为止,还没有一个较为明确和公认的定义,人们一般都习惯于从它的职能和对象上来理解和把握其含义。例如,我国学者刘华山将小学生心理辅导定义为:在一种新型的建设性的人际关系中,学校心理健康教育教师运用其专业知识和技能,给学生以合乎其需要的协助和服务,帮助学生正确地了解自己、认识环境,根据自身条件确立有益于个人发展和社会进步的生活目标,使其能克服成长中的障碍,在学习、工作及人际关系等各个方面,调整自己行为,增强社会适应,做出明智的选择,充分发挥自己的潜能。

严格地说,小学生心理辅导有广义和狭义之分。广义的小学生心理辅导是指在各级各类学校中开展的面向学校中各类成员的心理辅导。它的对象包括学校中的教师、学生、职员、工人、领导等。心理辅导对象的广泛性和复杂性,决定了它具有多侧面、多角度、丰富而广泛的特点,操作起来比较困难。因此,在实践过程中,小学生心理辅导主要面向学生。学校作为一个教育机构,其主要任务与精力是对学生的教育和培养,因此教职员工的心理辅导一般由社会性的心理咨询机构来承担。所以,广义的小学生心理辅导实际上几乎没有实践的模式。

狭义的小学生心理辅导是指学校内的心理健康教育教师对于前来求助的学生从心理上进行指导和帮助的活动。心理健康教育教师根据前来求助的学生的具体情况,运用心理学理论和知识,通过与学生谈话、讨论等形式,在与学生建立相互信任、理解的良好的人际关系的基础上,帮助其发现自己的问题及根源,改变原有的认知结构和行为模式,提高学生处理学习和生活问题的能力,促进他们的发展与成长。

二、小学生心理辅导的类型

小学生心理辅导从目标和内容上,可以分为两种类型,即适应性辅导和发展性辅导。

(一) 适应性辅导

适应性辅导主要是针对学生在各个年龄阶段以及相应阶段的生活和学习中遇到的各种问题,结合他们的认知特点和行为特征,给他们提供一些必要的指导,帮助他们提高学习效率,处理好人际关系,学会自我心理调适,更好地处理因环境变化带来的各类问题,增强对环境和自我的适应能力,从而更好地解决现实生活中的问题,更好地完成各个时期的学习任务。

适应性辅导具有以下几方面的特点:

（1）辅导的对象是身心发展正常，但带有一定的心理、行为问题的学生，或者是在适应方面发生困难的正常学生。

（2）心理辅导着重处理或解决的问题，是学生的正常需要与其现实状况之间的矛盾冲突，大部分工作是在来访者的认识水平上加以帮助。

（3）强调教育的原则，重视来访者理性的作用，教师并不是要亲自帮助其解决问题，满足其需要，而是帮助他们分析情况，提出合理的解决途径和办法；强调发掘、利用来访者潜在的积极因素，鼓励他们自己解决问题。对于环境的改善，也是在现有条件基础上提出改进意见。

（4）适应性辅导的工作侧重于学习指导、交往指导、生活指导、升学指导等方面，主要解决学生在这些方面所遇到的各种心理问题，也涉及一些心理障碍方面的问题。

（5）适应性辅导伴随学生学校学习生活的整个过程，关注他们的身心状况，支持和帮助他们适应各阶段的学校生活，指导他们完成各年龄段的自我发展任务。

（二）发展性辅导

发展性辅导主要是指导学生确立正确的自我认知，特别是自我能力、素质方面的认知，帮助他们认识和开拓自身的潜能，不断突破自我的种种局限，实现全面而充分的发展。

发展性辅导的目标主要在于帮助学生提高心理素质，健全人格，增强学生承受挫折、适应环境的能力。它针对不同年龄段学生的心理特征，遵循人的认识发展规律，通过有针对性地教育和训练，帮助学生培养起良好的心理素质，塑造健康、完整的人格，成为适应现代社会需要的合格人才。

发展性辅导具有以下几方面的特点：

（1）辅导的对象是心理健康身心发展正常的学生，但在发展方面仍有潜力可挖，心理素质尚待提升。

（2）心理辅导所着重解决的问题，是引导学生在一个更新的层面上认识自我，开发自我潜能。而这种潜能的开发因为更加具有突破自我认识局限性的特征，往往使学生在能力发展、信心重建等方面，实现一定程度的飞跃，使自己得到更加充分地发展。

（3）强调发展的原则，发展性辅导虽然也对学生的学习、生活、交往等问题给予指导与帮助，但更侧重在"发展"方面，即促进心理素质的发展。它对学生所做的一切工作，包括指导学生调节和控制情绪、改善精神状态、建立自我信心等，都是以学生能够更好、更充分发展为目标的。

（4）发展性辅导是现代学校教育的一个重要组成部分，将其纳入学校教育的总体目标和实施过程中,是学生充分发展和成才的强有力的保证。发展性辅导会预先制订教育计划,安排一定的课程,使学生学习有关知识、参加有关训练,以此有目的地开发学生的心理潜能,提高学生的心理素质。

　　作为小学生心理辅导的两大类型,适应性辅导主要解决小学生与环境的适应问题,着眼于外在行为,而发展性辅导则侧重小学生在更高的层面上认识自我、发展自我,重视学生核心素养的提高。在具体的心理辅导实施过程中,二者可以相互渗透,有机结合,共同促进小学生心理的健康成长。例如,在解决小学生适应性问题时,适应性辅导的目标是指向发展的;在解决小学生发展性问题时,发展性辅导需要在学生良好适应的前提下才可能实现。因此,教师应将二者有机地联系在一起,形成整体优势。

第二节　小学生个体心理辅导的方法

　　本节内容主要围绕精神分析疗法、行为主义疗法、人本主义疗法、认知疗法和表达性艺术治疗等展开。只有掌握常用的小学生个体心理辅导方法,教师才能够更好地解决小学生心理发展中出现的问题。

一、精神分析疗法

　　精神分析理论是弗洛伊德在咨询和研究精神病患者的实践基础上创建的一种独特的心理学理论。该理论在帮助人们克服心理障碍和治疗心理疾病方面有许多可取之处,是当代心理辅导与治疗的重要理论基础。

视频

精神分析
疗法

　　精神分析的基本观点是一个人所表现的各种心理或行为都有其意义,并非无缘无故地发生。再者,许多意识到或意识不到的心理与行为,常受潜意识或无意识境界的本能、欲望和情结的左右而发生。若能了解这些潜意识境界的"深层"心理过程,就能比较全面地把握与了解一个人的精神活动和心理动机。

　　精神分析疗法就是咨询者通过各种技巧和方法,把来访者所不知晓的症状产生的真正原因和意义,通过挖掘潜意识的心理过程将其召回到意识范围内,使来访者真正了解症状的真实意义,以便使症状消失。也就是说,咨询者通过挖掘来访者潜意识中的心理矛盾和冲突,找到致病的症结,并把它们带到意识领域中来,使来访者对此有所领悟,在现实原则的指导下得以纠正和消除,从而建立良好、健康的心理结构,达到心理健康。精神分析疗法的基本目标是使潜意识意识化、使潜意识冲突表面化,从而帮助来访者重新认识或重建人格,克服其潜意识冲突。在咨询过程中,咨访双方既要相互信任,又要保持一定距离,避免来访者产生某种形式的抗拒。

精神分析疗法具体包括以下几种心理辅导方法：

（一）自由联想

自由联想是精神分析治疗的基本方法。自由联想是在了解来访者基本情况以后，让来访者在一个安静而舒适的环境里，尽情倾诉他想要说的话，不管它们是多么琐碎、没有逻辑的。来访者直觉的、不加思考的观念与情感流露对于咨询人员把握病因十分重要。咨询人员不要随意打断来访者的话，而应对他所讲的内容不加评论，鼓励其大胆地说，必要时可进行适当的引导。

具体做法：让来访者在一个安静与光线适当的房间里躺或坐在沙发床上，咨询者坐在他的身后或侧面，目的是使来访者情绪放松、打消顾虑。来访者可以随意进行联想，把自己想到的一切都说出来，不要怕难为情或怕他人感到荒谬而有意加以修改，咨询者保证为来访者保密。

在进行自由联想时，咨询人员要以来访者为主，不要随意打断他的话，当然在必要时，咨询人员可以进行适当的引导。咨询人员的工作在于帮助来访者回忆所遭遇到的精神创伤与挫折，对其所报告的信息加以分析和解释，从中发现那些与病情有关的心理因素。在弗洛伊德看来，浮现在头脑中的任何东西都不是无缘无故的，都是有一定因果关系的，因此可以从中找到来访者无意识中的矛盾冲突，把它带到意识中来，使来访者对此有所领悟，并重新建立现实性的健康心理。其中，自由联想的作用就是把引起来访者焦虑的潜意识心理冲突带到意识域中，发掘潜意识中的症结所在。

（二）疏导宣泄

疏导宣泄是通过痛快淋漓的倾诉，将心中的郁闷和内心深处的隐私痛快地诉说出来，一吐为快，从而恢复心理平衡，防止发生身心疾病。因而咨询人员在辅导时要有效地引导来访者倾诉心中的苦闷，以达到心理宣泄的目的。凡是能得到心理宣泄者，情绪状态都会有明显的好转。

疏导宣泄的基本原理是让来访者将压抑在心中的精神负担和内心深处的隐私痛快地诉说出来，这样就可以使精神重负得以释放。

当然，并非所有的来访者都会毫无顾忌地宣泄心中的苦闷，这就需要咨询人员适当的启发和引导。可见，良好的辅导关系、咨询人员的态度是对来访者敢于畅所欲言的最好鼓励。当来访者开始倾诉时，咨询人员要耐心倾听，不要随意打断，更不能有不耐烦情绪。在一些关键问题上，咨询者还要适当加以提问，以便了解真相。

这种方法也可以在生活中自行宣泄，比如向好朋友倾诉，进行喜爱的体育运动等。

（三）认知与领悟

精神分析理论认为,当下的心理疾病的根源在过去的经历之中,甚至可以回溯到幼年时期。过去的焦虑经验因种种原因被压抑到潜意识层面而使人"遗忘"。通过心理(精神)分析,可以引起来访者的回忆、联想,将潜意识层中的病因召回到意识领域中,使其意识到这些心灵深处的"病根"与当前疾病之间的因果关系,在理智上、情感上真正达到了认识和领悟,这时症状便失去了存在的意义而自然消失。当然,这种领悟是通过医生的分析、解释和治疗而实现的。

在领悟性精神分析的谈话过程中,有些能比较顺利地进行,有些则会遇到阻抗或心理防卫。这就需要咨询人员的经验和技巧:在方法上要循循善诱,使来访者体验到咨询人员的真诚和理解,不会因谈出某些问题而被轻视或嘲笑。咨询人员要鼓励来访者勇敢地对待这些问题,使其知道这些问题的解决有助于焦虑情绪的缓解。这样来访者的态度就会有所改变。

二、行为主义疗法

行为主义疗法,又称行为矫正,它是建立在行为学习理论基础上的一种疗法。其基本思想是:异常行为和正常行为一样,是通过学习和训练获得的,自然也可以通过学习和训练来改变或消失。

（一）系统脱敏法

系统脱敏法是行为疗法中的一项基本方法和技术,在行为治疗中占有重要地位。这种方法主要是诱导来访者缓慢地暴露出导致其焦虑的情境,并通过心理的放松状态来对抗这种焦虑情绪,从而达到消除焦虑的目的。其基本原理是:人和动物的肌肉放松状态与焦虑情绪状态是一组对抗过程,一种状态的出现会对另一种状态起到抑制作用。系统脱敏法一般包括三个步骤:一是排列出焦虑的等级层次表,即首先找出使来访者感到焦虑的事件,并用 0～100 之间的分值表示出对每一事件感到焦虑的主观程度。其中,0 为心情平静,25 为轻度焦虑,50 为中度焦虑,75 为高度焦虑,100 为极度焦虑。然后将标出的焦虑事件按等级程度由弱到强依次排列。二是进行放松训练,以全身肌肉能迅速进入松弛状态为合格,一般要练习6—10 次。三是进入系统脱敏过程,进行焦虑反应与肌肉放松技术的结合训练。

（二）厌恶疗法

厌恶疗法是将某些不愉快的刺激通过直接作用或间接想象,与来访者需改变的行为症状联系起来,使其最终因感到厌恶而放弃这种行为。其基本原理是:将来访者的不良行为与某些不愉快的、令人厌恶的刺激相结合,形成一个新的条件反射,用来对抗原有的不良行为,进而最终消除这种不良行为。

(三) 代币法

代币法,又称奖励强化法,是一种通过奖励(即强化)而形成某种期望出现的适应性行为的方法,即当来访者一出现某种预期的良好表现时,辅导者就立即给予奖励,使其该种行为得以强化。代币实际上是一种可以在某一范围内兑换为物品的券,可以是小红旗、有分值的小卡片等多种形式。辅导者用代币作为奖励,强化来访者的期待行为,然后来访者可以用获得的代币换取自己喜欢的东西。辅导者要注意将代币与来访者感兴趣并想取得的东西联系起来,并建立一定的代币兑换规则。

(四) 放松疗法

放松训练的基本原理是:在放松状态下,个体大脑皮层的唤醒水平下降,兴奋性降低,全身肌肉放松,紧张情绪得到缓解,进而增进身心健康。放松训练的基本步骤是:首先选择一个安静整洁、光线柔和、没有噪音和干扰的房间,让来访者舒服地躺在沙发上闭上眼睛,体验"紧张"或"放松"的感觉;然后逐步进行主要肌肉的紧张和放松练习。每一部分肌肉群的训练过程为:集中注意—肌肉紧张—保持紧张—解除紧张—肌肉松弛。

三、人本主义疗法

人本主义疗法更多的是提供一种辅导的理念而非方法,因此没有如精神分析疗法、行为主义疗法中那些具体明确的辅导方法和技术,它强调的是咨询者如何调动来访者自身的潜力,如何提供一种适宜的气氛以引导来访者进行自我探索,认识成长中的障碍,体验从前被否定与扭曲的自我,从而能敞开心扉、相信自我,增强自发性。

视频

人本主义
疗法

(一) 当事人中心疗法

当事人中心疗法以人本主义心理学为理论基础,指在人本主义治疗思想指导下的个别谈话治疗,其更强调辅导态度的重要性。咨询人员在治疗过程中贯彻非指导性原则,讨论问题的思路由来访者主导,治疗过程中的中心人物是来访者而非咨询人员。非指导性的当事人中心疗法的基本假设是:人的自身内部有理解自己并改造自我概念和指导自己行为的广阔"能源";只要提供适宜的环境气氛,这些"能源"就能开发出来。这种适宜的气氛主要有三条:真诚、无条件的关怀和共情。

来访者感受到咨询人员对自己的真诚态度,就能使其接受咨询者、真实地表露自己;无条件的关怀在创造一种有利于来访者转变自我体验的环境中是非常重要的;共情开始于全神贯注地倾听,这对来访者的心态转变有重要作用。

咨询人员在辅导过程中要努力创造这种适宜的环境气氛,使来访者体会到自己在辅导过程中的主体地位,积极主动地讲述自己的心理问题,并在咨询人员的引导下寻求解决问题的方法,以促使来访者向健康的方向转变。

(二) 交朋友小组

交朋友小组是人本主义疗法的一种心理辅导形式,是利用集体的形式和氛围来帮助人们改变其适应不良行为或解决心理问题的一种途径。它试图创造适当的人际环境,使小组的每个成员都能最大限度地利用个人的潜能,消除心理障碍,以达到自我实现的目的。

交朋友小组的成员由背景或问题相似的人组成,比如都是不善于与人交往、有一定社交恐惧心理的人,或不习惯与异性相处和交往的人等,参加人数在 10 人左右,一般由 1—2 名咨询人员担任小组主持人。在活动过程中,小组主持人积极鼓励其他人表达自己的真实情感,敢于显露出那些在小组中从未表露出的态度。实际上,主持人的作用在于促进组内成员之间的建设性关系,建立融洽而无拘束的气氛,使参加小组活动的人逐渐消除防范心理,达到能相互吐露真情,建立较深的感情关系。这样做的目的是使小组中的每一个成员都被其他成员诚实地对待,并从他们那里得到关于自己实际情况的肯定和否定的反馈,以便真正地认识自我。

交朋友小组的活动是渐进的,其活动过程大体可以分为以下几个阶段:(1) 相互了解和接受阶段;(2) 正式活动和治疗阶段;(3) 活动结束阶段。这个过程不一定总是顺利的,小组中的各成员之间可能会出现敌对和攻击的情况,但这种情况只是暂时的,通过小组主持人和组员们的通力合作,逐渐地就会在此基础上使大家都感受到友爱、亲切、温暖和信赖的氛围,每个成员都会体会到其他人对自己的关心和尊重。最后,就会由于别人对自己的积极关注而培育和增加每个成员对自己的自尊和关心,从而感受到自己存在的价值,增强自我意识和责任感,改变自己的适应不良行为,觉得生活更富有意义。通过交朋友小组的活动,来访者既可以消融心理障碍,增进心理健康,又可以消除人际交往障碍及其他社会适应不良行为。

四、认知疗法

认知疗法是根据人的认知过程会影响其情绪和行为的理论假设,通过认知和行为技术来改变来访者的不良认知,从而减轻或消除其情绪问题和适应不良行为。认知方法的主要着眼点是来访者的认知问题,企图通过改变来访者对自己、对他人或对事物的看法与态度来改变所呈现出的心理问题。它不仅重视异常行为的改变，还重视来访者认知和态度的改变。认知疗法心理辅导的主要目标是帮助来访者找出头脑中不现实的、不合理的错误或扭曲的观念，并建立较为现实的认识问题的思维方法，减少扭曲的认知所造成的情绪及行为的不良后果。这种心理辅导不仅可以帮助来访者消除已有的症状，同时也使他们尽可能地减少产生情绪及行为问题的倾向性，促使其人格产生深刻地变化。在认知理论中，咨询人员的中心任务是教给来访者一些自我了解与改变的方法，咨询人员更多扮演的是教师与指导者的角色，而来访者则处于学生或学习者的地位。

认知疗法在心理辅导过程中有多种技术，其中运用较多的有与不合理信念辩论技术、合理情绪想象技术、三栏目技术等。

（一）与不合理信念辩论技术

辩论的核心是帮助学生向其不合理信念提出挑战和质疑，以动摇其信念。古希腊哲学家苏格拉底就非常善于运用辩论说服别人或改变他人的思想。苏格拉底式的辩论首先从对方的观点出发，使对方做出肯定的回答，以一个个简洁的问题迫使对方不得不回答"是"，最后在不知不觉中否定了他自己的观点。与不合理信念辩论技术就是这一方法的沿袭与发展，有所不同的是，后者是对学生的不合理信念进行质疑，使其做出"不是""没有"等否定性回答，通过一步步的挑战和质疑，最终使学生的不合理信念发生动摇。

在运用与不合理信念辩论技术时，教师首先要找到学生的不合理信念，可以先从 ABC（activating events，beliefs，consequences）模式入手：即先以某一典型事件入手，找出诱发性事件 A；询问对方对这一事件的感觉和对 A 的反应找出 C；询问对方为什么会体验到不良情绪，即由不适当的情绪及行为反应找出其潜在的看法、信念等；分析学生对事件 A 持有的信念哪些合理、哪些不合理，将不合理的信念作为 B 列出来。对于某一事件，学生可能有多种多样的解释、判断和推论，在这些想法背后，隐藏着学生某些根本性的不合理信念，这些信念常以对自己、他人和周围世界的绝对化要求为特征，这才是教师要找到的 B。其次，通过辩论，教师以积极提问的方式促使学生主动思考。提问的方式有两种，即质疑式和夸张式。质疑式提问是教师直截了当地向学生的不合理信念发问；夸张式提问是教师针对学生所持信念的不合理之处，故意提一些夸张的问题，将问题放大了给学生看，使其认识到自己所持信念的不合理、不现实之处。

（二）合理情绪想象技术

合理情绪想象技术是 20 世纪 70 年代初期发展起来的。因为在寻找不合理信念时,有时学生为情绪和事情所困扰,事后描述一些不愉快经历往往只是反复强调当时的气愤之情,无法准确说出当时的思想状况。因此,教师可以帮助学生想象当时的情景,重新进入那种不良的情绪体验之中,进一步探求学生当时的想法,可能就会找出不合理信念;同时也能使学生真切地感受到信念与情绪反应之间的关系,从而认识到改变不合理信念的重要性。

合理情绪想象技术使用时的基本步骤是:

(1) 让学生生动地想象引起其情绪困扰的情景,特别是让他们心烦意乱、承受不了的情景,体验这种情景下不适的情绪反应,并报告此时的感受。

(2) 要求学生保持想象这一情景的状态,但帮助他们把消极的情绪改变为适度的情绪。

(3) 停止想象,要求学生讲述他们是怎样做的才使变化发生的,一般学生往往是通过形成合理信念才做到改变的,此时教师要注意帮助他们进一步强化合理信念,纠正某些不合理信念,必要时可以补充其他的合理信念。

(三) 三栏目技术

这是认知重建的一种常用技术,通过改变认知失真进而改变人的消极情绪。三栏目技术的基本假设为:人的感觉反映的并不一定是真实的事件,而是受人的认知影响的。一种情绪的产生,完全来源于个体看待事物的方法,一个人在感觉到一件事情之前,就已经"明白"地对自己"说"出究竟发生了什么事。人的感觉来源于自身情绪的变化,但往往并不一定符合客观现实,也就是说,有时感觉并不是事实,它充其量也不过只是思维方式的一面镜子。关键在于,人的思想产生了情绪,但是情绪不能证明人的思想是精确的,不愉快的感觉仅仅表明人在考虑某件消极的事情,且信以为真。所以,人的不良情绪往往源自失真的认知,特别是内心的自责思想,改变它必须采取三个步骤:

(1) 训练学生自己认识到并记录下内心的自责思想。

(2) 弄清这些思想失真的根源。

(3) 练习对它们进行"反击",并发展出一个更加现实的自我评价系统。

五、表达性艺术治疗

表达性艺术治疗指的是利用各种艺术形式,包括绘画、音乐、舞蹈、沙盘游戏、戏剧、诗歌等,帮助人们获得身心调节的一种治疗方法。

科学研究发现,人的大脑的两半球是有分工的,左半球言语功能及与之相关的功能(如概念形成、逻辑推理、数学运算等)相对占优势,右半球占优势的功能是不需要语言参与的空间知觉和形象思维活动,如音乐、绘画能力、情绪的表达和识别等。人们借助绘画等艺术形式可以表达出言语有时难以表达的情绪、情感,这种形式对于言语而言是很好的补充。当然,左右脑的分工也不是截然分开的,两半球通过胼胝体相互联系。正因为两半球各有优势,又有联系,所以,"艺术创造要动用整个大脑,要求左、右两半球合作。这就有利于情感、认知和感觉的整合,从而可以产生新的理解"[①]。这一点,正是表达性艺术治疗的基本前提假设。

(一) 绘画治疗

绘画是小学生表达自己的天然途径,是小学生在自己的需求下掌握的、理解他们世界的和表达情感的一种"语言"。对于小学生来说,绘画可以代替口头语言进行交流,可以是发现和沟通深藏的、对自己和他人来说重要情感的辅助途径;而对于一个可以移情的观察者来说,他们更加能够从绘画中了解到学生的发展水平、心境状况以及他们想要表达的情感。在小学教育中,教师常常让小学生自由地选择绘画的主题,有时候也帮学生一起决定一个宽泛的绘画领域,以便评估和引导发展不同的绘画形式。常见的绘画主题有"房—树—人"、雨中人、我和我的好朋友、我最快乐的一天等。

1. "房—树—人"

"房—树—人"(house-tree-person,HTP)测验是作为智力测验的辅助工具被开发出来的,后来用于获取来访者人格特点和人际关系方面的信息。测验包括四个绘画任务,前三个任务是用铅笔先后在三张白纸上分别画出房子、树和人,第四个任务是用包括红、绿、蓝、黄等 8 种颜色的蜡笔在同一纸张上画出房子、树和人。研究者认为,这项测验能够激发学生有意识的和无意识的联想,并将联想投射到这三个学生最为熟悉的物体上。房子能反映家庭或家庭成员的相关信息和问题,树能表现学生心理发展和他们对环境的感受,人代表对自我的认知投射。研究者可以通过学生画出的房子、树和人的特征,以及画中细节、比例、透视、颜色的使用,对所画形象进行定量和定性分析,以得到学生的人格特点和人际关系方面的信息。

伯恩在"房—树—人"测验的基础上融合了他和考夫曼所设计的家庭活动绘画测验中的运动概念,发展出动态"房—树—人"测验(kinetic house-tree-person,KHTP)。给学生一张白纸,并要求他们在纸上"画一间房子、一棵树和一个完整的人,同时这个人在做一件事情"。该测验有助于探索学生生活的人际关系维度,它在学生如何看待自身与环境以及与其他人之间的关系上提供了更多的信息。

2. 雨中人

"雨中人"的绘画主题要求学生想象"下雨了,有一个人正在雨中",这是一例

---

① 高颖,李明,杨广学、艺术心理治疗[M]. 济南:山东人民出版社,2007:35.

国际经典的绘画测验主题。雨水可以在一定程度上反映困难、阻碍、问题以及压力。绘画要求画出一个在雨中的人，这就促发了一种情境，使个体表现置身于问题之中时的反应。因此，通过分析"雨中人"的绘画作品，教师可以象征性地看到学生对于困难或外部压力的感受，以及应对这些问题时所采用的模式。

请注意，不要引导学生是否画出雨水，如何画下雨，也不要建议所画的人是什么样的姿势，是否在做什么。如果学生问，教师只需要回答："你觉得是什么样的？你觉得该怎么画就怎么画。"画完可以进一步引导学生描绘下雨的天气，叙述雨中的人的感受等。

3. 我和我的好朋友

这一主题要求学生画出自己和自己的一个或多个好朋友在一起做一件事情或玩一个游戏。教师问学生哪个是自己，其他的好朋友都是谁，大家在干什么，还可以与学生一起讨论和好朋友在一起时的心情是怎样的，好朋友的感觉如何，等等。

通过"我和我的好朋友"这一主题的绘画，教师可以了解学生与同辈间的亲密关系、学生是否能够建立同辈的社会关系、学生在这个关系中体验到的社会情感、学生的社会化能力发展等。另外，教师可以尽量鼓励学生多谈自己的感受以及猜测其他人物的感受，这有助于学生确定自己的社会情感，以及初步发展自己共情的能力。

请注意，不要建议学生把谁画成自己的好朋友，即使是学生画了成人、动物甚至物品也不要干涉。绘画的目的在于让学生表现出他人和自己亲密的关系。

4. 我最快乐的一天

这一绘画主题要求学生回忆自己感觉最快乐的那一天并把这一天画出来。教师可以帮助学生一起回忆都有哪几天是学生感觉最开心的，但不要建议学生画哪一天，情感是学生最隐私的领域；也不要干涉某种情感的对与错，要由学生自己决定哪一天最开心。不要对学生的绘画内容或绘画方式作出任何评价，这样会阻碍学生的真实表现；也不要评价他们画得好不好，用的颜色是否正确。画完可以和学生一起分享绘画的内容，倾听学生解释为什么这一天最开心。通过学生的绘画和语言，教师可以了解学生的心灵需要什么。

通过"最快乐的一天"的主题绘画，以及分析他们对这特殊的一天的情景描述，教师可以了解学生的心灵生活的状态。另外，认识自己的情感、表达自己的情感是小学生的一项重要发展任务，这一测验还可以让教师看到学生对快乐情绪的认知水平，并了解学生表达情绪的能力。

（二）沙盘游戏疗法

沙盘游戏是运用意象（积极想象）进行辅导的创造形式，是"一种对身心生命能量的集中提炼"。其特点是在沙盘的"自由与保护的空间"中,把沙子、水和沙具运用于意象的创建。沙盘中所表现的系列沙盘意象,营造出沙盘游戏者心灵深处意识和无意识之间的持续性对话,以及由此而激发的治愈过程和人格发展。沙盘游戏疗法的具体步骤如下:

(1) 创造沙盘世界。辅导者向来访者介绍沙盘游戏:创造一个安全的、受保护的和自由的空间,并形成一种积极的期待。向来访者介绍沙盘、物件和沙盘游戏的过程,辅导者要处在一个令来访者觉得舒适的位置,让来访者知道做沙盘游戏的方式无所谓对错,最后请他在完成后通知你。

(2) 体验和重建沙盘世界。体验:鼓励来访者充分地体验沙世界。当来访者反思场景时,辅导者只需静静地坐着,这是加深体验的时刻。重建:告知来访者可以将沙的世界保留原状或是做些改变;留出时间给来访者去体验改变后的沙世界。

(3) 辅导。浏览沙盘世界:向来访者请求浏览他的沙世界;注意来访者的语言和非语言线索;不要碰触到沙盘;鼓励来访者停留在被激发的情绪中。辅导性干预:询问来访者关于沙世界的一些问题,只反映来访者涉及的事情;把焦点放在沙盘中的物件上;选择使用辅导性干预方法,例如完形技术、心理剧、心像法、回归法、认知重塑、艺术治疗和身体觉察,沙世界中常常会出现更多的改变。

(4) 记录沙盘世界。来访者的照片:为来访者提供一个从他选择的角度来为他的沙世界拍照的机会,最好是用手机的相机,来访者可以把这张照片带回家。辅导者的照片:在来访者的同意之下为他的沙世界拍照,以备将来参考。

(5) 联结沙盘游戏体验和现实世界。将沙盘游戏体验同来访者的现实世界联结起来:询问来访者沙盘中的事件如何反映了他的生活;帮助来访者了解沙世界的意义;鼓励来访者留意沙盘中的问题是如何在他的日常生活中呈现的。

(6) 拆除沙世界。理解沙世界:在来访者离开辅导室之后仔细地拆除沙世界;回想来访者的沙盘游戏过程。清理沙世界:留意出现的改变;把物件放回到架子上的适当位置;完成笔记。

来访者在创造沙盘图景的过程中或在结束时会自动讲一个故事,如果来访者没讲,辅导者可以邀请来访者讲讲他们摆了些什么,想要表达些什么感受。故事中会表达出学生的情感、沙盘所呈现的主题以及玩具的象征意义等。教师不需要对游戏内容和学生所讲的故事做出评价和解释,要做的就是认真倾听,真诚接纳。

虽然沙盘游戏被称为"非言语治疗",但并非是指不说话的治疗。在来访者进行沙盘游戏的过程中,教师需要尽量保持默默地观望与守护,避免干扰来访者的工作与表现。同时,当来访者主动要求语言交流的时候,不管是需要帮助,还是主动提出了问题,辅导者都可以根据基本的心理辅导技术予以回应。

辅导者在沙盘游戏过程中的主要作用

1. 容纳性的守护

首先是能够"容纳"或"承受"来访者及其所带来的问题。从理论上来说，沙盘本身便是一个"容器"。来访者往往是带着许多心理上的问题前来沙盘游戏治疗室寻求帮助的，或许正是由于其所遇到的心理压力或困惑，超出了其原有的承受力，才促使他寻求心理治疗。因而，一旦开始了沙盘游戏的过程，来访者也就很容易将其问题表现或投放在沙盘之中。但是，从本质上来说，不是沙盘在承受或容纳了来访者所呈现的问题，而是辅导者。于是，承受和容纳来访者及其问题，是沙盘辅导者首先需要做到的。

其次，当来访者开始做沙盘游戏的时候，辅导者需要守护住沙盘、沙盘室的气氛，乃至游戏的整个过程。来访者不仅仅是在沙盘上做轻松的游戏，他们实际上是在呈现自身内心深处的想法，包括其所曾受过的伤害，或者是最隐私的秘密。因而，沙盘游戏辅导者要用其专业的态度、专业的素养、专业的技能，全神贯注地守护住这盘沙。

再次，当来访者开始沙盘游戏的时候，沙盘游戏辅导者在承受、容纳和守护的同时，也能起到陪同的作用，发挥共情的力量。

2. 参与性的观察

对于沙盘游戏的过程和分析治疗来说，辅导者的观察十分重要。沙盘游戏中的观察，应透过来访者在沙盘游戏过程中的所有表现与细节，来呈现其中所蕴含的心理状况和行为。之所以称其为"参与性的观察"，是因为辅导者本身也是需要观察的沙盘游戏过程中的一部分。比如，当面对来访者进行其沙盘游戏的时候，辅导者的所有反应，不管是情绪和情感的，还是认知与行为的，也都在观察之列。

参与性的观察中也包含了"体察"，所有呈现在沙盘游戏过程中的意念或心象，都有可能获得某种实体性的感觉，从而引起来访者以及辅导者的身体反应，而这正是沙盘游戏的参与性观察中的重要内容。那么，辅导者的存在，犹如一面镜子，能够为来访者的无意识表现和自我探索提供观照的作用。在这种意义上，参与性的观察与容纳性的守护具有相同的意义。或者说，容纳、守护、陪同和共情的意义和作用，都可以在参与性的观察中充分体现出来。辅导者的容纳性的守护和参与性的观察本身，便包含着治疗与辅导的作用。

3. 陪同性的探索

沙盘游戏同样是自我探索的过程，但是在这探索之中，来访者不是孤军奋战，而是有辅导者的容纳、参与和陪同。在这陪同之中，也包含了移情的效能和共情的治愈力量,也就包含着沙盘游戏辅导者的作用和意义。

就陪同而言,当来访者在呈现其压力和创伤的时候,辅导者是与其同在的,在与其分担压力和痛苦,陪同其思索创伤与痛苦所具有的象征性作用;当来访者表现其幸福与善良的时候,辅导者可以与其分享喜悦,陪同其探索人生所蕴含的意义;当来访者在展现其潜力和智慧的时候,辅导者也是与其同在的,可以见证来访者的发展与变化。在陪同的前提下,来访者可以获得支持其探索的勇气和力量。

陪同性的探索还包含这样一种意义,即辅导者与来访者共同成长,共同探索治疗的意义和治愈的作用,共同经历自性的觉醒与自性化的过程。当然,在陪同的前提下,辅导者可以发挥其共情的能力和作用,促成感应的出现与发展,从而产生治愈和转化的效果。

六、家庭治疗

家庭治疗即将家庭作为整体,从系统、动态的视角看待家庭成员的心理问题,主要通过改变家庭成员围绕症状所展现出来的交往方式,从而达至治疗症状的一种治疗理论和治疗方式。

家庭治疗理论认为家庭是由不同的家庭成员和家庭亚系统构成的一个系统。以核心家庭为例,从家庭成员的角度讲,一个核心家庭是由父亲、母亲和子女组成的;从家庭亚系统的角度看,一个核心家庭又是由夫妻亚系统、父母亚系统、亲子亚系统和兄弟姐妹亚系统构成的。在家庭系统中,家庭成员之间,家庭亚系统之间,家庭成员与家庭亚系统之间在不断地发生相互作用。生活在家庭中的个体不是孤立于其他家庭成员而存在的,他的情绪和行为会受到其他家庭成员的情绪和行为的影响,反之亦然。因此,当某个家庭成员出现心理行为问题或者症状时,治疗师就应该从这个家庭成员与其他家庭成员的相互交往中去发现导致其心理行为问题产生并持续的原因,然后通过改变他与其他家庭成员之间的不良交往模式来改变他的心理行为问题或者症状。

萨提亚是最早提出在人际关系及治疗关系中"人人平等,人皆有价值"的想法的人。她所建立的心理治疗方法的最大特点是着重提高自尊、改善沟通及帮助个体活得更"人性化",而不只是消除"症状",治疗的最终目标是使个体获得自我成长和自我完善。

萨提亚指出,家庭就像所有的系统一样,倾向于停留在所谓的"现状"。各个家庭的现状都是熟悉与已知的,即使现状存在问题,家庭成员也会倾向于维持现状,因为这与不熟悉或未知的改变相比,较为不具威胁性。当"陌生要素"进入系统时,家庭系统就会产生改变,可能会陷入混乱,而家庭成员也必须随之加以适应。在治疗师协助下,家庭若越能确认新的未来情形并予以实现,则越能整合改变,使家庭生活呈现新的面貌。萨提亚的家庭治疗模式以个体与家庭的成长为核心,而不只是促使家庭稳定下来,目标在于使家庭成员彼此间变得更具敏感度,能分享彼此的经验,以及产生崭新与真诚的互动关系。治疗的任务在于转化防卫性与功能不良的规则,使人们愿意接受新的未来,并整合有益的家庭生活经验。

延伸阅读

萨提亚治疗模式的普遍原则

萨提亚治疗模式是家庭治疗中具有代表性的一种模式。这个模式的普遍原则主要包括:

(1) 改变是可能的。即便外部的改变非常有限,内部的改变仍然可能存在。

(2) 我们所有人都拥有让自己成功应对和成长所需的内部资源。

(3) 我们拥有很多选择,特别是在对压力而不是对情境做出反应的时候。

(4) 希望是变化的一个极其重要的因素或成分。

(5) 人们在彼此相似的基础上建立联结,而在各具差异的基础上得以发展和成长。

(6) 问题本身并不是问题,应对问题的方式才是问题。

(7) 感受属于我们自己,我们每个人都拥有它们。

(8) 我们不能改变过去的事情,但是可以改变它们对我们的影响。

(9) 欣赏和接纳过去可以提高我们管理现在的能力。

在萨提亚的理论中,她认为治疗师需要扮演四种角色:主动的促进者,提供资源者,探索者,示范真诚的楷模。治疗师的功能在于引导家庭成员进入改变历程。此时,治疗师的为人远比特定的干预技术重要。治疗师是治疗历程的推动者,促使改变发生或治疗个体并不是他们的任务。治疗师对于家庭成员有能力成长与自我实现所具有的信心是本治疗取向的核心所在。萨提亚视治疗师为一个随时能够支援的人,是能够观察到家庭中各种情形的人。治疗师就像具有广角镜的摄影机,能够从每个家庭成员的立场去了解一个家庭。

案　例

小娜是小学六年级的学生,在校表现很好,多次被评为校级、区级及市级三好学生,品学兼优。她虽是独生女,身上却没有骄娇之气。从小学一年级到五年级,她事事一帆风顺,可以说,她在老师眼中是好学生,在家长眼中是好孩子,在同学们眼中是好榜样。表扬声、赞许声时常围绕着她。进入六年级后,面临升重点中学的毕业考试,她本想着自己学习很好,考试成绩不错,可是,六年级上学期期末考试,由于未能正常发挥,她没有考出理想成绩。这一意外的结果,对她打击不小,小娜心里想:"怎么越是临近的毕业考试,我越考得不好呢? 老师、家长和同学还能看得起我吗? 我就是比别人笨,即使我付出很多努力,也不一定就有满意的收获。"想到父母,她认为:"父母看到我考试成绩不理想,他们很着急。经常给我讲道理,他们认为我考不好的原因就是不努力,他们还经常讲自己上学时是如何努力的,某某同事家的孩子考了班里的前几名,等等。我听了这些话,心里无动于衷,就让他们随便说吧。"显然,小娜情绪低沉,有点儿自暴自弃,身心都陷入了低谷。

作为小娜的老师,你会如何帮助她? 你会使用什么技术或方法来对她进行心理辅导?

第三节　小学生个体心理辅导的过程

心理辅导,不论是解决什么问题,采取什么具体的方法,都应按照一定的步骤进行。本节主要讨论:小学生个体心理辅导遵循怎样的程序? 在心理辅导过程中,教师与小学生建立良好的心理辅导关系应该从哪几方面入手? 教师怎样才能与来访学生准确共情? 等问题。

一、小学生个体心理辅导的程序

小学生个体心理辅导的程序包括开始、指导与帮助、巩固与结束三个阶段。

(一) 开始阶段

开始阶段是小学生个体心理辅导的第一步,它是整个心理辅导的基础。一个成熟的咨询者,总是非常重视心理辅导的开始阶段,机智慎重地完成这个阶段的工作。"开始阶段"需要完成的任务有三项,即建立辅导关系、掌握学生材料、进行分析诊断。

1. 建立辅导关系

教师与来访学生必须建立起信任、真诚、接纳的辅导关系:

(1) 在初次会谈时,教师既可以向前来寻求指导和帮助的学生进行简明扼要的自我介绍,也可以用微笑或一个示意坐下的手势等形式开始辅导。

(2) 在初次会谈时,教师可以就辅导的性质、限度、角色、目标以及特殊关系等向来访学生做出解释。

(3) 对待来访学生要热情有礼、耐心慎重,装束整洁得体,行为举止落落大方。

(4) 建立并保持积极的辅导关系,需要教师掌握一些有效的方法,如无条件的积极尊重、准确的共情和真诚。

2. 掌握来访学生的资料

教师主要收集与来访学生有关的各种资料,通过会谈、观察、倾听、心理测验等方式,了解对方的基本情况及存在的心理问题,主要包括:

(1) 来访学生的基本情况。

(2) 来访学生的心理问题。

(3) 进行分析、鉴别与诊断。

3. 进行分析诊断

在收集资料的同时,分析鉴别、诊断就已相伴出现。分析、鉴别、诊断是在收集资料的基础上,教师进一步明确心理问题的实质、程度及原因,并对其做出正确的评估,即:

(1) 确定心理问题的类型及性质,决定辅导的适应性。

(2) 分析心理问题的程度,以便区别对待。

(3) 寻找心理问题产生的原因。

一般原因分析就是针对心理问题形成的生物学因素和心理社会因素进行全方位的搜索。

(二) 指导与帮助阶段

经过开始阶段,心理辅导进入解决问题阶段,即指导与帮助阶段。这一阶段教师主要完成的任务有三项:制定辅导目标、选择辅导方案和实施指导帮助。

1. 制定辅导目标

心理辅导的目标,就是心理辅导所追求的结果与所要达到的目的。为保证心理辅导的有效顺利进行,制定辅导目标必须遵循一定的原则并采取恰当的方法:

(1) 必须由咨询双方共同制定目标。

(2) 保证心理辅导目标的针对性。

(3) 中间目标与终极目标相统一。

(4) 心理辅导目标必须具体、可行。

2. 确定辅导方案

确定辅导方案,包括方法的选定以及为实施这些方法而制订的具体计划。确定辅导方案应明确下列内容:

(1) 所采取辅导方法的目标。

(2) 该方法的实施要求,即该做什么,如何去做以及不做什么。

(3) 该方法是否能达到预期的目的。

(4) 告知来访学生必须对心理辅导的过程抱有足够的耐心,这些方法不可能立即产生效果,所有的改变都是循序渐进的。

3. 实施指导与帮助

实施这一过程,不同的辅导方法有不同的要求与做法。教师可以灵活运用鼓励、指导与解释,对来访学生的积极方面给予真诚的表扬、鼓励和支持,增强来访学生的自信心,促进其积极行为的增长;也可以直接指导来访学生做某件事,说某些话或以某种方式行动;也可以通过解释,使来访学生从一个全新、全面的角度面对自己的问题,认识其自身以及周围的环境,从而提高来访学生的自知力,促进其人格的完善和问题的解决。

(三) 巩固与结束阶段

这是心理辅导的最后阶段,这一阶段心理辅导的工作主要是巩固效果和追踪调查两项任务。

1. 巩固效果

巩固已取得的辅导效果,是结束辅导之前必须完成的一项任务。具体工作有以下几项:

(1) 教师应向来访学生指出其已经取得的成绩与进步,说明其已基本达到既定的辅导目标。

(2) 教师须与来访学生一同就其心理问题和辅导过程作一个回顾总结。

(3) 指导来访学生巩固已有的进步,将获得的经验运用到日常生活中去,并逐步稳定、内化为来访学生的观念、行为方式和能力,使之能独立有效地适应环境。

2. 追踪调查

在小学生个体心理辅导中,追踪调查可采用以下方式进行:

(1) 填写信息反馈表。

(2) 约请来访学生定期前来面谈。

(3) 访问他人:向了解来访学生学习、生活等情况的人,如父母、班主任、同学、关系密切的朋友等了解情况,通过他们了解来访学生现在的适应状况。

辅导结束的过程并非是一蹴而就的,仍需掌握一定的结束辅导过程的技巧。在整个辅导过程即将结束之前,教师就需要让来访学生明白辅导关系即将终止,从而使其对结束有心理准备,对结束后的生活有一定的心理准备。为此,教师必须向来访学生说明其心理问题已基本得到解决,通过辅导来访学生已获得了经验,增长了能力,已经能够应对生活和学习,继续保持辅导关系将不利于其成长。同时,如有必要,心理辅导机构还会再次给予关心和帮助。向来访学生说明结束辅导时,教师应尽可能以交谈的方式进行,暗示来访学生结束辅导是件自然、平常的事情。

逐渐结束的方式,也是常被运用的技巧。逐渐结束的方式有两种:一是拉长两次会谈的时间,如果原来是每周会谈一次,到辅导末期改为两周甚至一月一次;二是减少每次会谈的时间,即由原来每次会谈一小时缩短为每次半小时甚至更短的时间。

二、小学生个体心理辅导的关系建立

小学生在寻求帮助时,通常都会在语言与动作上表现出一定的防御姿态,教师需要掌握一定的知识与技巧,才能顺利地建立辅导关系。

(一) 无条件的积极尊重

所谓无条件的积极尊重,就是指要把每个学生都看成是独特而有价值的人,既接纳他的长处,也包容他的短处,这样就创造出了一个安全、温暖的环境,让学生能够更大程度地表达自己。

我们认为,无条件的积极尊重具有以下基本要求:

1. 绝对接纳来访学生

在心理辅导中,不论来访学生的种族、年龄、性别、人格特征、心理问题的性质和内容等,教师必须把每一个来访学生视作是平等的人:来访学生与教师是平等的;来访学生之间是平等的,而且都被视作有价值的、独特的人,没有任何理由轻视对方或厚此薄彼。教师不仅在认知上须具备这样的观念,在情感表达和行为举止上更应自然、充分地加以体现。

2. 完整接纳来访学生

完整接纳,一是指把来访学生的几个方面作为一个独特整体的组成部分全面接纳,并不仅仅接受其长处而拒绝短处;二是指教师不能依据自身的价值观和习惯爱好对来访学生的信息予以接纳或排斥。

3. 充分信任来访学生

教师必须确立“来访学生是一个有价值的人”的信念。有价值的人和其个别行为的价值是两回事,即有价值的人完全可能发生愚蠢的行为。教师只有以充分的信任,才能换取来访学生信任的回报。

4. 无私关爱来访学生

尊重意味着关爱,尊重需要通过关爱来体现,无私奉献是教师应有的职业道德。无条件的积极尊重是建立良好的辅导关系,使来访学生的心理问题得到解决的关键之一。在心理辅导中,有意无意地以权威自居,居高临下,或是不自觉地怠慢,冷落来访学生,这些问题是很容易出现的,值得教师高度警惕。

（二）准确的共情

1. 共情的基本含义

一是教师站在来访学生的立场上,从来访学生内在参照体系出发,去感受、理解来访学生表达和尚未表达、感知和尚未感知的内容、情感;二是教师不仅能感知、理解来访学生的情感,还需用自己的语言和非语言方式(如表情、动作)准确地表达出来,反馈给对方。这样才能使来访学生意识到教师了解、认识自己,意识到教师与自己已经产生了共鸣。

2. 共情的步骤

共情包括两个主要的步骤:一是精确地感受学生的世界,能够从学生的方向去了解事物;二是能够以口语的形式与学生分享你对他们的了解。

3. 共情的表达

共情的表达具有不同的层次,共情的层次决定着共情的质量,会产生不同的辅导效果。卡可夫将共情从有害的反应、交换式的反应到积极的共情分为由低到高的五个层次:层次一,教师没有表达出学生所表达的感受和内容,其表达的程度比学生已表达的要少,是一种不相关或伤害性的反应;层次二,教师表达出了学生所说的内容,但在表达时明显疏忽了学生所表达的情感成分;层次三,教师对学生所表达的感觉做出了可互换的反应,即教师表达出了与学生完全相同的感受和内容;层次四,教师做出了一种增加式的反应,即教师能表达出学生未表达出的深层感觉;层次五,教师能表达出学生不能表达出的更深层的感觉。

4. 共情的作用

学会并能精确地使用共情,对于教师来说是必须的,因为共情在心理询问中具有重要的意义。首先,共情是建立良好辅导关系的前提之一。共情使来访学生感到自己被理解、被接纳,从而感到满足、愉快,增进双方情绪上的接近,产生遇到知己的温暖感、亲近感、信任感,因而有助于良好辅导关系的建立。其次,共情有助于双方沟通,使教师准确全面地掌握来访学生情况。再者,共情具有治疗价值。共情为来访学生提供了倾诉的机会,从而使积压的能量得以释放,可以大大缓解紧张情绪;共情使来访学生意识到有共鸣,被理解,有助于消除孤独感、缓解由此引起的恐慌不安,增强力量感,增进来访学生的自我接纳。

学会并准确使用共情,并非易事。教师要掌握共情所需要的技术,还要具备共情所需要的品质。

5. 共情的注意事项

使用共情需要教师:

（1）走出自我参照体系,也放弃所谓客观的、外部参照体系,进入来访学生的内在参照系,从来访学生的立场、利益、处境出发,去把握其内心世界,体验和理解其思想、情感。

(2) 熟练掌握、运用会谈的技术。共情需要一系列会谈技术(如积极倾听、叙述、情感反应等)才能完成。

(3) 既能进入来访学生的内心世界去理解、表达来访学生的思想和情绪,又能把握自身咨询者的角色,不因为设身处地而失却了应有的客观公正的立场,忘记观念、建议、劝导、帮助责任。"理解"来访学生与"就是"来访学生,这是教师应谨防跨越的界线。

(4) 共情表达须因人而异,要考虑到对方的性别、年龄、文化背景等特点。

(三) 真诚

1. 真诚的含义
真诚与前述的无条件的积极尊重,精确的共情相联系,在这三种态度中它是最基本的,无论是无条件的积极尊重甚或精确共情都只能建立在真诚的态度上。

2. 真诚的层次
真诚具有不同的层次,表明教师运用真诚的程度。一般包括这样四个由浅入深的层次:层次一,教师隐藏自己的感觉,或者以沉默来回应学生;层次二,教师以自己的感觉来反应,其反应符合自己所扮演的角色,但不是他自己真正的感觉;层次三,为了增进两人之间的关系,教师有限度地表达自己肯定、积极的情感,而不表达否定、消极的情感;层次四,无论是好或不好的感觉,教师都以语言或非言语方式表达出来,经由这些情感表达,双方的关系变得更好。

3. 真诚的作用
真诚在心理辅导中具有重要的作用:

(1) 如同在日常人际交往中真诚所具有的效果一样,教师真诚的态度,使来访学生感到亲切、亲近、被接纳、没有虚假、好像面对知己,因而容易对教师产生信任感、缩短与教师之间的心理距离。

(2) 教师的真诚,对来访学生是一种榜样,引导、激励来访学生对心理辅导,对教师的真诚,从而有效地促进来访学生的自我开放。

(3) 如同尊重和共情一样,真诚也具有治疗价值。真诚是一种态度,一种素质,不是依靠掌握技巧所能获得的,而是需要教师不断修养品性,提高道德品质、完善人格,需要在日常的为人处世中时时处处、点点滴滴积累养成。

无条件的积极尊重、精确的共情和真诚,这三种态度是建立积极的辅导关系,获得良好辅导效果的基础。研究表明,来访学生获得帮助的程度与这三种态度呈显著相关。这三种态度与来访学生的成功呈正相关;来访学生从教师那里感受到这三种态度越多,心理辅导收益也越大。

？ 自我复盘

通过本章的学习,请您结合对小学生个体心理辅导的过程与方法的宏观印象,绘制出头脑中的知识建构图。

本章练习

1. 名词解释

自由联想　　系统脱敏法　　代币法

2. 简答题

(1) 精神分析疗法的原理是什么?

(2) 简述系统脱敏法的原理和实施程序。

(3) 简述三栏目技术。

(4) 简述你对适应性辅导的理解。

(5) 面对来访学生的种种不幸,教师在共情时应注意些什么?

3. 实践题

案例一:上小学六年级的圆圆,学习成绩不错,品行也好,可就是害怕与人交往。他只要一接触陌生人就会感到莫名其妙的紧张,本来在心理早已想好的话,可到时候脑子里一片空白,全忘光了。与人谈话时,显得很紧张,局促不安,手不知道放哪儿好,眼睛不知道往哪儿看,不敢和人对视,说话声音很轻,显得很害羞。

在班级里,他不喜欢和别人交往,喜欢独来独往,没有知心朋友,也不喜欢参加集体活动,一遇到集体活动能不参加就不参加,即便勉强参与,也只愿做一名观众。上课时,很少或者几乎不主动回答老师提出的问题,除非被指名回答。他还总是担心上课被老师提问,一旦被提问,就显得非常慌乱,本来知道问题的答案,由于紧张,也不能完整地表达出来。遇到根本不会的问题,那就更是难以应付了,甚至满脸通红,额头沁出汗珠,异常紧张。圆圆在家里也不爱说话,他平时在家,除了做作业,就是看书或看电视,很少和家里人说说笑笑,显得心事重重。

请分析案例中圆圆的行为表现及教师可以采取的辅导方法。

案例二:周慧是一位小学三年级的学生。她三岁时,父亲病故了。她和妈妈与姥爷、姥姥生活在一起,母亲是银行职员,家庭经济状况良好。周慧自幼失去父亲,家里人觉得她比其他孩子可怜,所以对她关怀备至。几乎所有的事情都由母亲包办代替,以至于她已经是二年级的学生了,还不会系鞋带,穿衣服,梳头等,连吃饭也得妈妈喂。晚上睡觉时,只有搂着妈妈的脖子才能入睡。而且她自己从来不曾独立上过学。家庭过分的溺爱导致其胆小、懦弱。上课时,只要老师走到她跟前,她就显得很紧张,正在写字的手就会打颤,无法书写。当老师提问她时,她就会脖子和脸都涨得通红,越是急就越说不出话,如果继续追问就会掉泪,但仍旧一言不发。与其他同龄人相比,周慧显得过分依赖成人。从周慧的表现不难看出,她属于依赖型人格障碍,始终封闭在自己"舒适"的环境中。长此以往,导致她胆小、恐惧、焦虑,担心和自卑的心理,难以适应学校的正常生活和社会交往,这种情况需要及早解决。

作为周慧的心理辅导教师,你会采用哪种方法进行辅导?具体应该怎么做?

第五章
小学生团体心理辅导的计划与实施

团体心理辅导是小学生心理健康教育中一种最经济和最有效的形式,它充分利用小学生乐群性的本质特征,借助科学的团体活动,在受过专业训练的心理健康教育教师的带领下,通过一系列的团体互动,给小学生提供心理指导,协助其心理成长和人格发展。

■ 学习目标

1. 理解小学生团体心理辅导的内涵；
2. 掌握小学生团体心理辅导的特征；
3. 掌握小学生团体心理辅导的设计步骤；
4. 能列举团体心理辅导的优点和局限性；
5. 掌握小学生团体心理辅导的实际操作。

■ 关键问题

1. 团体心理辅导的概念、特点和功能分别是什么？
2. 团体心理辅导的目标、原则和类型分别是什么？
3. 如何做好小学生团体心理辅导的计划？
4. 如何组织与实施小学生团体心理辅导？
5. 小学生团体心理辅导中有哪些常见问题？教师应如何处理？

■ 问题情境

小菲是一位六年级的女同学,她长着一对会说话的大眼睛,头发黄黄的,稍稍有些卷曲,成绩上游,性格腼腆、内向,在人面前不笑,上课从不主动举手发言,老师提问时她的脸蛋也涨得通红,总是低头回答,听不清她的声音。除了下课上厕所,小菲总是静静地坐在自己的座位上发呆,老师叫她去和同学玩,她会笑一下,然后和同学一起玩。小菲对老师说:"我想跟同学们一起玩,但不知道要怎么做。"

你认为小菲的情况适合进行团体心理辅导吗？团体领导者在团体心理辅导中的任务有哪些？

第一节　小学生团体心理辅导概述

　　小学生的成长过程离不开团体,需要得到团体的支持,尤其是当小学生遇到成长困惑和困难时,团体会发挥重要的助人功能,有效帮助那些有着共同成长问题和有类似困扰的小学生。

一、小学生团体心理辅导的内涵

　　理解小学生心理团体辅导的内涵,是顺利进行小学生团体心理辅导工作的起点。小学生团体心理辅导属于团体性质的心理辅导,可以采用团体心理辅导的原理和方法,但由于对象仅限于小学生,因此也有其特殊的内涵。

(一) 小学生团体心理辅导的基本含义

　　小学生团体心理辅导是指在团体的心理环境下,教师对小学生提供心理帮助与指导的一种心理辅导形式,即以团体为对象,由经过专业训练的心理健康教育教师运用适当的辅导策略或方法,通过团体成员的互动,促进小学生的人格成长,是以预防或解决问题并激发个体潜能的助人过程。

　　小学生团体心理辅导由领导者(通常为心理健康教育教师)根据小学生问题的相似性,组成课题小组,通过共同商讨、训练引导,解决小学生共有的、共同的心理问题。根据辅导目标的不同,团体规模的设置也有所不同,少则三五人,多则十几乃至几十人。通过团体活动以及参加成员的相互交往,共同探讨大家关心的问题,彼此基于反馈,相互启发和鼓励,使小学生认识并理解自己或他人的心理,改善人际关系,增强社会适应性,促进人格成长。

1. 小学生团体心理辅导的优点

　　(1) 效率高。相对于个别心理辅导而言,小学生团体心理辅导一方面可以节省大量的时间和精力,另一方面可以缓解学校心理健康教师不足的矛盾。

　　(2) 团体中"和别人一样"的体验本身就具有辅导的性质。许多小学生会认为,某些体验是只有自己拥有的。团体辅导可以让具有相似困扰的小学生聚在一起,这时他们就会发现:自己并不是独一无二的,大家拥有类似的困惑、想法或体验。在一些情景中,相同的体验会很有价值。

　　(3) 资源和观点的多样化。无论在交流信息、解决问题、探索个人价值方面,还是在发现共同情感方面,团体中的人都可以提供更多的观点,从而使团体中所有人都拥有更丰富的资源。

（4）满足归属的感觉。心理学的研究早已指出人类有强烈的归属需要。个体通过归属于某个团体,这种需求可以部分地得到满足。在团体中,成员经常会彼此认同,然后感到自己是整体的一部分。

（5）反馈和间接学习。团体为成员提供了接受团体反馈的机会,并且团体提供的反馈比个别他人给予的反馈更有力量。

（6）模拟与再现真实生活。与一对一的咨询和辅导相比,小学生团体心理辅导更好地复制了真实生活。团体是真实生活的缩影和反射,这种与真实生活更为相近的团体体验能让小学生将在团体中获得的经验迁移到日常生活中,开始在生活中表现出与过去不同的行为,从而逐渐更好地适应生活,获得成长。

2. 小学生团体心理辅导的局限性

（1）在团体情境中,有的小学生具有不适合团体心理辅导的个人特质。小学生团体心理辅导也不是万能的,有些情况会限制其助人优势,此时的团体经验也可能会对个人和团体造成消极影响。例如,依赖性过强、人际焦虑过高或太以自我为中心的小学生,以及十分内向、害羞,甚至自我封闭的社交障碍者,在团体中不仅难以获得好处,甚至还会妨碍团体心理辅导的进展,这些情况应注意避免。

（2）小学生团体心理辅导对领导者要求高。小学生团体心理辅导的领导者通常为心理健康教育教师。进行小学生的团体辅导对领导者的人格、专业素养、技术方法、伦理道德等方面要求较高,若领导者资质较差,则无法给团体成员带来积极的作用,甚至会产生负面影响。

（3）在团体情境中,个体差异难以照顾周全。团体心理辅导的领导者需要关照到团体中的每一个成员,因此对单个成员的关注和交流就会相对较少,一些特殊需要就可能被忽略,无法满足。并且,不同成员也具有不同的个性,问题程度不同,个别差异难以照顾周全。因此,团体心理辅导对每个成员的影响都有所不同。

（4）在团体情境中,有的小学生可能会受到潜在伤害。在团体情境中,个人和团体在还没有充分准备的情况下,有的小学生会因受到团体的压力而导致不安,甚至可能会受到伤害。在辅导过程中的一些关于某个成员的隐私,事后可能被无意识地泄露,会给当事人带来伤害。

（二）小学生团体心理辅导与相邻概念的关系

想要科学深入地理解小学生团体心理辅导,就有必要厘清它与小学生个别心理辅导、小学生团体心理咨询、小学生团体心理治疗等相邻概念之间的关系。

1. 小学生团体心理辅导与个别心理辅导

小学生团体心理辅导和个别心理辅导是两种并列的心理辅导形式,两者为不同需要的小学生提供不同情况和层面上的帮助。了解小学生团体心理辅导与小学生个别心理辅导的联系和区别,对已有概念进行整合和分析,可以帮助我们更好地学习和掌握不同的助人技巧,从而帮助更多的小学生解决困扰。二者虽然形式不同,但并不互相排斥,而是相辅相成,都是为了帮助小学生自我实现、自我指导和适应生活。小学生团体心理辅导与个别心理辅导各有其特征、各有其主要的应用范围。

(1) 小学生团体心理辅导与个别心理辅导的相似处。

一是目标相似。二者的目标均为助人自助。从适应性角度来说,都在帮助小学生解决问题、减除困扰、缓解症状;从成长性角度来说,二者都在帮助小学生了解自我、接纳自我,最终能够达到实现自我和整合自我。

二是原则相似。在小学生团体心理辅导和个别心理辅导中,教师都要向小学生提供温馨、自由、宽容的氛围,针对当事人的自我防卫要采取接纳和坦诚的态度,让当事人因受到关爱与尊重而自由表达自己的经验和情感,进行自我检视,产生自信,并能对自己的决定负责。

三是技术相似。二者都需要教师熟练掌握接纳、同感、回馈、澄清、复述、场面构成、感情反射等技术,从而使小学生能够观察自己、了解自己、自我觉察和领悟。

四是对象相似。二者的对象都是以有正常发展问题的小学生为服务对象,都面向小学生的要求、兴趣与经验,有针对性地提供帮助。

五是伦理相同。二者都需要在辅导过程中尊重小学生的隐私,强调对隐私的严格保密。同时,二者都善于探索小学生情绪和生活中的变化,能够增进小学生控制和调适自身情绪的信心。

(2) 小学生团体心理辅导与个别心理辅导的不同点。

一是互动程度不同。小学生团体心理辅导的情境可以提供小学生与他人交往的机会,能够满足小学生的社会性需求,得到多方面的回馈,使小学生获得他人对于行为交互作用的反应和启示;在个别心理辅导的情境中,小学生之间的人际互动为一对一的形式,更有深度但广度不足。

二是助人氛围不同。在小学生团体心理辅导的情境下,小学生不仅自身可以得到接纳和帮助,并且也给予别人以援助,团体越有凝聚力,成员之间就越能互相扶持,这种合作的、参与的关系有利于成员增进亲近感,可以促进相互教育、相互启发,从而影响成员行为改变。个别心理辅导则比较欠缺这种合作、互助、分享的关系和氛围。

三是问题类型不同。小学生团体心理辅导在处理人际关系、社会交往问题时,通常优于个别心理辅导;个别心理辅导在面对小学生程度较强的情绪困扰问题时更加合适。

四是咨询技术不同。小学生团体心理辅导情境中的人际互动形式多样且变化较多,教师面临的问题更为复杂,教师必须了解成员的感情,并且在辅导过程中帮助他们认识自己的感情，而且要观察辅导的内容对成员带来什么影响，引导各个成员参与讨论。在团体心理辅导过程中，教师必须敏锐觉察团体的特质和动态，使用各种"催化"技巧，发挥团体的潜力，进而实现辅导目标。

五是工作场所不同。小学生团体心理辅导需要较大的活动空间，并且需要按照活动内容特别布置和安排活动空间；个别心理辅导需要的空间较小，不用特别布置，教师和来访者能够舒服地坐着交谈即可。

2. 小学生团体心理辅导与团体心理咨询、团体心理治疗

小学生团体心理辅导、团体心理咨询与团体心理治疗的相似之处主要表现在：首先，三者都是用团体这种形式来处理成员的个人问题，以协助成员的身心发展与适应日常生活；其次，三者都需要由受过专业团体训练的人员来指导；再次，三者均需考虑成员的个体差异，要做到具体问题具体分析对待；最后，三者均需运用科学、系统的方法，以心理学为基础开展团体活动。

具体来说，三者的相同点主要有：

第一，从目的来看，虽然各种团体的侧重点有所不同，但是所有团体工作的目的均在于预防小学生社会功能的缺失，提供小学生成长所需要的资源。

第二，从知识和理论的应用来看，虽然不同的团体工作所依据的理论重点和应用有所不同，但是所有团体工作都应用小团体的理论作为发展团体、问题解决等的依据。

第三，从问题解决方面来看，虽然不同团体所要达到的目的和解决的问题不同，面对团体的角度也可能有所不同，但是所有团体均会以一个问题为切入点，围绕该问题开展团体工作。

第四，从介入方式和技术来看，不同团体常运用许多相似的介入处理方式和技术。例如，三者都使用催化团体过程、增进成员情感表达的策略、角色扮演、行为预演等技术。

三者的区别主要有：

就小学生团体心理辅导而言，小学生团体心理辅导的主要目标是通过提供知识和发展资源，帮助小学生更好地适应生活、获得成长，其功能是预防性和发展性的。小学生团体心理辅导运用团体的情境，设计出活动、课程、内容，用来引导小学生碰到的由各类问题所引发的一般性困扰。团体心理辅导具有安全、相互信任、相互接纳的气氛，在此气氛中，成员互相表露自我想法、自我感受、共同分享、共同探讨，以促进成员自我觉察、自我成长、自我发展；或从中学习如何与人建立融洽关系、如何坦诚愉快地与人交往的技术。小学生团体心理辅导的主要对象不是那些存在心理障碍的小学生，而是在某些方面有待完善的小学生，因此其目的不以治疗为主，而以促进成长、完善自我为主。

在小学心理健康教育中,团体心理辅导主要促进其健康成长和发展,适应日常生活,内容主要包括心理健康知识和方法的教育以及学生个人发展等。小学生团体心理辅导多以班级为单位,在学校的心理健康教育课和活动课中实施,一般30—40人左右。通常由辅导教师或班主任组织,重点是探讨某一主题,主题的选择依据是小学生们共同关心或共同面对的问题。团体心理辅导的技术通常包括讲解、讨论、观看电影等。

就小学生团体心理咨询而言,小学生团体心理咨询的目标是提升或改变成员的思想、观念、态度和行为,其功能有预防性、发展性和矫治性。小学生团体心理咨询强调的不只在认知或知识层面,而是大量情感的介入,主张用技巧和方法来改变团体成员。团体心理咨询属于较为专业的范畴,必须由受过专业训练、能胜任的咨询人员来带领,以短期的方式在学校心理健康教育机构实施,且人数一般为6—8人。团体心理咨询是注重补救性、情绪性问题解决的辅导。它借助团体动力及交互作用,以促进成员更深的自我探索、自我了解、自我悦纳。

就小学生团体心理治疗而言,小学生团体心理治疗的目标是协助成员在人格和行为上发生改变,治疗方式是经由特别的设计且在控制下的互动行为。团体心理治疗是在一个正式组成且受保护的团体中进行的。需要注意的是,小学生团体心理治疗的对象是有严重情绪问题的小学生,因此,必须由心理治疗师来主持进行矫治。

小学生团体心理辅导、小学生团体心理咨询与小学生团体心理治疗的原理基本相同,但应用的技术方法组合却有所不同。因此,教师在实践层面上,也就是具体应用上,如果能够考虑到三者的区别,做到有针对性地带领团体,就会事半而功倍。

二、小学生团体心理辅导的类型

目前,团体心理辅导还没有统一的分类标准。学者们依据不同的标准将团体心理辅导分成了不同的类别,如理论、功能、活动方式等。

(一) 依据理论对小学生团体心理辅导进行分类

团体心理辅导需要在理论基础上设计和开展,根据其基于的理论流派不同,我们可以将小学生团体心理辅导分为以下四类:

1. 精神分析团体心理辅导与治疗

精神分析团体心理辅导与治疗是将精神分析的理论、原则和方法应用于团体成员的一种形式。其目的在于揭示团体中每个成员的核心冲突,使之上升到意识层面,以此促进成员的自我了解,认识并领悟自己被压抑了的种种冲动和愿望,最终消除症状,更好地适应和处理各种生活情境与挑战。

领导者在精神分析团体辅导与治疗中采用的主要技术包括:启发并鼓励成员进行自由联想,对成员的梦与幻想进行解析,分析阻抗,揭示移情与反移情等。精神分析团体辅导与治疗的适应证主要是神经症和人格障碍。

2. 行为主义团体辅导与治疗

行为主义团体辅导与治疗应用的是行为疗法,具有四个特征:用具体的行为主义的术语来阐述问题,并确定治疗目标;所有的方法与技术都是针对成员的外部行为或症状本身;对适应不良行为和新行为进行客观的测量与评定;采用学习原则促进团体成员的行为变化。

行为主义团体辅导与治疗的常用技术与方法包括:集体系统脱敏、集体放松训练、示范疗法、角色扮演、社交技能训练等。

3. 认知—行为团体辅导与治疗

认知—行为团体辅导与治疗是指在团体情境下将认知疗法与行为疗法相结合,帮助团体成员产生认知、情感、态度、行为方面的改变。按照认知—行为疗法的基本观点,个体的心灵障碍和行为问题产生于错误的思维方式以及对现实的错误感知。因此,只有帮助小学生学会辨识并且改善这些不合理的信念、价值观、感知、归因等认知及其过程,才有可能有效地改变他们的不适应行为。

认知—行为团体辅导与治疗的具体技术包括:与不合理信念辩论、重新构想技术、认知家庭作业、合理情绪想象、角色扮演、脱敏技术、技能训练等。认知—行为团体辅导与治疗的适应证包括焦虑症、抑郁症、冲动行为等。

4. 会心团体辅导与治疗

会心团体辅导即交朋友小组,坦诚团体,是人本主义心理学家罗杰斯倡导并首创的团体辅导方法,理论基础是个人中心疗法理论。

会心团体可以集中组织,也可以分散进行。如每周聚会 1—2 次,每次 2—2.5 小时,在指定地点、指定时间活动。集中组织一般是利用 3—5 天时间,成员共同生活、集中住宿。团体成员从开始到结束一般会经历困惑探索阶段、信任接受阶段、自我探求阶段、变化成长阶段等。

当把会心团体应用在小学生的团体心理辅导中时,活动通常会注重小学生的适应、成长和发展。其常用的技术与方法有自我描述、生命之线、盲人体验、自画像、脑力激荡等。团队成员通过这些活动,加深相互之间的交流,从而使成员对自己和他人有更多的了解和认识,协调人际关系,促进个人成长。

(二) 依据功能对小学生团体心理辅导进行分类

根据小学生团体心理辅导的功能差异,我们可以将其分为以下三类:

1. 成长性团体心理辅导

成长性团体心理辅导是应用十分广泛的团体辅导形式,在学校中的使用尤为广泛。成长性团体心理辅导的理念是:在人生成长过程中,每个人都会遇到困难,如果个体能够克服一些不可避免的困难,那么便能够获得心智上的成长。成长性团体心理辅导功能的实现需要的条件有:让成员有宣泄的机会;团体给成员以支持;使成员对自己有新的认识;改善成员的适应能力,促进成长。

成长性团体心理辅导应用范围很广,适合在小学生群体中开展,对于帮助那些缺乏自信或社会适应方面存在问题的小学生十分有效,主要的活动形式有自我成长工作坊、成功心理训练、领袖才能拓展营等。

2. 训练性团体心理辅导

与发展性团体心理辅导相比,训练性团体心理辅导更加侧重团体发展的过程,如每个阶段成员互动的方式,引导成员如何观察并改进自己的行为。另外,这种方式还注重人际关系技巧的培养,强调通过团体环境来帮助成员解决问题、做出决定、表达自己的观点等。

训练性团体心理辅导具有三个特性:强调此时此地,不涉及成员过去的行为;强调过程,不强调内容;强调真实的人际关系,尊重他人,有利于互助成长。训练性团体一般由10—15名小学生组成,主要的活动形式有沟通技巧训练、自我肯定训练等。

3. 治疗性团体心理辅导

治疗性团体心理辅导是指通过团体特有的治疗因素,如团体中所提供的支持、关心、情感宣泄等,完善成员的人格结构,使他们恢复心理健康。治疗性团体心理辅导一般持续的时间较长,所处理的问题比较严重,往往针对某种行为异常,如焦虑、抑郁等问题。治疗性团体提供一种特殊的团体气氛,可以使不健康的或异常的心理得到解决和改善。

(三) 依据活动方式对小学生团体心理辅导进行分类

依据团体心理辅导的活动方式,我们可以将小学生团体心理辅导分为家庭治疗和心理剧治疗两类。

1. 家庭治疗

家庭治疗是在小学生的家庭成员内部通过情感交流和相互作用,使每个家庭成员了解家庭中病态的情感结构及不良的人际关系,促进家庭成员彼此谅解,纠正共同的心理问题,改善家庭功能,产生治疗性影响,从而使小学生的家庭成员和谐相处、正常发展。

2. 心理剧治疗

心理剧是最早出现的一种团体心理辅导形式,是20世纪初期由莫雷诺首创的一种团体心理辅导形式。这一辅导形式不是以谈话为主,而是通过特殊的戏剧化形式,让参加者扮演某种角色,以某种心理冲突情境下的自发表演为主。心理剧能帮助小学生将心理事件通过戏剧表演的形式表达出来。在表演的过程中,主角的人格结构、人际关系、心理冲突和情绪问题逐渐呈现在舞台上,进行精神宣泄,增强适应环境和克服危机的能力。小学生可以在表演中体会过去、现在和未来的事件,体验真实或想象的情节。

(四) 其他分类

除了以上三种分类方式,小学生团体心理辅导也可以依据其他标准进行分类。

1. 结构式团体心理辅导与非结构式团体心理辅导

按照团体心理辅导的计划程度,我们可以将团体心理辅导划分为结构式团体心理辅导与非结构式团体心理辅导。结构式团体心理辅导是指事先做了充分的计划和准备,安排有固定程序的活动让成员来实施的一种辅导形式。非结构式团体心理辅导是指不安排有固定程序的活动,领导者配合成员的需要、根据团体动力的发展状况及成员彼此的互动关系来决定团体的目标、过程及运作程序。

2. 开放式团体心理辅导与封闭式团体心理辅导

按照团体心理辅导参与者的固定程度,我们可以分为开放式团体心理辅导与封闭式团体心理辅导。开放式团体心理辅导是指成员较为流动,成员的加入或退出都尊重个人情况、需求和意愿,成员的流动性相对带来不同程度的冲击,会使团体气氛发生很大的变化,彼此刺激,相互学习。封闭式团体心理辅导是指一个团体,从第一次活动到最后一次活动,其成员固定,熟悉度高,团体凝聚力与信任感较强。

3. 同质团体心理辅导和异质团体心理辅导

按照团体成员的背景相似程度,我们可以分为同质团体心理辅导和异质团体心理辅导。同质团体心理辅导指团体成员本身的条件或问题具有相似性,包括性别、年龄等。异质团体心理辅导指团体成员自身的条件或问题差异大,情况比较复杂。

三、小学生团体心理辅导的原则

为了发挥团体心理辅导的作用,达到团体心理辅导的目标并获得理想的效果,小学生团体心理辅导除了遵循一般团体心理辅导的原则,也应根据其对象的特殊性,遵循特定的原则。

(一) 专业原则

小学生团体心理辅导是一种有组织、有计划的工作,应由接受过专业培训的人员负责,事先应制订周详的实施计划。

(二) 民主原则

民主的原则有助于促使团体保持轻松的气氛,使辅导过程井然有序,能够增强团体的凝聚力。

(三) 共同原则

团体心理辅导是针对成员共有的问题而组织的,因此,教师在团体心理辅导过程中应始终注意成员共同的问题,使成员之间相互关注,保持共同信念和共同目的。

(四) 启导原则

小学生团体心理辅导的根本任务是助人自助,即帮助小学生能够自发自觉地成长、发展。因此,在辅导过程中,教师应本着鼓励、启发、引导的原则,尊重每个小学生的个性,鼓励个人发表意见,重视团体内的交流与各种反应,适时地提出问题,激发成员思考,培养成员分析问题与解决问题的能力。

(五) 发展原则

小学生正处于不断变化快速发展的阶段,在小学生团体心理辅导过程中,教师应带着发展变化的观点看待团体成员的问题,用发展变化的观点把握辅导的过程。

(六) 综合原则

团体辅导的理论、方法、技术种类繁多。只局限于某种理论和方法往往难以使团体辅导获得满意的效果。教师要结合小学生的特点,根据各流派基础理论,综合运用各种方法、技术来开展小学生团体心理辅导。

(七) 保密原则

尊重每一个团体成员的权利和隐私,是团体心理辅导中必须坚持的原则。保密的原则要求教师在团体辅导开始时向全体成员说明保密的重要性,制定保密规则,并要求成员遵守,不在任何场合透露成员的个人隐私。

但保密不是绝对的,当发现参与成员有明显在危险边缘的表现时,教师应采取合理措施,通知有关人员或组织,或向其他专业人员或执业医师请教。这一做法从根本上考虑仍是为了保护当事人的利益。

第二节　小学生团体心理辅导的理论

团体心理辅导是心理辅导的主要形式之一,心理辅导的理论为小学生团体心理辅导提供了理论基础及方法依据。各学派在其背景中创立和发展,逐渐形成其完整系统的理论,团体动力学理论、社会学习理论以及人际沟通理论等都为团体心理辅导以及团体心理辅导过程的发展提供了理论和依据。

一、团体动力学理论

20 世纪 40 年代,社会心理学家勒温提出了"团体动力学理论",他强调群体是一个动力整体,应作为一个整体来研究。他认为团体的本质就是成员间的相互依赖,这种相互依赖通常由共同目标创设,使得团体成为一个"动力整体"。团体并非静止的,而是处于不断的相互作用和相互适应的过程中。个体按照某种特征结合在一起,共同活动,相互交流,就形成了团体。"团体动力"则是指来自集体内部的一种"能源"。

团体动力学是对组织内部作用力的研究,是针对小组行为的科学分析。团体动力学观点认为团体并不是根据成员简单的相似性确定的,而是一组相互依赖的人,一群个体的集合,构成了内部相互依存的一个组织。团体的结构特性是由成员之间的相互关系决定的,而不是由单个成员本身的性质决定的。团体动力学主张:要想改变个体行为,通过改变团体来引导和规范个体,比直接改变个体效果更好。这对于从虚拟班级系统管理的视角来解决小学生的在线学习问题具有重要的启示。

通过勒温等众多团体动力学家的努力,团体动力学形成了独具特色的基本研究范畴,其主要研究课题包括以下五个方面:

(一) 团体内聚力

团体内聚力是指群体对其成员的吸引力和群体成员之间的吸引力,以及群体成员的满意程度。社会心理学家费斯廷格指出,团体内聚力是"为使群体成员留在群体内而施加影响的全部力量的总和"。团体内聚力是团体巩固与稳定的社会心理特征,对团体的存在、活动、效率有重要的作用。

团体内聚力是团体动力学研究的核心课题,费斯廷格和沙赫特认为:所谓内聚力就是力量场的总体性,起着保持团体成员协调一致和抑制分裂力量作用。影响内聚力的因素有很多,大体可以分为外在要素和内在要素。外在要素是指在团体建立之前就已经存在的要素,包括社会环境、资源以及相关的物质、精神文化方面的因素。内在要素分为两大类:一是社会情感要素,如共同的动机、感情和价值;二是操作和功能要素,如群体角色、行为和领导方式等。

申荷永指出,团队内聚力本身有两个重要的因素:其一是团队的吸引力,其二是团队成员的动机。因此,他认为若要增进团队的内聚力就应考虑影响内聚力的一些团队性质,如团队的目标、计划、组织形式、社会地位以及团队成员追求交往、认同和安全的需要和他想从作为团队成员获得某种利益的愿望。团队动力学的研究成果表明,团队成员之间存在着相互依存和相互作用的关系,同时个体在团队中会产生不同于在单独环境中的行为反应。

克瑞奇等人认为,内聚力强的团体有七个特征:

(1) 团体的团结非起因于外部的压力,而来自团体内部;

(2) 团体内的成员没有分裂为互相敌对的小群体倾向;

(3) 团体本身具有适应外部变化的能力,并具有处理内部冲突的能力;

(4) 团体成员彼此之间有强烈的认同感,成员对团体有强烈的归属感;

(5) 每个成员都能明确团体的目标;

(6) 团体成员对目标及领导者持有肯定的、支持的态度;

(7) 团体成员承认团体的存在价值,并具有维护此团体继续存在的意向。

(二) 团体目标

团体目标与团体内聚力有着紧密的联系,制定明确的团体目标有助于增强团体内聚力。此外,团体目标也为团体的发展指明了方向。团体动力学同样关注团体的一致性、团体效能的发挥以及与成员个体之间的关系,作为团体的一分子,成员会受团体压力的影响在行动上与其他成员保持一致,而这种压力与团体目标直接相关。

(三) 团体领导

针对团体领导的研究主要集中在领导风格和领导行为,以及领导对团体个体成员积极性、团体整体效能的发挥方面。团体动力学认为,对于团体领导的研究不应仅关注领导者个体行为,更重要的是应站在团体的整体性和团体所处环境方面来进行。

(四) 团体氛围

团体的领导风格可以对团体的氛围产生直接影响,而团体氛围与团体内聚力之间又存在着积极的相互关系。民主宽松的群体氛围对群体成员个体而言可以产生积极的正向引导作用,反之,紧张的团体氛围则可能阻碍团体的发展,甚至对团体产生负面影响。

(五) 团体结构

团体结构包括团体角色、团体地位、团体人际关系、团体交流网络、团体规范制度,以及团体内外环境等范畴和因素。

团体结构中的这些要素相互联系、相互制约,共同影响着群体行为。尽管群体动力学的研究分为以上五种基本范畴,但五者之间具有很强的相关性,彼此之间相互联系,并没有非常明确的划分,研究范围相互重叠。

团体动力学理论不仅为团体心理辅导提供了理论依据,而且为辅导过程中的团体心理气氛的创设、领导者的作用等提供了重要的研究成果。团体动力学的一些研究方法,如敏感性训练等,已直接成为团体心理辅导的方法、技术,广泛应用于教育、管理、医疗等领域。

二、社会学习理论

社会学习理论是一种在行为主义"刺激－反应"学习原理基础上发展起来的理论,重点围绕人是怎样在社会环境中学习的这一问题开展研究。班杜拉发展了社会学习理论的观点,主张把依靠直接经验的学习和依靠间接经验的学习综合起来说明人类的学习。

(一) 社会学习理论的基本观点

社会学习理论着眼于观察学习和自我调节在引发人的行为中的作用,重视人的行为和环境的相互作用。它探讨个人的认知、行为与环境因素三者及其交互作用,其基本观点是三元交互决定论,认为人类的行为、心理及环境之间存在着错综复杂的交互作用。人的行为受心理和环境两种因素的影响,而人与环境的交互作用对行为产生决定性影响,该理论承认直接学习的同时更强调观察学习的重要性,并提出观察学习的强化机制是替代性强化。

社会学习理论强调观察学习在人的行为获得中的作用,认为人的多数行为是通过观察别人的行为和行为的结果而习得的,依靠观察学习个体可以迅速掌握大量的行为模式。该理论强调榜样的作用,人的行为可以通过观察学习过程获得,但是获得什么样的行为以及行为的表现如何,则有赖于榜样的作用。榜样是否具有魅力、是否获得奖励、榜样行为的复杂程度、榜样行为的结果和榜样与观察者的人际关系都将影响观察者的行为表现。

社会学习理论强调自我调节的作用。人的行为不仅受外界行为结果的影响,而且更重要的是受自我认知调节的影响,即自我调节的影响。自我调节是指自己制定行为标准,进行自我评价,从而引发动机来维护或改变自己行为的过程。一个人对自己应付各种情境能力的自信程度,在人的能动作用中起着重要作用,它将决定一个人是否愿意面临困难的情境,应付困难的程度以及个人面临困难情境的持久性。如果一个人对自己的能力有较高的预期,在面临困难时往往会勇往直前,愿意付出较大的努力,坚持较久的时间;如果一个人对自己的能力缺乏自信,往往会产生焦虑、不安和逃避行为。

(二)观察学习的阶段及满足条件

观察学习的四个阶段分别是注意阶段、保留阶段、动作再现阶段、动机阶段,具体来说:

注意阶段:在观察学习时,个体必须注意榜样所表现的行为特征,并了解该行为的意义,否则就无从经由模仿而成为自己的行为。

保留阶段:个体观察到榜样的行为之后,必须将观察所见转换为表征性的心象(把榜样行动的样子记下来)或表征性的语言符号(能用语言描述榜样的行为),进而使其可以保留在记忆中。

动作再现阶段:个体对榜样的行为表现观察过后,纳入记忆,随后根据记忆,将榜样的行为以自己的行动表现出来。换言之,在观察早期的注意与保留阶段,个体不仅由榜样行为学习到了其观念,而且也经模仿学习了其行为。

动机阶段:个体不仅经由观察模仿从榜样身上学到了行为,而且也愿意在适当的时机将习得的行为表现出来。

社会学习理论认为,观察学习需满足以下条件:

(1)榜样是学习者的偶像;
(2)榜样的行为受到了奖励或惩罚;
(3)榜样与学习者在特质上有相似之处;
(4)学习者的模仿结果会获得(自己的或他人的)强化;
(5)模仿的行为可明确认定;
(6)模仿的行为是学习者能力所及的。

(三)观察学习中的模仿方式

观察学习中的模仿绝非似机械般固定的反应,这种模仿受学习者的心理需求、认知能力等内在心理过程的影响,从而衍生出四种不同的模仿方式:

1. 直接模仿

直接模仿是一种最简单的模仿学习方式。人类生活中的基本社会技能,都是经由直接模仿学习来的。例如3—4岁的儿童学习自己穿衣服和用牙刷刷牙,都是经由直接模仿学习的行为和技能。

2. 综合模仿

综合模仿是一种较复杂的模仿学习方式。学习者经模仿过程而学得的行为,未必直接来源于单独的一个榜样,而是综合多次所见而形成自己的行为。例如,某个儿童先是观察到电工踩在高凳上修理电灯,后来又看到母亲踩在高凳上擦窗户,他就可能综合所见学到踩在高凳上取下放置在书架顶层的故事书(在安全的情况下)。

3. 象征模仿

象征模仿是指学习者对榜样人物所模仿的,不是他的具体行为,而是其性格或其行为所代表的内涵。如电影、电视、童话故事中所描述的典范人物,儿童无法直接模仿其具体的行为,而是通过这些人物所表现的勇敢、善良等品质,引起儿童的象征模仿。

4. 抽象模仿

抽象模仿是指学习者观察学习所学到的是抽象的原则,而非具体行为。例如在解算术题时,学生从教师对例题的讲解中,学到解题原则,即为抽象模仿。

三、人际沟通理论

人际沟通理论认为"沟通是人类特定的复杂活动,属于一种社会认知的过程,是信息和行为的交流和交换",是指人与人之间运用语言或非语言符号系统交换意见、传达思想、表达情感和需要的交流过程。人际沟通理论具有四个基本特点:第一,沟通双方互为主体;第二,沟通能够调整双方的关系;第三,沟通双方具备统一或相近的符号系统;第四,沟通中可能出现社会性、心理性、文化性的障碍。人际沟通是个体适应环境和社会生活、承担社会角色、形成健全个性的基本途径,因此人际沟通既具有传递信息的功能和心理保健的功能,还具有自我认识与人际协调的功能。

(一) 哈吉的人际沟通互动理论

哈吉于1986年提出人际沟通的互动模式,他认为:第一,人际沟通是一种动态的过程,涉及个人因素、情景因素、动机、知觉及行为反应等,并且这些因素之间存在着交互作用。因此,沟通双方若在需求上有所分歧,则可能会发生矛盾冲突。第二,沟通的核心在于双方信息的传递。当其中一方做出认知和行为的反应,另一方知觉到之后,产生反馈,这个反馈又成为前者的知觉刺激,如此相互作用形成一连串的沟通。若双方能够对自己及对方作出反馈,并将信息适时传送,则可在沟通过

程中化解矛盾冲突。

人际沟通的质量会受到一些因素的影响,如沟通的目标,沟通的情境,沟通者的个人认知、情绪、价值观念,以及双方对彼此信息的想法和对信息做出的反应都会影响沟通的质量。因此,在沟通过程中,双方应留意以上影响沟通的因素,反思影响沟通存在的问题,并找出原因,以便对沟通的策略做出调整,提升沟通质量。

(二) 拉斯韦尔的沟通"5W 模式"

心理学家拉斯韦尔提出了沟通的"5W 模式",较明确地说明了人际沟通的过程:传信者(who,谁)—信息(what,说什么)—媒介(in what channel,通过什么渠道)—受信者(to whom,对谁)—效果(with what effects,取得了什么效果)。

(三) 勒维特的沟通形式理论

勒维特在研究团体内的沟通形式时发现,团体内的沟通有四种形态:链型、Y型、轮型和圆形。同时,他还发现这四种形态之间存在三个方面的差别:第一,从信息的传递速度来看,轮型沟通最快,圆形沟通其次,链型最慢;第二,从团体的气氛来看,圆形成员互相平等相处,可以无拘束的沟通,满意程度最高,轮型以一人为中心,民主气氛次之,链型成员满意度最低;第三,从团体领导者的作用来看,轮型最显著,其次为链型,圆形则无中心。

人际沟通理论对于团体心理辅导过程中人与人之间如何交往,怎样增强沟通效果,建立良好的人际关系,减少交往障碍等有很高的参考价值,也为教师选择怎样的团体沟通方式,如何观察、指导团体成员的沟通等提供了具体的方法和技巧。

第三节 小学生团体心理辅导的计划

小学生团体辅导计划工作是否充分,关系到后续工作的成败。好的计划可以使团体心理辅导有一个良好的开端,有利于团体辅导沿着预期目标,健康发展。该阶段要解决好以下技术问题:团体成员的招募与筛选、团体领导者的条件与任务、小学生团体心理辅导方案的设计。

一、团体成员的招募与筛选

团体辅导效果与团体成员构成密切相关,因此应谨慎选择团体成员。成员最好是自愿参加团体,因为自愿参加团体的成员能更早地融入团体,开放自己;非自愿参加团体的成员防卫心理较强,不容易融入到团体当中。领导者要根据团体辅导目标和类型做好成员的招募和筛选工作。

（一）团体成员的招募

小学生团体心理辅导一般来说以班级为单位开展,但是当不以班级为单位开展时,教师则需要明确服务对象:是为一般的小学生而设立? 还是为有特殊需要的小学生设立? 参加团体心理辅导的成员可以是背景、问题相似的小学生,也可以是背景和问题有所不同的小学生。

1. 报名参加团体心理辅导的基本条件

报名参加团体心理辅导的小学生应具备以下四个基本条件:自愿报名参加,并具有改变自己的强烈愿望;愿意与他人交流,并具有交流能力;能坚持参加全部团体活动,并遵守各项团体规则;无明显的身心疾病。

2. 宣传的方法

在小学生群体中宣传团体心理辅导的方法一般有以下几种:一是领导者或教师直接口头宣传,吸引一些小学生参加;二是在学校中张贴海报、告示;三是利用大众媒介。至于利用哪一种方法好,要看团体心理辅导的目标和成员的需要。一般情况下,在学校里旨在促进学生成长、发展的团体心理辅导,通常会受到广大学生的欢迎,可以同时通过几种途径进行宣传。

3. 撰写招募海报的注意事项

招募海报既要人性化,符合小学生的认知能力和兴趣,又要具有一定的权威性,让面向的小学生感受到海报内容的可信任性、可理解性和可操作性。海报内容要明确地表明团体心理辅导的目标和关键信息。例如,团体活动的时间、地点、总次数;需要成员做的准备工作,如是否准备道具、是否提交书面申请及报名地点和方式;指导教师姓名及其他个人资料;该期团体心理辅导的主要活动方式等。最后,海报必须署明主办部门、发布日期。

（二）团体成员的筛选

并非所有招募的小学生都能够成为团体成员,教师需要结合团体心理辅导的目标和内容进行筛选。适合成为团体心理辅导成员的个体应该具备相应的条件:智力在正常范围内;能叙述自己的情况和感受,理解他人表达的意义,有一定领悟能力,理解和认可指导者的工作;个人要解决的问题和心理需要与团体活动类型及目标匹配;人格健全,只有人格健全才不会影响团体内人际关系的建立;具有合理的加入团体的动机,如果是为了获取功能性的利益,或是为了寻求物质帮助,那么这种动机越强烈,就越容易对团体产生负面影响,个人动机也会有所受挫;具有较为健全的交流协作能力,具备用言语和非言语的方式进行各类沟通的能力,进而成员之间能够在沟通中相互理解和接纳。有较为严重的心理疾病的小学生,或性格有明显缺陷的小学生则不适合参加团体心理辅导。

1. 成员筛选的具体方法

面谈法:教师与申请的小学生进行一对一交谈,了解对方加入团体的动机以及个人的背景、性格和经历等。

访谈法:教师可以与报名学生的家长进行访谈,更加全面地了解该学生的家庭背景、性格特征、行为方式等。

问卷法:书面问卷的关键在于设计指标的科学性、针对性和可选择性,此外还要考虑小学生的认知水平,使小学生能够理解问卷的内容。指标应能考查报名者心理需要、问题类型、对团体辅导的了解、有无接受辅导的经历、对教师的要求、报名者的性格等方面的内容,通过评估申请者的答卷,可以获得有价值的信息。

心理测验法:教师可以选择适合小学生使用的人格问卷或其他的自评或他评量表。分析申请者个人心理测验的结果,能较为准确地掌握相关信息、包括性格特征、健康状态、是否存在严重心理疾病等情况。

2. 成员筛选的注意事项

无论教师采取哪种方法筛选成员,都需要重视以下问题:

- 报名者为何要参加团体辅导? 主要问题是什么?
- 报名者的自我形象如何? 是否考虑改变?
- 报名者想从团体中获得什么? 团体是否能帮助其达成目标?
- 报名者希望知道领导者或团体的哪些事情?
- 报名者是否了解团体的目的与性质?
- 报名者的受教育程度及智能水平如何?
- 报名者是否接受过团体辅导?
- 报名者的性格特征及精神、身体健康状况如何?

二、团体领导者的条件与任务

团体领导者是团体心理辅导过程中的核心人物,一个有效能的领导者需要积极健康的人格,具备专业的知识、经验和技术。阿佩尔曾指出:"在辅导过程中,辅导教师能带进辅导关系中最有意义的资源就是他自己。"林孟平也提道:"在整个辅导过程中,最重要的并不是辅导教师的学位、资历、理论和技术的纯熟,而是其本身的修养气。"

(一) 团体领导者的条件

一个优秀的团体领导者可以促进团体的发展,最大化团体心理辅导的效果。

具有效能的团体领导者需要具备以下四点条件：

1. 健康的自我形象

领导者需要能够认识自己、了解自己、接纳自己、肯定自己、欣赏自己和完善自己，进而才能有效带领团体，进行心理辅导。当领导者自信自爱时，他才能信任和关爱成员；当领导者接纳自己的局限和不完善时，他才能宽容成员的不足。

2. 建立良好关系的能力

团体成员有不同的个性、能力和特征，领导者能否和多个成员协调好人际关系，尊重、接纳每个成员，是团体心理辅导的基础，这要求领导者有建立人际关系的能力，在团体中营造出理解、温暖、支持、鼓励和信任的心理氛围，帮助成员参与和投入到团体辅导之中。

3. 敏锐的自我意识

领导者的自我意识在团体辅导的过程中十分重要，领导者需要对自己的生理、心理等有清晰敏感的知觉，进而对成员的状态进行判断和把握，给予团体成员恰当的回应。

4. 不断成长的意愿

小学生团体心理辅导需要领导者有较好的心理素质和心理健康水平。面对现实中的压力和矛盾，领导者需要积极面对，不断完善自己，学习新的知识和方法，充实自己，保持积极良好的状态。一个身心健康、愿意成长的领导者能够在团体心理辅导中成为模范，给成员带来积极的示范作用。

（二）团体领导者的任务

为了能够较好地引导小学生的团体发展，团体领导者需要明确自身职责。在团体的开始、过渡、成熟和结束阶段，团体领导者的基本职责包括以下四个方面：

1. 调动团体成员的参与积极性

领导者需要关注团体内所有成员，观察每位成员的情绪和心理变化，引导成员表达自己，相互交流观点和看法。鼓励成员开放自我，积极讨论，激发成员对团体活动的兴趣。

2. 适度参与并引导

领导者应根据团体的实际情况，把握自己的角色，发挥领导者的作用。在团体形成初期，团体气氛尚未形成，成员之间尚不了解，领导者可以以成员的身份参与活动，起到示范作用。在引导成员讨论共同问题时，领导者应适当引导讨论方向。若有不善于表达的成员，领导者应适当鼓励；考虑到小学生的年龄特征，可能会出现过于活跃的情况，对于过分活跃的成员，领导者也需要适当制止，始终把握好团体心理辅导的发展方向。

3. 提供恰当的解释

在团体心理辅导过程中,当成员对某一问题有较大的意见分歧,或是难以理解某个问题,活动难以推进时,领导者就需要提供恰当的解释。不同小组活动的类型,解释的时机和方式各不相同。在提供解释时,领导者要注意表达简明扼要,通俗易懂,切合实际,避免长篇大论或专业性太强,确保小学生能够理解。同时,在整个辅导活动中要避免过多的讲解,影响成员的独立思考。

4. 创造融洽的气氛

在团体心理辅导过程中,领导者最重要的职责之一就是营造积极良好的氛围,让成员相互尊重、互相关心,营造温暖、理解、同情和安全的团体气氛。在这种氛围中,团体成员可以坦诚地敞开心扉,在彼此接纳的氛围中成长。

(三)在团体心理辅导中领导者应注意的问题

小学生团体心理辅导过程较为复杂,领导者在带领小学生进行活动时也有许多方面需要注意。对于时常会出现的某些共性错误,领导者应做到心中有数,尽量避免影响团体心理辅导的进行以及有效性。

1. 事无巨细、包办代替

有些领导者过分担心团体成员和团体活动的进行,频繁过问和应对,较少观察和体会成员的状态,忽略了成员的互动和成长。事无巨细地包办代替有害于成员的主动参与和积极性,甚至会对团体心理辅导效果产生消极影响。

2. 权威自居、说教过多

尽管团体心理辅导的领导者具有专业的知识和技能,但需要避免以专家和权威自居,施以过多的说教,将个人意志强加给团体成员。领导者需要多倾听团体成员的观点,在不需要解释和评价的地方尽量不解释、不评价,引导团体成员自我教育和自我启发。过多的说教会让团体成员产生消极情绪,进而影响其参与的积极性。

三、小学生团体心理辅导方案的设计

好的设计方案是有效进行小学生团体心理辅导的前提和重要条件。团体心理辅导的领导者需要了解小学生团体心理辅导方案设计的原则,方案应主题清晰、具有针对性,安排合理,步骤完整。小学生团体心理辅导的方案没有统一的格式,但必须考虑团体的性质、目标、设计的背景、适用的领域以及领导者的专业素养等因素。

(一)设计团体心理辅导方案前应考虑的因素

在设计团体心理辅导方案前,领导者需要考虑团体需求、团体目标等方面因

素,便于进行有方向性、针对性的团体心理辅导设计。主要考虑的因素有以下五点:

1. 团体需求

领导者在设计方案前需要先确定该团体方案所面向的参与对象并了解该团体的各类需求,如面向哪一类小学生,以及他们存在的主要困惑和心理需求。同时,领导者也要考虑用何种方式来了解其需求。此外,领导者还要考虑成员需求的个别差异,如年龄、性格、认知水平等,参与同一团体的小学生的需求也有可能不同。

2. 团体目标和任务

在设计方案时,领导者首先应确定团体目标;其次应确定辅导要达到何种效果;团体的任务和功能是什么;团体目标是否清晰且可测量;团体目标、任务与功能是否由标准化的程序制定;方案设计与实施前能否对辅导效果进行预期;效果是否可以测量、评估;等等。

3. 团体实施

领导者应考虑方案设计后实施上是否有困难;对招募、筛选、宣传等工作是否有利;团体辅导实施时间、地点、器材等是否可以配合;方案的特色是什么,是否能结合领导者的专长、个性与领导风格;方案是否可以随时加以修正;有无替代的方案活动。

4. 成效评估

领导者还应考虑团体心理辅导结束后,如何进行评估;谁来执行评估;评估的标准是什么;评估资料如何搜集,可否量化;评估结果对相关人员及班级的影响是什么;评估结果是否公开,如何公开;评估和反馈是否可能出现预期外的结果。

总之,领导者在设计团体心理辅导方案前应考虑的因素可以参考表 5-1。

表 5-1　团体方案设计的 6W+2H+I+E 基本要素 [①]

维度	具体问题
WHY(目标)	为什么要组织这次团体活动? 目标是什么?
WHO(组织者)	由谁来组织?
WHOM(对象)	参加者是什么人? 他们的年龄、特点、性别是怎样的?
WHAT(性质)	活动以何种方式进行?
WHEN(时间)	什么时间进行? 进行的时间长短?
WHERE(地点)	在哪里举行? 有无备选地点?
HOW(程序)	如何进行宣传、招募等?
HOW MUCH(资源)	人力、物力、财力准备得如何?

[①] 樊富珉. 团体心理咨询[M]. 北京:高等教育出版社,2005:257.

续表

维度	具体问题
IF（如果）	实施过程中如果发现问题,如何应对?
EVALUATION（评估）	团体辅导的效果如何评估?

（二）团体心理辅导方案设计的内容

一份好的小学生团体心理辅导方案需要注重其内容的丰富性和实践性,方案是开展团体心理辅导的计划书,也是操作手册。一个完整的小学生团体心理辅导方案主要包含团体性质与团体名称、团体目标、团体领导者、团体对象与规模、团体活动时间及频率、理论依据及参考资料、团体活动的场地、团体活动评估的方法等。

1. 团体性质与团体名称

小学生团体心理辅导方案在设计时要明确本期团体辅导的性质,并依据团体性质给团体命名。团体名称突出团体特定目标,不需要体现所有目标。名称力求新颖、活泼、有吸引力,可以发挥创意,用带有隐喻的词语,体现助人成长的含义。

表 5-2 是樊富珉教授带领或督导的一部分小学生团体心理辅导的名称。

表 5-2　团体辅导活动名称实例 [①]

对象	团体活动名称	时间	参加人数	领导者人数
小学生	携手起航:新生适应训练	4 次,每次 2 小时	30	3
小学生	我爱我家:班级团队建设	4 次,每次 2 小时	30	1
小学生	明日之星:领导才能培训	6 次,每次 2 小时	16	2
小学生	牵手你我他:人际交往团体	5 次,每次 2 小时	12 ~ 16	2
班主任	好话好说:教师情商训练	5 次,每次 1.5 小时	15	2

2. 团体目标

团体目标包括整体目标、阶段目标和每期活动的具体目标,即经过团体辅导后,成员在认知、情绪和行为方面应达成的改变。小学生团体心理辅导的目标可以分为三大类:一是以开发心理潜能为主,促进小学生人格成长,增进心理健康的团体辅导;二是适应性训练,训练小学生更有效地处理人际关系,获得生活技能,更好地适应生活;三是治疗性的团体辅导,重视潜意识,帮助有相关问题的小学生缓解症状。

以上三类团体目标是从宏观的角度划分的。当聚焦在具体的团体辅导方案上时,目标应清晰明确,具有可操作性。小学生团体心理辅导的目标是团体成员参加

[①] 樊富珉.团体心理咨询[M].北京:高等教育出版社,2005:259—260.

团体的期望,也是团体领导者期望达到的目标和效果。以下是自我肯定团体的目标举例:

- 了解自我肯定的意义,以及自我肯定和生活发展的关系;
- 探索个人行为模式,并找出日常生活中无法自我肯定的原因;
- 能够在安全的情境中学习并实施新行为。

3. 团体领导者

领导者的个人特点会影响团体方案的设计。小学生团体心理辅导方案中应给出团体领导者的基本资料,如领导者和协同领导者的姓名、经验与背景以及受过的训练等。

4. 团体对象与规模

团体辅导方案中要明确团体招募成员的类型、来源、人数、招募与筛选方式。成员的类型包括性别、年龄、认知水平等。对象的确定是与团体目标密不可分的。团体成员的特点直接影响团体方案及活动设计。

小学生团体心理辅导能否顺利进行、能否达到预期效果与团体规模直接相关。团体规模过小,人数太少,团体活动不够丰富,且缺乏成员间的相互作用,成员会有较大的压力,容易感到紧张;团体规模过大,人数过多,团体领导者难以关注到所有成员的状态,缺乏直接的沟通,交流和分享较为分散,难以形成团体凝聚力,对团体活动的效果可能会产生负面影响。

经验尚浅的领导者,要谨慎设置团体人数,最好从五人或六人团体开始,以保证安全和辅导效果。要把成员的获益放在第一位,避免使成员受到伤害。若无法确保成员能够坚持参加,不中途退出,可以将人数设置为比预期人数多1—2个人。

以下是领导者决定团体规模时需要考虑的因素:

(1) 成员的年龄及背景。从年龄来考虑,青少年团体3—5人为宜,成员大都已在性格及情绪行为上趋向稳定,在家庭及社会上有明确的角色,团体的大小应视团体辅导目标而定。

(2) 领导者的经验及能力。从领导者来考虑,初学者和经验尚浅的人来领导团体,要谨慎考虑自己的能力,以小规模团体为主。对于经验丰富、能力较强的领导者来说,团体规模可稍微扩大一些。

(3) 团体的类型。开放式团体辅导一般人数较多,因为团体成员是流动的,为了便于成员之间有足够的交往机会,应保持一定人数。而封闭式团体辅导人数不宜过多,8—12人为宜。大团体也可以分成多个小团体,但小团体要配有协同领导者或者助手。

(4) 问题的类型。以治疗为目标的团体辅导人数不宜多,一般6—10人;以训练为目标的团体辅导人数居中,一般10—12人;以发展为目标的团体辅导,参加者可以适当多一些,一般 12—20 人。

5. 团体活动时间及频率

团体在经过开始阶段和过渡阶段后正式进入工作阶段,这是需要时间和耐心的。小学生需要时间来建立起彼此的信任、关怀,才能互相帮助。团体持续时间太短,效果会受影响;但持续时间过长,成员易产生依赖,领导者及参加者的时间、精力也难以满足。

团体心理辅导的组织方式有两类:一类是持续式团体,另一类是集中式团体。

持续式团体是定期活动,团体持续一段时间。团体持续的期限、活动间隔的天数、每次活动的时长等,这些是领导者在设计方案时必须考虑的。一般来说,8—15次为宜,每周 1—2 次,每次 1.5—2 小时,持续 4—10 周左右。成长团体、训练团体、人际关系团体和会心团体的次数可以适当减少,如 8—10 次;治疗性团体可以多一些,如 10—15 次。在团体心理辅导实施中,团体领导者不必墨守成规,可以根据实际情况进行调整。

集中式团体常常是将团体成员集中住宿,利用节假日休息时间组织活动。集中的时长也要根据团体目标、成员特点来确定。一般 3—5 天为宜,最多不超过一周。集中式团体多用于成人团体心理辅导。

在时间安排上,从参与者的角度来考虑,尽量不要打乱团体成员日常生活时间安排。团体辅导的频率和参与人数相关,如果团体成员人数较多,团体的次数也应适当增加,使得每个成员在团体中有足够的时间来探索自我。

6. 理论依据及参考文献

小学生团体心理辅导的方案设计必须有理论支持,这是团体方案形成的关键。在设计方案时,领导者既可以依据前述的团体动力学理论等理论知识,也可以依据小学生的适应理论以及训练方案等。团体方案中必须详细列出引用文献、参考资料、参考方案等。

7. 团体活动的场所

小学生团体心理辅导一般在学校教室中开展,对活动场所有以下基本要求:有足够的活动空间;有安全感;环境舒适、温馨,能够让小学生感到情绪放松;尽量避免引起小学生分心。学校可以设置专门的团体心理辅导活动室,做到宽敞、清洁、空气流通、室温适当,最好有隔音条件,可以采用便于移动的桌椅。

活动场地环境的布置和座位的安排都需要根据团体目标、成员特征、人数多少来区分。

8. 团体活动评估的方法

团体心理辅导在开始前、过程中以及结束后都需要进行评估。例如,团体心理辅导是否达到预期目标,团体成员的反应如何,领导者的工作方法与技巧使用是否恰当,团体内成员的合作是否充分,以及未来组织同类团体心理辅导可以做哪些改进。

9. 团体方案

团体方案包括总体方案设计、团体流程设计、单元执行计划设计,以及每次具体活动如何组织实施(表5-3)。必须注明每次活动的单元名称、单元目标、预定进行的活动名称,并且具体详述每次聚会的单元名称、目标、时间安排、预定活动内容、步骤、方式及所需器材等。

表5-3　团体方案设计示例[①]

项目	内容
一、团体名称	
二、团体领导者	团体经验简介: 督导员: 学历经验简介: 观察员:
三、成员招募	人数(估): 筛选方式:
四、团体活动时间	每次_____小时,合计_____小时
五、团体理念	
六、团体目标	1. 2. 3.
七、团体评估计划	项目一: 评估方法或工具: 预计评估时间: 项目二: 评估方法或工具: 预计评估时间: 项目三: 评估方法或工具: 预计评估时间:

10. 其他

制定团体心理辅导方案时,团体经费预算、海报等宣传品、成员申请报名表、成

---

① 樊富珉.团体心理咨询[M].北京:高等教育出版社,2005:265.选用时有改动。

员筛选工具、参与团体契约书、团体评估工具以及其他相关资料都需要纳入考虑。若活动中要用到图、表、文章等资料,录音机、录像机等设备,领导者均应准备充分,以便使用。

(三) 团体心理辅导方案各阶段的设计重点

1. 团体初始阶段的设计重点

团体刚开始的时候,领导者和成员,特别是成员会感到压力,容易紧张。成员通常会表现出焦虑担心、气氛沉默、具有防卫心理、缺乏安全感、依赖领导者等特点,甚至懊恼为何要参加团体。领导者需要发挥自身的积极特质,并善于运用同理、倾听、支持等技巧来缓和成员的消极情绪,营造放松的气氛。此外,领导者也可以在方案设计时选取合适的活动,设计无压力的相识活动或破冰活动,澄清成员的期望,拟定团体契约与规范,鼓励成员进行初步的、公开的自我表露。

(1) 营造安全、信任氛围的活动。针对成员在团体初始阶段的心态,团体方案中可以设计一些能协助成员放松的练习。比如,当成员第一次到团体活动室时,领导者可以播放契合辅导主题的放松音乐。同时,领导者还可以精心准备些小设计,例如小卡片、小花等,使成员有个好的第一印象,进而更好地融入团体,对团体产生认同感。避免成员进入团体活动室时陷入沉默和尴尬境地。

(2) 设计轻松的相识活动。团体初始,成员彼此不熟悉,因此有必要设计相互认识活动。传统方法常是成员一一自我介绍或纸笔作业介绍自己,这种方式容易增加成员的心理压力,甚至引发成员抗拒、恐惧的反应。所以在团体初始阶段,领导者可以采用游戏等方式,营造活跃的气氛,让成员能够在放松、温馨的情境中相互熟悉。例如"寻找我的那一半""对对碰""滚雪球"等活动。

(3) 澄清成员的期待和团体目标的活动。在团体初始阶段,领导者可以设计具有催化作用的活动来整合成员的参与动机,便于了解成员的需求并为修订方案提供参考。领导者可以用开放式询问、对话、具体化等技术,协助每一个成员明确和澄清自己的个人目标,也可以借助此类技术说明团体的性质、功能、目标等。

(4) 建立团体契约和规范。团体在初始阶段需要建立团体契约和规范,有效的团体运作需要每位成员认可团体契约并遵守规范。在活动设计上,领导者可以采取较生动、非教条的方式,邀请成员共同对团体规范提出见解,以及对规范执行中可能的问题进行讨论,形成共识,自觉遵守。例如,让成员用句子完成法来订立规范,如"在一个团体中,当……时,我觉得最舒服""在这个团体中,我最害怕的是……""我最喜欢的团体中的人……""在团体中我不喜欢看到……"等。

(5) 设计的活动避免深层次的分享。团体在初始阶段,成员之间的了解较少,很少有人能够立即表露自我。领导者在设计活动时应谨慎,避免成员开放程度不

一、自我表露太多太深，以致产生受伤或泄密的问题。活动初期的分享活动尽量层次较浅或威胁性较少。

2. 团体过渡阶段的设计重点

在团体过渡阶段，成员间的人际互动较为形式化，相互的分享及信任程度也不够深入和充分。此时的成员心理差异较大，有的成员能够投入、开放地参与活动，有的成员依然比较紧张、焦虑和沉默，有防卫性地参与，担心被拒绝或不被接纳，此时的成员为了判断团体是否安全，会有较多的试探性行为，处于想要安全和想要冒险的冲突之间。领导者除了以开放、包容、尊重的态度和倾听、接纳等技巧与成员互动，也可以选择适当的活动来增加团体信任感与凝聚力，进而催化团体动力。

（1）设计此时此刻分析性的活动。领导者在团体过渡阶段可以设计一些结构性活动，让成员分享自身的感受，进而缓解成员间的不信任并凝聚团体向心力。例如，采用盲行、信任跌倒、信任圈、合力举人等运用肢体活动的信任游戏，领导者可以描述在活动中此时此刻团体成员间彼此信任的状态，鼓励成员真诚、开放地表露自我。

（2）设计引发成员中等层次自我表露的活动。在团体过渡阶段，成员的自我表露及开放性的行为会逐渐增多，领导者可以适时地采用能够鼓励成员进行中等层次的自我表露和分享的活动，帮助成员进一步了解彼此，进而促进其自我探讨。此类活动包括"我喜欢的人""小小动物园""三个最"等。

（3）设计探讨人际关系的活动。在团体过渡阶段，领导者需要注意到成员不信任自己或其他成员的表现，并加以应对和处理。例如，某位成员较为被动，不愿主动说出自己的感受，怕自己表露出负向情绪，或将注意力放在别人身上，只顾"帮助别人"，给予别人建议而少谈自己等。此时，领导者可以设计一些检视团体盲点及团体内人际关系的活动，如"猜猜哪里变了""寻找灯塔""信任之旅""团体温度计"等活动。

（4）设计催化团体动力的活动。当团体发展迟缓、领导者的能力有限或者成员的心理防卫与身心状态不佳时，领导者可以借助环境的布置、视听器材的运用、艺体活动的设计来促进团体发展。音乐是很有效的团体动力催化工具，不论是团体进行前后、中场休息时间还是进行过程中，领导者都可以选择适当的音乐来催化；也可以设计一些动态性、兼具感性分享与理性交流的艺体活动，如"拍打身体部位""同舟共济""突围闯关""组歌比武"等活动。

3. 团体成熟阶段的设计重点

当团体进入成熟阶段，成员之间建立了团体信任，愿意让他人了解自己，能够根据自己的真实体验进行表达，在团体中渴望学习、成长，期盼个人问题能够解决或团体目标能够达成。领导者在此阶段可以运用面质、高层次同理心、自我表露、反馈、联结、折中、建议等技巧,也可以降低对团体的掌控,给予成员更多的自由互动与成长的空间。团体方案可以设计引发深层次的自我表露及引发成员间正向与负向的反馈的活动,或者探讨个人问题的活动、促进改变行为的活动等。

(1) 针对团体目标来设计活动。团体动力增强后,领导者应抓住时机,将团体引导到团体目标上,针对团体目标来设计活动的主题、功能,如自我肯定、人际沟通、生涯探索、团队合作、理性与情绪等。

(2) 针对成员需求来设计活动。每位成员参加团体的动机有所区别,也具有不同的心理需求,而团体成效评估便取决于能否满足成员的需求。为此,领导者有必要在达成团体目标的同时,兼顾多数成员伴随团体活动过程中所发展出的"非预期性的需求"。

(3) 针对团体特殊事件来设计活动。团体在任何发展阶段都可能会发生特殊事件,领导者不能呆板地执行原先的团体计划,应该对设计进行灵活调整。例如,领导者带领"自信团体辅导",当有成员忽然情绪失控地表示"我觉得自己一无是处"时,领导者要避免盲目地否认或安慰当事人,而是可以设置活动让其改变对自身的看法。例如,让当事人对团体中他认为最有活力、自信的成员述说其心境,并可以引导他在遇到某位成员具有他想拥有但暂时欠缺的特质时,将自己的想法告诉对方,并请教如何获得这样的特质。

(4) 针对团体氛围与发展动态来设计活动。尽管成熟期的团体凝聚力强,但领导者仍要关注团体氛围与发展动态,必要时可以弹性设计催化性活动,引发成员自我思考、彼此给予反馈,例如用"此时此刻"整理焦点问题,回顾过去经验,或利用音乐、绘画、舞蹈,使成员达到较深的自我察觉等。

(5) 针对领导者专长来设计活动。团体进入成熟期,成员逐步深入探索个人困扰,开始分担促进团体发展的责任。领导者可以结合自身的专业背景、经验技术与个人专长来设计带领团体的活动。当领导者带领团体进行个人擅长或熟悉的活动时,更能发挥其作用和功能,起到促进效果。

4. 团体结束阶段的设计重点

在团体结束阶段,成员可能会出现一些不舍和焦虑的情绪,也会有如释重负或问题悬而未决等感觉。此外,成员也会担心自己是否有能力把团体经历迁移到日常生活中。此时,领导者要以身作则,保持开放自我、尊重支持、积极负责的态度,除了运用反映、反馈、评估、整合等技术,在活动设计上应回到中层、表层自我表露,协助成员回顾团体经验和自我成长,处理好离别情绪,彼此给予与接受反馈,让成员互相祝福与激励。另外,也要提醒成员注意对团体信息的保密。

团体结束后的一段时间,领导者也可以在方案设计中加入追踪辅导或聚会等活动,例如读书会、谈心会、郊游团建等。领导者不仅可以借此来评估团体心理辅导的成效,同时也可鼓励成员继续成长和发展。

第四节　小学生团体心理辅导的实施

团体从开始形成到最终结束,会经历四个贯穿小学生团体心理辅导的连续阶段,每一阶段都由前一阶段发展而来,并成为后一阶段的基础。了解小学生团体心理辅导的发展过程,以及各阶段特征和领导者的任务,有助于领导者掌握团体情况和变化,以便高效实施团体心理辅导。

一、初始阶段

小学生团体心理辅导的初始阶段主要为第1—2次团体辅导(以总共8次为例),在这一阶段,团体成员对彼此的背景和性格都不熟悉,大部分成员可能会出现紧张和焦虑的情绪变化。把握团体初始阶段的特征和任务,有助于领导者引导团体建立信任关系,营造积极的团体氛围。

(一)团体初始阶段的特征

团体初始阶段,团体成员之间缺乏了解,整体气氛可能会较为沉默,此时的小学生团体主要表现出以下三种特征:

1. 团体结构松散

团体开始时,团体成员处于懵懂和迷茫的状态,不知所措,不了解团体要做什么,自己又能做什么,以及哪些行为是团体不允许的,因此会产生紧张和焦虑的情绪。在此阶段,成员会有防卫心理,更关心自我的情绪体验,与其他成员的接触有限,无法关心团体;团体结构尚未形成,较为松散。

2. 人际沟通表面化

团体初始阶段的一大特征是接近与逃避,成员开始互相接触、认识,但同时也较为紧张,会保持一定的距离以保护自己。成员在刚进入团体的时候会保持一种"公众形象",他们会表现出他人普遍能够接受的行为和观点,不会立即真诚地表露真实的自我。同时,团体成员在一定程度上对团体会感到不安和焦虑,他们以尝试性态度探索其他成员,大多数成员对团体有一些误解和好奇,领导者要对团体的目标、内涵等进行澄清。有学者将团体初始阶段比喻为一个人在异国他乡度过的最初几天,必须学习某种新语言的基本内容及其不同的表达方式。

3. 成员有多种情绪体验

对于第一次参与团体的小学生来说,许多团体规则、期望和活动都是陌生又新鲜的,许多不确定性也会为他们同时带来焦虑和期待。一方面成员会对团体经验充满好奇和希望;另一方面,他们也会体验到对陌生和未知的紧张和害怕。此时,成员的内心会产生许多疑问,如:领导者(教师)是否会喜欢我? 我在团体中说的话会被理解吗? 其他成员会笑话我吗? 我在团体中会被喜欢还是被讨厌? 我可以信任其他人吗? 他们可以帮助我解决问题吗? 此时此刻成员的情绪体验会十分丰富,也会较为矛盾。

(二) 团体初始阶段中领导者的任务

针对团体初始阶段的三种特征,领导者需要协助成员彼此认识,创造安全信任的气氛,并带领成员共同建立团体规范等。此阶段,领导者的任务主要有以下七个方面:

1. 建立信任感

在团体刚起步的阶段,有的成员常担心自己的言行会不被他人接受而小心和谨慎;有的成员会故意做出不友善的言行,去试探他人的态度和评价,借此体验团体气氛是否安全,是否能接纳他的行为和情绪。处在初始阶段的团体还可能会出现气氛沉默和尴尬的情况,因此,领导者需要尽可能地建立团体间的信任感,推动和促进团体的发展。

(1) 领导者自我介绍。领导者的自我介绍会对团体气氛产生启发性的影响,因此,领导者需要在自我介绍中表现出自己是精力充沛的、坦率的,并在心理上给予成员亲近感。

(2) 领导者的态度。领导者的态度直接影响信任感的建立。当领导者表现出热情、真诚的态度,以及对团体的较强的兴趣和责任时,能够调动成员参与团体的积极性。否则,团体就可能变得沉闷、散漫和无聊。

(3) 说明团体规则。领导者要为团体发展做完善的准备,需要清楚、明确、简洁地说明团体的基本规则和要求。

(4) 鼓励成员表达。领导者要鼓励成员表达自己真实的感受,表达出自己在团体里的担心、困惑和不安等情绪,使成员认识到:接纳自己和别人的感受是正常的。如果成员看到表达消极或负性的情绪是可以被接受的,他们就会不再有所顾虑,投入到努力探索对自己有意义的事情中去,也更容易表达在团体中此时此地的感受和看法。

成员之间更多的相互表达和分享能够促进团体凝聚力,这种凝聚力会进而加强团体成员间的信任感,并为成员在团体中尝试新的行为方式提供条件和氛围。当成员相互信任时,他们也会更好地接受自己所获得的反馈。

2. 示范的作用

在团体初始阶段,大部分成员相当依赖领导者,小学生对于领导者的依赖会更加强烈。因此,领导者应时刻意识到自己被团体成员视为一个权威人物和行为的榜样,以给予团体成员良好的示范作用。领导者在带领团体时,不仅是权威和专家,也是一个榜样型的参与者,可以和团体成员一起确定步调和活动规范。领导者在第一次团体活动中,应向团体成员说明期望,示范人际互动的真诚和自发性。当成员体会到领导者真诚的关心和对团体的投入时,他们会受到激励,积极融入团体。

3. 确定团体目标和成员个人目标

领导者向成员阐明团体的目标,并帮助成员确定、澄清和建立有意义的个人目标。领导者需要让成员认识到团体的目标是自我探索,自我成长,成员需要通过参与投入以及真诚的表达和分享,让他人了解自己,相互交往沟通;同时要倾听他人的分享,并给予真诚的回应和反馈,同时积极面对矛盾冲突,处理在团体中产生的各种情绪,形成新的行为,并能应用到生活情境中。

此外,在初始阶段,成员对于自己要在团体中得到什么的期望是模糊和笼统的,因此领导者需要协助每个成员建立真实的、可以达到的个人目标,以实现个人的自我成长。

帮助成员确立个人目标具有以下功能:引导成员将关注点聚焦于个人目标,让成员有努力的方向;激发成员的积极性和投入;使成员有动力持续地参与活动,增加努力的持久性;使成员有足够的动机采取行动。

领导者帮助成员确立个人目标时要注意以下问题:

(1) 目标要具体明确。成员的个人目标要具体明确而非模糊,如某成员的个人目标是"我要和团体内三个陌生人建立友谊关系",而不是"我要改变自己的人际交往";再比如"我在这周五前背下乘法口诀",而不是"我要提高我的学业成绩"。个人目标越清晰,就越容易实现。

(2) 目标要真实可实现。目标必须真实,并在团体活动期间可以实现。领导者需要帮助成员认识到他自己的努力,并引导和协助他主动获取达到目标可用的资源,处理阻碍其实现目标的障碍和局限。

(3) 目标可以验证。成员的个人目标是否达成需要能够验证,领导者要鼓励成员回答"我通过什么验证自己是否已经达到预设的目标?"这个问题,让成员能够检验自身行动及目标的实际结果,同时也可以通过这个问题来调整个人目标。

4. 形成团体规则

形成团体规则是领导者在团体初始阶段的任务之一,明确具体的规则能够维护成员的利益,保障团体的发展。在团体的第一次活动中,领导者要帮助成员明确团体中的基本规则,如出席和缺席的情况,活动时是否可以吃东西;成员的权力和责任,保密问题和限制;等等。有些重要的规则可以反复提醒,如某个成员在团体中表露了他的个人问题,团体结束时领导者可以提醒每个成员遵守保密的规定,不要因好奇或热心而违背规定;当成员迟到时,领导者除了询问原因,还可以再次重申准时出席的规定。领导者要带领成员共同讨论和确定团体规范,使成员能够达成对规范的认同,进而严格遵守规则,肩负起自己的责任。

5. 明晰团体中的责任

在团体中,领导者和成员都要承担团体发展的责任。领导者并非单独承担团体发展方向和效果的责任,成员也需要承担一定的维护团体秩序和促进团体发展的责任。若领导者只将团体发展看成是自己的责任,实际上是剥夺了成员在其中发挥作用的机会。如果成员被认为是没有能力的,他们很快就会依赖领导者,放弃自己的责任。在团体初始阶段,成员不知道自己在团体中要承担哪些事情,需要领导者来明确告诉他们团体中的每个人对团体发展都有积极作用,团体需要每个人的积极参与和投入。

6. 提供适度的指导

指导既可能促进团体的发展,也可能抑制团体的发展,过多或过少的指导都会损害团体的自主性和团体成员的发展。过少的指导会导致团体的盲从,使成员变得过分焦虑,抑制他们的自发性;而过多的指导会限制成员的发展,助长成员对领导者和他人的依赖,成员可能会等待领导者来安排所有的事情,而不是自己承担起寻找自己发展方向的责任。因此,领导者在团体心理辅导初期要对成员进行一般性的指导,同时也要警惕此举是否会助长成员对领导者的过分依赖。

7. 签订团体契约

契约也称协约、合约,是指团体成员与领导者的协议,主要是为了引导团体成员达到团体目标。契约的签订可以是口头的,也可以是书面的,视团体成员和领导者的习惯而定。相比于口头的契约,书面契约会更加正式。契约的内容应包括成员的权利和责任,在团体内应遵守的规则等。签订契约是一个协商讨论的过程,通过这个过程能够加强成员与领导者、成员与成员之间的沟通,协商体现了团体中所有人的平等参与,使成员在领导者的鼓励下,增强自信心和对团体的兴趣,并使他们了解在团体中的具体行为,清楚团体的真正运作方式及团体对他们的要求,以缓解成员紧张、不知所措的情绪。

契约的内容一般包括九个方面:(1)清楚说明团体目的和团体目标;(2)个别成员的目标和期望都要与团体的整体目标相配合或相互促进;(3)团体运作的方式(如讨论、游戏)以及成员是否有权随时放弃参与不喜欢的项目;(4)团体的聚会时间、地点和次数;(5)有关守则、奖励与惩罚细则;(6)要求成员对团体有投入和参与感,包括准时到会、不能无故缺席、要积极帮助其他成员等;(7)要求成员遵循保密原则;(8)当个别成员有需要时,是否能独自约见团体领导者;(9)清楚说明团体与学校的关系,团体成员的参与与学校期望需要配合的范围等。

二、过渡阶段

小学生团体心理辅导的过渡阶段主要为第2—3次团体辅导(以总共8次为例),此时,团体成员依然试探性行为较多,会出现焦虑和防卫性行为。团体领导者把握好团体过渡阶段的特征和任务,有助于促进团体成员间的信任和接纳,促进团体发展。

(一) 团体过渡阶段的特征

在团体过渡阶段,成员之间有简单的了解和认识,但相互间的信任尚未完全建立,成员们的试探性行为居多,且会产生一定的矛盾冲突。这一阶段团体的特征主要表现在以下几个方面:

1. 成员的情绪特征

团体过渡阶段的一个基本特征是焦虑和防卫不断增加。成员会通过对团体的怀疑来表达焦虑,例如:这些人真的了解我吗? 他们是否关心我? 我在团体中公开自己会有什么好处? 当我表露自己的时候别人会有什么样的反应? 在团体里我能在多大程度上接近别人? 我能在多大程度上对其他人公开我的情感? 等等。

成员的焦虑主要来源于害怕其他成员对自己产生超出"公众形象"的认识和评价,同时也害怕被误解和批评。这种焦虑也来源于对团体情境中的目标、规范、所期望的行为的认识不清晰和不明确。随着成员逐渐充分地信任其他成员和领导者,他们就逐渐能够表露自我,焦虑也逐渐减少。

2. 矛盾冲突与控制

团体过渡阶段的主要特征是消极的评估和批评。团体成员可能会对其他成员的行为采取较为消极的态度和评价,但不愿意了解别人对自己的看法。在此阶段,社会秩序在逐渐建立,团体成员中与领导者之间会发生隐形的权力之争,成员会努力获得控制支配权力,这些矛盾冲突的表现较为复杂:"它无时不在,有时悄然无声,有时如文火焖烧,有时又如大火冲天。"

成员的控制行为包括竞争、敌对、运用各种手段谋求利益、争取领导地位、频繁地讨论决策和分配责任。领导者首先要正确认识过渡阶段的矛盾冲突,进而才有可能有效地进行应对,使得相关的成员能够维持其自身整体性,促进成员之间的信任。如果领导者认为矛盾冲突总是消极的,不良的关系是错误的,或者忽视了团体中的矛盾冲突,那么产生这些矛盾冲突的因素会进一步恶化,甚至破坏真诚交流的机会。因此,矛盾冲突虽然是不可避免的,但换个角度来看也是增进成员间信任的机会,只有正确认识并合理应对矛盾冲突,才能增强团体成员之间相互的信任,营造积极良好的氛围。

团体成员对于负面情绪的表露也能够检验团体的自由和信任程度。成员会观察团体是不是一个能表达不同意见、产生并表达负面情感、体验人际冲突的安全场所,成员会试探当自己不友善乃至带有攻击性时会在多大程度上被团体接受。因此,领导者正确认识、接受并应对团体矛盾冲突对团体发展有着关键的作用。如果团体矛盾冲突无法解决,团体的发展就可能受阻甚至倒退,乃至于无法到达成熟阶段。如果领导者能真诚地关心并积极地处理矛盾冲突,那么成员之间的关系会更加牢固,增强团体凝聚力。

3. 挑战团体领导者

团体中的矛盾冲突经常和领导者有关,团体领导者可能会在个人和专业方面受到挑战。领导者可能被批评为"太过于理性""太严厉",或被指责"和团体中其他成员没什么区别,没有特别能力",领导者还可能被要求披露过多的私人信息,等等。

成员向领导者提出异议和挑战,经常是团体成员走向自主的关键步骤。在这个过程中,绝大多数成员会体验到一种依赖与动力的冲突。成员依赖领导者是团体初期的特征,如果希望成员能脱离这种依赖,领导者就必须允许并坦诚地处理团体成员袒露的对领导者的异议。如果恰当地领导团体,成员自主性会逐渐加强,最终与其他成员和团体领导者达成一种伙伴意识,进而实现自我探索和发展。

领导者能够接受并处理成员的挑战,会对团体发展阶段产生很重要的影响。领导者要重视成员的挑战,直接地、真诚地处理成员的异议和批评,表达自己对这些意见的看法和感受,促进团体间真诚顺畅的交流,进而推动团体进入成熟期。

4. 表现出抗拒

在团体过渡阶段,成员会表现出抗拒,即让自己或别人避免对个人问题或痛苦体验产生深入探索的行为,这也属于一种防卫性行为。领导者如果不尊重成员的抗拒行为,就是对成员的不尊重,因为抗拒是成员保护自己的方法和体现。

处理抗拒的有效方法是把它们看成是团体历程中正常的事情,领导者承认抗拒是成员对自身参与冒险行为或改变行为的一种自然反应。领导者要以开放的心态、接纳的氛围,鼓励成员承认并解决他们所体验到的任何彷徨和焦虑。当成员意识到他们具有的抗拒倾向并愿意真实地表达自己的困惑时,团体就进入了一个建设性关系形成的新阶段。

(二) 团体过渡阶段中领导者的任务与策略

在团体过渡阶段,领导者需要应对成员的试探性行为,处理团体矛盾冲突,在支持和挑战中寻求平衡,推动成员间信任的建立。以下为团体过渡阶段中领导者的基本任务及可以采用的主要策略。

1. 领导者的基本任务

团体领导者在团体过渡阶段面临的核心问题是要在团体中在恰当的时机谨慎地采取介入措施。为了解决团体矛盾冲突,并缓解成员的抗拒和焦虑,领导者提供支持是十分必要的。领导者如果能够成功地解决充满防卫和冲突的困难,就可以使团体工作向前推进到真正的凝聚力阶段。

领导者最基本任务是协助团体建立自我表达的模式、为成员提供鼓励和挑战。领导者要告诉成员识别和处理冲突情景的重要性,尊重成员焦虑与防卫行为并建设性处理。如果领导者妥善处理该阶段成员的焦虑、矛盾冲突和抗拒,就能够帮助成员学习面对和处理团体中的矛盾冲突,并使之前的焦虑和导致的抗拒与防卫行为也有所改变。

要想使一个团体有效率,领导者和成员就必须在支持与挑战之间建立一种平衡。研究表明,领导者的攻击性对质是团体中最大的危险,领导者不应在过渡阶段对成员进行强烈地对质干预,只有当团体出现充分的信任基础时,成员才可能开放式地接受对质。在过渡阶段,领导者应尽力创造一种支持性和挑战性平衡的氛围。

2. 领导者的主要策略

(1) 同感的理解。领导者要接纳团体成员的负面情绪,鼓励成员接纳和表达自己真实的感受。在此阶段,领导者需要了解成员负性情绪产生的原因,真诚地予以同感,并接纳成员的负性情绪,让成员在接纳和支持的氛围中学习接纳自己。一个能正确看待自己、接纳自己的人,也较容易尊重别人、接纳别人。一个团体里的成员能够自我接纳又能接纳别人,团体的氛围就能由冲突转换成凝聚力,使团体得以向前发展。

(2) 鼓励成员正确认识自己的焦虑、矛盾和挣扎,并协助其表达出来。领导者可以帮助成员学会察觉自身此时此地的感受和状态,协助成员了解自己的焦虑情绪、矛盾心理和挣扎,并鼓励成员坦诚表达自己内心真实的想法和感受。有时领导者可以通过示范或适当的自我表露来引起成员的共鸣和自我表露,并能够促进团体成员的开放的互动。

(3) 鼓励成员面对自己的防卫性行为,并将其转化为建设性的行为。领导者首先要能够敏锐地觉察成员的抗拒和防卫,创设处理抗拒的条件,并在适当的时机协助成员面对,妥善处理、教导和鼓励成员公开地处理矛盾冲突,让成员认识这样做的重要性。

(4) 直接而坦诚地面对并处理成员的挑战。当成员挑战领导者时,领导者要坦然接受并积极应对。如果领导者自我防卫,进行辩护甚至攻击,会使得成员和领导者之间的关系恶化。领导者处理挑战的态度,很大程度上影响着团体发展的进程。

成员对领导者的挑战是挑战领导者的角色,而非领导者本人。成员的挑战是团体发展的过程,领导者应面对而不是回避成员的挑战。如果领导者能够和成员之间公开坦诚的沟通,并能够恰当地解决问题,那么也能够为成员提供一个很好的示范,帮助成员了解如何面对攻击和挑战。

三、成熟阶段

小学生团体心理辅导的成熟阶段主要为第3—7次团体辅导(以总共 8 次为例),此时,团体成员能够相互信任与接纳,团体凝聚力有所增强,也是推进团体向目标发展的阶段。团体领导者把握好团体成熟阶段的特征和任务,有助于逐步达成团体目标。

(一)团体成熟阶段的特征

在团体成熟阶段,团体成员之间营造出开放包容的氛围,成员间能够接纳和信任,这一阶段团体的特征主要表现在以下几个方面:

1. 团体凝聚力增强

团体凝聚力包括了团体对成员的吸引程度、归属感、包容和团结。团体凝聚力在团体初期就已初步形成,但初期的凝聚力较弱,成员间信任不足。当团体经由过渡期矛盾和冲突的解决,此时团体的凝聚力更强,正式进入成熟阶段。

团体凝聚力产生于成员相互间真诚待人并敢于做出冒险行为的时候,此时成员真诚地表露他们深藏的重要的个人问题,这种表露使得团体成员了解到别人也和自己有同样的问题,产生与他人的认同感,团体也因此更有凝聚力。凝聚力为团体提供了向前发展的动力,是团体成功的前提。但是团体凝聚力不会自动产生,它是团体成员和领导者共同投入,逐步地引导出团体整体感的结果。

2. 成员对团体充满信心和希望

经历了过渡期的矛盾冲突之后,成员更加能感受到团体对自己的接纳,当成员真诚地表达自己的想法时,其他成员也能够真心表露、坦诚相待、互相分享、相互关怀和彼此承诺,对团体有更强的信心,相信团体会促进自己的成长,能帮助自己解决困难,心中充满了希望。

3. 成员愿意自我表露

从参加团体开始,团体成员就在一点一点地慢慢表露自己,但在真正的信任和安全尚未建立起来之前,成员所表达的是较表层的公众自我,或者表达的是与团体此时此地无关的想法和事件,是比较安全、没有威胁性的内容。而当团体到了成熟阶段,成员开始表露内在的自我,即真实的自我,或者对较冒险的和具挑战性的问题分享自己的想法时,这样的探索更深刻、有意义。成员不但有机会真实地认识自己,也使别人更了解自己。成员通过整合自己的自省和他人的回馈、协助,成为成员成长和突破的最佳方式。团体中的其他成员也同样以相同的过程,学习成长和发展。

4. 此时此地

团体成员在成熟阶段能够体验到信任与接纳,不再有所顾忌,逐渐表达自身的真实感受,把团体当下的情况与气氛,不加掩饰地反映出来,这是真实地面对自己、真实的人际互动、自己与环境的真实共存,是真实的生活。这对成员而言具有重大意义,因为能够并且敢于面对真实的自己,并做到与团体分享,这对许多成员来说,是很大的超越和突破。评估团体信任度和亲密感也是以团体“此时此地”程度的高低而定的。

5. 承诺与改变

成员在经历过渡阶段的矛盾或冲突后,不再防卫和掩饰自己,开始更愿意融入团体,分担团体的责任,也为自己的成长负责。成员逐渐回忆起初进团体时希望有所改变和成长的期望,改变的意愿比以往任何时候都强烈。

6. 认知重建

在开放包容的团体氛围里,成员能够把内心真实的情绪表达出来。情绪宣泄虽然有治疗作用,但仅是情感宣泄并不足以改变成员的行为。因此,成员必须面对并深入分析和探讨自己的困扰,并加以重新认识和解释,从认知层面进行重建,进而从行为层面做出改变。

7. 实验的自由

成员参加团体的目的之一是想要学习更适应、更有效的行为,得到发展或是解决生活中面临的问题。处于成熟阶段的团体为成员学习新行为提供了条件。在日常生活中,小学生不会轻易放弃熟悉的行为方式,担心做不好或无法预测新行为的结果。团体为成员提供了安全的场所、开放接纳的氛围,成员能够在其中改变自己,练习和实践新的行为,并将学到的新行为应用到团体之外的实际生活中。

(二) 成熟阶段领导者的任务

成熟阶段是开展团体活动、促进团体发展和成长的主要时期,这一阶段领导者的主要任务在于逐步实现团体目标,围绕团体主题和成员需求开展团体活动。在团体成熟阶段,领导者的任务可以概括为以下几点:

1. 协助成员更深入地认识自己

认识自我是完善自我的前提。在开放接纳的团体气氛中,团体成员愿意探索自己、表露自己,领导者可以借此机会协助成员进行更深入的自我探索、自我认识、自我接纳、自我肯定、自我改善、自我评估,使其了解到自己的问题或行为的形成原因及相互关系,作为自我发展和成长的基础和推动力。

2. 鼓励成员彼此尊重、给予关怀

在团体成熟阶段,成员比以前更愿意表露较深层的自我,大多数人都是以真我示人,彼此相互尊重,这样的氛围能够鼓励成员继续真诚地表露自我,也能维持每个人的独特性。当有成员表达自己的困扰或伤痛时,如果其他成员能适时地给予其关怀和支持可以降低其痛苦,并有勇气和信心继续前行。领导者需要适时地鼓励成员彼此尊重和关怀。在团体中,关怀的力量是相互的,当成员对他人表达关怀的时候,他人也能够回馈以关怀。

3. 鼓励成员相互帮助

团体的特征之一是拥有多方面的信息和资源,领导者要鼓励成员分享自己的经验、知识和技能,交流并相互帮助。每个成员都有自己的背景和生活经验,相互帮助可以协助他人获得更多的信息,扩大视野,丰富生活,更了解自己并解决问题。领导者协助成员从团体经验、资源中重建自身的认知,协助成员分析、反思自己的认知重建,修正不适用或不合理的信念,建构合理健全的信念。

4. 善用面质技术

面质是心理辅导的技术之一。在团体心理辅导的发展阶段中,建议在成熟阶段之前较少使用真正的面质。面质是出自真诚、同感和关怀的建设性挑战,而非带有敌意的攻击,需要在充分信任的基础上使用。面质的目的是协助成员洞察阻碍自己成长与自我实现的矛盾、防卫和盲点,以开发个人的潜能,实现个人成长目标。在团体互动过程中,基于成员间的信任,成员能够表露真实的自我。在此过程中,当领导者和其他成员发现了该成员言行不一致、自我破坏、自我防卫或自相矛盾的行为时,他们从爱护和协助的立场出发与该成员面质,使该成员正确客观地了解自己,并采取对自己适合有效的行动改变自己。

5. 协助成员把领悟转化为行为

成员通过在团体中的自省和其他成员的反馈,对自己和自己与环境的关系有了新的了解和领悟。此时,领导者应协助成员把这些领悟和认识具体化为行为。例如,某个成员领悟到自己的失败不是运气不好,也不是教师不公平,而是自己学习不努力时,如果只是领悟还不能改变他的情况,必须有实际行动,因此领导者可以协助成员将新的认识转化为行动。例如,可以将"努力用功"具体化为:每天减少一个小时看电视的时间;多花两个小时阅读;养成上课做笔记的习惯;等等。

每个人都不习惯改变,尤其是尝试从未有过的新行为。此时,领导者要鼓励成员在团体这个开放的环境中做出冒险性行为,尝试新行为,给予肯定和鼓励,增强成员的信心,促使其将新行为应用到团体以外的生活情境之中。

6. 协助成员解决个人问题

成员参加团体的重要动机和目的之一在于解决自身心理和行为困扰,领导者应协助成员达成其个人目标,帮助其解决困扰。领导者可以通过澄清、分析问题,协助成员建立合理目标,共同讨论并提出解决的策略和方法,并促使成员做出行动,有所改变,达成目标。

7. 继续示范有效的行为

在团体成熟阶段,领导者依然需要自我开放,为成员提供示范作用,与成员分享自己的感受,继续为成员树立榜样。同时领导者要采取一些有效的活动方式,如推进大家熟悉的有兴趣的主题讨论,使团体成员参与其中,协助成员在感觉、态度、认识和行为上产生积极的改变,并将在团体中学习的内容运用到日常生活中。

四、结束阶段

小学生团体心理辅导的结束阶段主要为最后 1 次团体心理辅导,此时的团体即将结束,成员要面对分别,因此在这一阶段,团体会表现出与先前较为不同的特征,领导者的任务也有较大区别。

(一) 团体结束阶段的特征

在团体结束阶段,成员要面对团体辅导的结束、与成员的离别,主要表现出以下三个方面特征:

1. 出现离别的情绪

团体心理辅导的结束阶段,由于即将分别,一些成员心中充满分别的不舍和焦虑。团体发展越成功,成员依依不舍的情绪越强烈,甚至会有依赖、伤心、恐惧、沮丧、忧虑的体验。经过艰难的努力建立起来的友谊和情感马上就要结束了,这一事实会让有的成员产生负面和消极的情绪,可能会认为领导者或其他成员不喜欢自己,要抛弃自己。也有成员不愿意结束团体心理辅导,要求延长团体心理辅导的时间。

2. 对外界的担心

在进入团体之前,许多成员可能在现实中有适应不良的情况,所以当他们在团体中感受到开放包容的接纳,对团体有强烈的归属感时,再面对团体即将结束,会舍不得离开团体,不愿意结束团体活动,成员对团体的情感越强烈,对外在的担心也越明显。当成员即将回到现实生活中,面对现实中的种种问题时,会产生焦虑情绪,担心自己是否有能力把团体经历带到日常生活中。

3. 团体结构再次出现松散

一般而言,团体目标在结束阶段已经达成,成员意识到团体心理辅导就要结束了,每个人都在思考自己现实的生活,成员之间互动频率和强度会有所降低,团体的影响力也会减弱,团体结构也有所松散,甚至会有人缺席,或者有人因害怕结束而带来的伤感而离开团体,不愿再投入情感,避免因分别而产生痛苦。

(二) 团体结束阶段中领导者的任务

在团体结束阶段,领导者需要处理好成员的情绪,帮助成员整理学习成果,让成员间能够相互给予反馈和祝福,因此本阶段领导者的任务主要有以下几点:

1. 认真处理离别情绪

在团体结束阶段,成员和领导者都会产生离别情绪。领导者首先要处理好自己的情绪,不要因为有成就感舍不得团体而和成员纠缠在一起。其次,领导者在团体结束的前一两次要告诉成员团体心理辅导即将结束,让成员有离别的心理准备。领导者要把握好机会处理成员的情绪,同时要鼓励成员表达内心的担心和失落,抚平成员心中的离愁。领导者要提醒成员团体结束的积极意义所在,即团体的进步和成果是成员们共同积极参与、真诚沟通的结果,因此,只要成员能在真实生活中采用同样的态度和行为,也会有建立和谐关系的机会。

领导者如果能够协助成员处理好离别时的各种感受,成员会转而表达团体经验带来的积极感受,彼此给予感谢和反馈,肯定团体对个人的积极影响和价值,分享个人面对团体结束的感受,将团体中感悟和学习到的认知和行为方式应用到实际生活中,学习在没有团体的支持下保持自我改进和发展。

2. 协助成员准备适应外界的情境

当团体处于结束阶段时,团体成员会期望现实生活的人也像他们一样改变,彼此接纳和尊重,做到开放和包容。领导者要让成员认识到,期望他人改变,需要通过自己的改变来影响他人。此外,领导者可以带领成员讨论对现实生活的担忧,互相支持,鼓励他们增强适应能力。

3. 协助成员整理学习成果,并应用到实际生活中

在团体结束阶段,领导者要带领所有成员从问题的探索和感悟中回到回顾和总结上来,协助成员认真总结整个团体辅导的过程,梳理在团体中学到了什么,是否真的改变和成长了。领导者要鼓励团体成员将分享内容具体化,而不是笼统地抽象地叙述,如用"我学会了听别人讲话,和人发生冲突时可以控制自己的脾气"代替"我在处理人际关系上有进步"这种比较概括的说法。领导者可以借成员分享收获之时,鼓励成员相信和肯定自己,能够将团体辅导中学习的成果迁移到现实生活中。

4. 处理尚未完成的工作

领导者或者成员有些预先要做的事情,或想做但来不及做的事情,需要在团体最后结束的时刻进行信息的提供或原则性的处理。例如,有些成员的问题没有时间探讨,或者探讨不充分,领导者可以这样表达:"由于团体心理辅导的时间有限,

我知道到今天为止,你们中有人仍然有很多问题因为没有足够的时间而无法彻底解决。我可以提供一种理论性的观点,你们可以利用它来思考自己的问题。我也会给一些成员提出相应的、有针对性的继续接受个别辅导的建议。"一次团体心理辅导是无法完全解决所有问题的,但让成员留下未完成的感觉,也有助于促使他们继续思考,自主地寻找解决途径。

5. 继续给予和接受回馈

在整个团体发展过程中,成员间持续给予和接受反馈,到了快要结束时,也会彼此给予最后的回馈,作为成员改善自己的参考。有意义的回馈应该是具体的、明确的,而不是抽象的。如不是"你很好,你很能干",而是"你对我说话时眼睛看着我,而且面带微笑,让我感到很舒服""当我们都不知道该做什么时,你说出自己真实的看法,对我很有启发"。对他人最有参考价值的回馈应该是没有价值评判的、没有自己主观偏见的回馈。许多团体在结束时,成员因建立了深厚的感情,会继续保持友谊、相互支持,领导者应鼓励这样的行为。

6. 提醒保密

保密是团体心理辅导最重要的规则,除了团体开始阶段要有保密的承诺,领导者在整个团体活动过程中都需要不断提醒成员遵守保密原则。在临近团体结束时,领导者需要再次提醒大家,在离开团体后,不议论和公开团体中成员个人的隐私,继续尊重和维护他人的权益。

7. 提供继续学习或进一步服务的资源

在结束团体的时候,如果有成员想要接受进一步的咨询或治疗,领导者应提供相关资源以供成员选择和使用。例如建议他们去参加其他的团体,或接受个别辅导和心理治疗等。人生是个不断成长的过程,一个团体无法解决小学生所有的成长困扰。团体的结束也是新的个人成长的开始,团体成员可以在真实生活中应用学到的认知和行为方式,自主解决新的问题。

8. 评估团体效能

对团体心理辅导的效能进行评估也是团体结束阶段的重要任务之一。团体心理辅导是否达到预期目标?是否有效?团体成员是否满意?今后组织同类团体心理辅导需要在哪些方面进行改进?对团体效能的评估至关重要,每次团体结束时都需要进行评估,这样有助于了解团体发展的动态变化和阶段性成果。一般每次团体结束后,领导者都需要检验团体目标的达成情况、团体动力的变化情况、发生的事件对团体的影响、处理问题的方法是否恰当等。到整个活动结束时,领导者则更需要对团体心理辅导全过程做完整的评估。评估的方法可以是定量分析,也可以是主观的报告,了解成员对团体的意见和感受,比如"团体经验对你有哪些启发""参加团体是否对你有什么负面的影响""在你与其他人的关系方面,团体对你有什么帮助"等。

评估不但可以帮助领导者评估团体成员和整个团体达成目标的情况,更可以帮助领导者了解自己带领团体的能力,促进自身的成长。领导者可以总结经验,找出不足,今后加以改善。

? 自我复盘

通过本章的学习,请您结合对小学生团体心理辅导的宏观印象,绘制出头脑中的知识建构图。

本章练习

1. 名词解释

团体心理辅导　　团体凝聚力　　团体气氛　　团体领导者　　行为量化法

2. 简答题

(1) 团体心理辅导的功能有哪些?

(2) 团体心理辅导的局限性有哪些?

(3) 依据理论,小学生团体心理辅导可以分为哪几类?

(4) 团体心理辅导的优点有哪些?

(5) 教师在设计团体心理辅导方案前应考虑的因素有哪些?

(6) 影响团体凝聚力的因素有哪些?

(7) 团体心理辅导评估的目的是什么?

(8) 团体心理辅导主要有哪些评估方法?

3. 实践题

低年级小学生很容易将团体心理辅导视作简单的游戏和玩耍活动,而且其知识水平和表达能力有限,有时无法自主分辨和描述清楚心中的所思所想。例如,某位老师在组织低年级小学生进行团体活动时，由于学生们对其中一个活动玩得不亦乐乎，老师未能及时成功打断并衔接起下一活动，导致后续活动仓促结束，未达到最终目的和理想效果。

　　针对这一情况，请你结合小学生的年龄特征，谈谈影响小学生团体心理辅导活动进展的因素及解决策略。

第六章
小学生心理健康教育课的设计与组织

小学生心理健康教育课是实现小学生心理健康教育的主要方式，能够帮助小学生提升心理健康水平和心理素质水平，促进小学生的思维以及社会化的发展。因此，了解小学生心理健康教育课的内涵、理解其主要的活动形式、学会设计和组织小学生心理健康教育课是十分必要的。

■ 学习目标

1. 了解小学生心理健康教育课的内涵；
2. 把握小学生心理健康教育课的特点；
3. 理解小学生心理健康教育课的活动形式；
4. 掌握小学生心理健康教育课的教案设计；
5. 学会组织小学生心理健康教育课。

■ 关键问题

1. 目前小学生心理健康教育课有哪三大取向？
2. 小学生心理健康教育课有哪些特点？
3. 小学生心理健康教育课有哪些活动形式？
4. 如何选择小学生心理健康教育课的活动形式？
5. 如何组织小学生心理健康教育课？

■ 问题情境

君君在幼儿园时是个懂事听话的乖孩子。可是上小学后，在课堂上，她从不举手发言提问，话也很少，与陌生人打交道就更加拘束。记得三年级的时候，全校举行"故事大王"比赛，要求各班进行预赛，全班只有君君没有报名，班主任为了帮助她，对她进行了单独辅导和谈心。君君在妈妈的劝说下报了名，还做了充分的准备。可是在比赛的前一天，正好家中来了客人，妈妈让君君把故事讲给他们听，可好说歹说，君君就是不肯讲，还哭了起来。

请你想一想，妈妈让君君把故事讲给客人听时，她为什么不肯讲？

第一节　小学生心理健康教育课的内涵

《中小学心理健康教育指导纲要(2012年修订)》提出:"心理健康教育课应以活动为主,可以采取多种形式,包括团体辅导、心理训练、问题辨析、情境设计、角色扮演、游戏辅导、心理情景剧、专题讲座等。心理健康教育要防止学科化的倾向,避免将其作为心理学知识的普及和心理学理论的教育,要注重引导学生心理、人格积极健康发展,最大程度地预防学生发展过程中可能出现的心理行为问题。"显然,小学生心理健康教育课有着不同于传统学科课程的独特内涵。

一、小学生心理健康教育课的含义

我国小学生心理健康教育课发端于20世纪90年代初,教育工作者意识到在学校中进行心理健康教育不应该仅仅关注个别存在心理问题的学生,还应该面向全体学生,培养他们健康的心理品质。我国学者班华教授曾经指出:开设心育课,即心理健康教育课,是教育改革深入发展的必然趋势,也是教育现代化、社会现代化的必然要求。早在1997年4月,国家教育委员会就颁发了《九年义务教育小学思想品德课和初中思想政治课课程标准(试行)》,明确规定了学校要对小学生进行良好心理品质的培养和教育,内容包括:正确看待自己、磨炼心理品质等。

小学生心理健康教育课作为开展心理健康教育工作的主要形式,既是落实小学生心理健康教育工作目标的主要途径和手段,更是联结心理健康教育工作者与受教育者之间的中介与桥梁。它是构成小学心理健康教育系统中的一个重要因素,在整个心理健康教育系统中起着核心、中介与桥梁的作用。

目前,我国小学生心理健康教育课大致可以分为三种取向:

(一) 以学科为取向的小学生心理健康教育课

以学科为取向的小学生心理健康教育课旨在学习并掌握基本的心理学知识,注重学科知识理论体系的构建,并将其用事实、概念、原理和结构等形式来表达。这类课程有两种表现形式:一种是以心理素质或者心理品质包含的内容为主线建构课程,强调知识的系统性和完整性,并突出心理健康教育发展性功能;另一种是建立在心理学知识之上,并按照心理学知识的逻辑体系来组织成学科。以心理学知识为课程目标的基本来源,根据心理学知识逻辑体系进行课程组织,使课程知识化和成人化,但脱离实际需求,这种形式凸显了小学生心理健康教育的"知性"特征与普及性功能。在教学过程中,教师主要进行知识传授,并使用测试检验学生对于心理学知识的理解与掌握程度。

（二）以经验为取向的小学生心理健康教育课

以经验为取向的小学生心理健康教育课倡导把学习经验作为主要课程内容，以获取体验与经验作为课程支点，强调活动、实践与心理训练。这类课程有三种表现形式：首先是活动的形式，即把小学生心理健康教育课作为一门正式的活动课来对待，并列入课程计划编入课程表，使学生在课堂上充分表现、充分活动，并在活动中进行心理训练。其次是实践的形式，也就是组织学生开展各种实践，比如社会实践活动、科技活动、文体活动等，并在实践过程中有意识地对小学生施加心理影响。课程不再是文本，也非某一过程，而是一项项行动和一次次实践。最后是心理训练的形式，即一些学校给小学生提供特殊的心理训练，比如磨难训练、生存训练和心理拓展训练。以经验为取向（又称为以活动为取向）的小学生心理健康教育课，是围绕小学生的主体性活动来安排的，是以小学生兴趣、需要、经验为核心，注重小学生的主动性与全面发展，充分满足小学生需求。活动具有主体性、灵活性、多样性、开发性等特点，能够帮助小学生获得经验与心理体验，促进其个性发展。但这种取向的课程易忽视心理健康教育系统性问题，易出现"活动主义""形式化"等倾向。

（三）以问题为取向的小学生心理健康教育课

以问题为取向的小学生心理健康教育课把心理问题作为课程的切入点，强调心理辅导和心理咨询。这类课程可以分为三种形式：首先是辅导形式，即教师针对小学生常见的心理问题或者学生共同关注的问题，为其提供咨询和辅导。这种形式注重心理健康教育的保健功能和预防功能。其次是咨询形式，即学校设立心理辅导室，负责心理辅导的人员对来访的小学生进行个别心理辅导。这种形式注重心理健康教育的辅导功能和治疗功能。最后是自助形式，即针对小学生常见的心理问题组织学生自学或讨论，使小学生在自学和互助过程中增强心理素质。这一取向的心理健康教育课以小学生所具有的心理问题为中心来组织课程，从小学生面对、关注的问题入手，激发小学生的学习动机，增强学生的参与意识，把课程的重点集中在问题解决的过程中，从而提高学生解决问题的能力，并达到助人自助的目的。然而此类课程难以保证学习内容的系统性、严密性，也容易忽视小学生心理健康教育的发展性功能。

二、小学生心理健康教育课的类型

姚本先、方双虎认为，小学生心理健康教育课是学生在学校情境中获得有关心理健康发展、心理素质提高方面的全部教育性经验(包括种族经验和个体经验),包括独立型和融合型两大类。其中,独立型心理健康教育课又分为心理健康教育学科课程、心理健康教育活动课程和心理健康教育环境课程;融合型心理健康教育课又分为学科课程中的融合、活动课程中的融合和环境课程中的融合。

(一) 独立型心理健康教育课

独立型心理健康教育课,也称专门的心理健康教育课或显性心理健康教育课。这类课程是指学校纳入课程计划并通过显性课程的形式,有目的、有计划、有组织地影响学生心理健康的课程。这类课程通常又可以分为两种模式:一种是学科课程模式,即比较系统地传授与心理健康相关的基础知识,这种模式的课程具有知识性、基础性和问题逻辑性等特点,是小学生心理健康教育整体课程体系的基础部分;另一种是活动课程模式,即教师根据小学生身心发展的规律及特点,运用心理学、教育学的相关原理,通过活动项目与活动方式,对小学生进行有目的、有计划、有组织地教育,它是以提高学生心理素质、增进心理健康、开发心理潜能为目的的一种课程模式。这种模式的课程具有活动性、主体性、互动性、体验性和感悟性等特点。此外,由于学校心理健康教育的特殊性,加之小学生心理健康教育活动课的独特优势,这类课程在整个学校心理健康教育课程体系中占据了核心地位。

(二) 融合型心理健康教育课

融合型心理健康教育课,也称渗透式心理健康教育课或隐性心理健康教育课,是指在学校常规教育教学活动中,在传授知识、掌握技能、形成良好行为习惯的同时,重视发掘学科课程、活动课程和环境课程中的内在心理健康教育资源,引入心理健康教育的方法和技术,从而有助于提高小学生的认知能力、情感特质和人格素养,并完善心理机能的一种课程形式。它具有整合性、潜隐性、依附性等特点。这类课程通常可以划分为三种模式:一是学科渗透模式,即将心理健康教育渗透整合在各个学科的教学之中;二是活动渗透模式,即将心理健康教育渗透整合到各种各样的活动之中;三是环境渗透模式,即将心理健康教育渗透并整合到学校内外的环境之中。在整个学校的心理健康教育课程体系中,融合型心理健康教育课是其中的重要组成部分。

三、小学生心理健康教育课的特点

小学生心理健康教育课就是要培养学生良好的心理素质、增强学生的心理机能、充分发挥学生的心理潜能以及促进学生的个性发展,它是教育者和受教育者心

视频

小学生心理
健康教育课
的特点

理相互作用的社会活动过程,也是实施素质教育的一项重要内容。对小学生进行心理健康教育,主要包括发展他们的认识能力和培养坚强的意志、良好的性格、健康的心理、高尚的情操,并教会他们如何生活、如何学习、如何思考、如何创造和如何自我发展等。只有小学生的内心世界和外在生存环境相适应、相协调时,他们的德、智、体、美、劳等方面的能力才能提高。小学生心理健康教育课一方面有别于其他学科课程,另一方面也有别于杜威提出的活动课程。它既不着眼于知识,也不着眼于教师,更不注重知识的内在逻辑和系统性,而是把小学生心理发展作为立足点,以学生的生理需求为基础,关注学生当前的心理状态。它从关注学生自身发展出发,帮助学生学会应对学习、生活和择业中的各种问题,把学生学会自助作为落脚点,注重学生活动的过程。小学生心理健康教育课有以下几个方面的特点:

(一) 活动性

　　小学生心理健康教育课的活动性是指课程需要让小学生通过活动来体验、感受。它需要教师以心理知识为基础,创设具体的情境,组织相应的活动,并引导学生通过活动获得心理体验,从而培养良好的心理品质。因此,小学生心理健康教育课就是在教师的指导下,通过活动,促使学生在活动中感受、体验、领悟并获得心理成长,培养其健全人格和良好心理品质。

　　人的感受和体验产生于人的活动,说教的方式难以真正影响小学生的心理健康。而在以活动为主的教学中,以个体经验为中介,以活动为载体,在活动中,学生的感受和体验必然产生和表现出来。以此为基础,师生间和学生间的交流、共享,都会对小学生的心理状态产生影响,从而实现转变和改善。活动组织得越成功,小学生的感受和体验就越真实、越充分,小学生心理健康教育课的作用就越显著。因此,小学生心理健康教育课应该遵循小学生心理发展的规律,引入活动教学,并将其作为这门课程的基本教学模式。需要注意的一点是,小学生心理健康教育课中的活动是有目的、有计划、有组织的系统活动,不同于临时的班级活动或学生自发的游戏活动,其根本目的是服务课堂教学,每一节课的活动要与教学内容相适应,且教学内容之间应具有衔接性,进而形成系统的课程教学内容。

(二) 体验性

　　体验性是小学生心理健康教育课在教学中的基本特征。小学生心理健康教育课是否有效、有多大效果,在很大程度上取决于小学生是否产生真切的体验以及体验的程度。体验是情感陶冶与内心感悟的有机融合,是基于经验和直觉的内在提升。体验不是获取答案的手段,体验过程本身就蕴含答案,它指向的不是活动结果,而是活动过程。小学生心理健康教育课只有经历学生内在的心理过程,并使学生在情感交流和思维碰撞中产生深刻的情绪与情感体验,才能促进学生心理品质和心理能力的发展。小学生心理健康教育课既要重视学生的个体经验,又要重视学生间的经验分享,使得小学生在体验和经验分享中不断学习、不断提高心理素质。在教学中,小学生通过体验不断领悟世界的意义和生命存在的意义,不断激活生命、确证生命、丰富生命。

　　小学生心理健康教育课将体验作为心理建构的桥梁,关键在于它能激发小学生心理的内化机制,促进其心灵的成长。按照皮亚杰学派和社会文化历史学派的理论观点,学生心理素质的形成是与其内化相联系的。在内化和发展过程中,体验起着最为重要的作用。可以说,没有主体对客体的体验,客体就不可能被内化。这也可以理解为,体验是内化发生的前提条件,体验的过程就是内化和发展的过程。在体验中,客体不仅进入主体心理结构,使主体心理由此获得丰富,而且主、客融合还会引起主体产生领悟、生成意义、获得启发和升华,由此使人的心理获得调整、改造和发展。体验是一种现实地改变心理情境,积极地改造心理世界的特殊工作,是有结果的内部过程。体验指向的不是活动结果,而是活动过程。据此,小学生心理健康教育课要坚持以学生为主体,以活动为轴心,借助活动来丰富学生的心理体验。

(三) 情境性

　　小学生心理健康教育课应选取学生最关心的自身心理问题和与之相关联的社会问题。心理活动课程的要素与实施过程所涉及的要素之间不是封闭的,它集中体现在活动目标的开放、活动内容的开放、活动时间与空间的开放、活动主体的开放以及活动结果的开放等方面。小学生心理健康教育课与特定的教学情境密不可分。也就是说,只有在特定的情境刺激下,学生的情感共鸣才容易被引发。真实的情境氛围为学生提供了易于感受、易于体验、易于激发的心理空间,使置身其中的每个人都受到感染和熏陶,并激发起探究的心向。小学生的心理发展不能靠心理知识的直接教学来实现,它必须借助良好的发展情境。情境设计的关键是加强学生的积极能动性,使之自主地投入活动,实现心理的自主建构。小学生心理健康教育课要提供真实的情境,把学生带入"可思可感"的境界,使之直指自身的心理世界,进而建构心理结构、生成价值理念。因此,心理健康教育课需要根据教学目标、学习内容和学生的特点来创设情境,开展教学活动。考虑小学生学习方式的差异而创设不同取向的学习环境,以满足不同学生的需要,让他们通过观察、反思和概括,最后把体验运用到新的情境中去解决问题。

(四) 主动性

　　小学生心理健康教育课的实施过程是教师促进学生主动建构心理的过程。在课堂上,教师要尊重和激发学生的主动性。主动性是学生受教育过程中十分重要的意识和行为,是小学生在学习过程中表现出来的对学习的热情以及持续的兴趣。教师若是把教学目标放在如何提高对知识的消化、理解和应用上,放在如何培养学生提出问题、讨论问题和解决问题的能力上,学生的主动性就容易被激发出来,就会把自己的精力集中于追踪教师讲课的逻辑线索,不断注意课堂教学内容中各个层次的因果关系,甚至提出疑问来。此外,教师的主动性体现在如何通过对知识的处理,教会学生如何处理知识,既要源于教材又要超越教材,不要"教死书"和"死教书",而要"教活书"和"活教书"。

在此过程中,教师的作用是为学生理解和建构心理知识搭建"脚手架"。因此,课程实施必须从学生的已有经验出发,通过创设一定的情境、开展小组合作活动,促进学生原有经验发生转化并形成新的理解。从这个意义上来说,课程的实施过程就是学生主动探索和积极创造的过程。据此,小学生心理健康教育课不宜采用传统学科课程的运作方式,而应必须充分展现小学生的主动性,使课程成为学生自主建构心理的实践活动过程。由于小学生心理健康教育课以培养学生良好的心理素质、开发学生潜能、健全学生人格的发展性目标为主,而良好心理素质的培养必须依赖小学生主体的自我教育过程,所以小学生心理健康教育课是以学生为主体的课程。在课程教学中,小学生自始至终处于主体地位,他们在教师的组织、引导和支持下,自主地参与学习活动的全过程。因此,学生的主动性是小学生心理健康教育课的生命线,在小学生心理健康教育课中,尊重学生的主动性,爱护、调动学生的热情和兴趣,可以促使学生主动参与教学活动,使学生对心理健康教育课程的学习由"要我学"变为"我要学"。而且,学生在这门课程上的主动参与,会使他们形成不断地参与各种活动来自我培养、自我优化各种心理素质。事实上,小学生心理健康教育课的内容也大多根据学生的需要来安排,而教学过程的设计、教学方法的选择也无一不是从对学生心理品质形成的需要出发来设计和安排的,这些都充分体现了小学生心理健康教育课是以学生为主体的课程。

（五）积极性

小学生心理健康教育课作为素质教育的一种载体,以"为学生终身发展和幸福奠基"为导向,把开发潜能、助人成才作为终极目标。积极性应是心理健康教育的基本价值取向,积极的价值取向使小学生心理健康教育课的培养目标回归到本原。积极的心理健康教育不仅可以有效地预防心理问题的发生,起到心理保健的作用,而且还更加注重人格重塑,培养学生优良的品格和完善的人格。因此,小学生心理健康教育课应关注个体和群体的积极方面,关注学生的内在经历,如知足、满意等主观感受和以往体验过的良好状态,同时也关注对未来的乐观和希望;关注学生积极独特的个性，如爱、勇气、给予、创造和持之以恒等，并且促使小学生的潜能得到最大化地发挥。教师应围绕着学生的积极品质建构活动，并寻找增强学生积极行为的小环境。在课堂中创造一种不会让学生感到压抑和低自尊的流畅感，当学生经历幸福时，会更少地沉浸在自我关注中，而会更多地采用一种合适的方式进行社会比较。

（六）对象普遍性

　　小学生心理健康教育课是以班级教学的形式来进行的，是在特定的时间里由心理健康教育教师面向全班同学开展的教学活动。这样做既可以充分发挥班级每一位成员的积极性，又可以使小学生心理健康教育在一定时间内得到较大范围的实现。同时，班级的相对固定性还能够避免心理讲座的层次性、系统性不足等问题。可以说，这种以班级为主的课程教学形式对于现阶段我国学校心理健康教育活动的推动与发展具有很强的现实意义。此外，小学生心理健康教育课并不仅仅是针对"问题学生"，而是要求所有学生都参与到课程活动中并使自身的心理在原有的基础上得到发展。在这一点上，小学生心理健康教育课与其他心理健康教育活动的形式有着明显差异。例如，心理健康教育的课外活动就是在课堂教学之外实施的，可以由学生根据自己的兴趣和爱好自愿参与、自由选择活动内容，它带有筛选的性质；而小学生心理健康教育课则是以全体学生为服务对象，它不带有筛选的性质，它以全体学生的心理健康水平和心理素质的提高为基本立足点和主要目标，在教学内容的设计上也是从绝大多数学生的共同需要和共性问题出发，强调教学过程中全体学生的主动参与。当然，心理健康教育课在面向全体学生的同时，也要针对学生的个体差异，因材施教，使每一个学生都得到健康发展。

　　小学开设心理健康教育课，在很大程度上是为了给小学生营造一种良好的学习氛围和良好的心理健康环境，拥有健康的心理状态能够为其以后的学习和发展提供很大的帮助。小学生心理健康教育课注重育人、育心，以人为本的价值取向，倾向于人文关怀，心灵成长，解决心理困惑，学生在课堂上通过参与活动，分享感悟，满足心理发展需要。总而言之，小学生心理健康教育课是从个体的心理发展特点出发，有目的、有计划地针对小学生心理素质的各个方面进行引导和教育，促进学生有效地适应学校和社会的课程。

延伸阅读

　　在实际教学中，小学生心理健康教育课最多涉及的主题是自我、学习、人际交往、情绪四个方面（表6-1）。

表 6-1 小学生心理健康教育课的主题

	小学低年级(1—2 年级)	小学中年级(3—4 年级)	小学高年级(5—6 年级)
自我	以自我为中心,注重自己的感受,尚不能考虑其他人的感受,以空间距离和熟悉度确立情感联系。(告状现象多)	开始意识到"自己",一部分学生不愿意把在外面发生的事向家长讲述,有时自己经历的事也不告诉家长,显示出独立的个性。(以学习好坏衡量自己)	自我意识开始崛起,需要父母把他们当作大孩子。这一时期的孩子,常常因为得不到父母的尊重和理解,而故意与父母作对。(以外貌评价为主)
学习	学习有一定的自主能力,但自觉学习的主动性以及分析问题时注意力的稳定性不够。(上课一小会儿就有人在过道溜达)	注意力增强,注意力的稳定性由 15～20 分钟提高到 20～30 分钟。学生开始发展概括、对比和分类等抽象思维能力	五、六年级是孩子厌学情绪的高发期,很多孩子开始讨厌学习,讨厌写作业,甚至对父母常说的"要好好学习"等话也会表现出强烈的反感。(学习的喜好更加决定于任课教师)
人际交往	他们的独立性和自觉性较差,在生活、学习、活动等各个方面都需要成人的监护和具体指导。最显著的特点是对教师有特殊的依恋心理,几乎无条件地信任教师	与同伴的友谊进入一个双向帮助阶段,但是还不能共患难。对友谊的认识有了提高,但还具有明显的功利性特点。择友标准也在发生着变化,往往把学习的好坏当作衡量人的能力的标准	对异性的关注。希望异性关注自己并受到异性喜爱,喜欢和异性在一起。(传递纸条)
情绪	情绪表现在脸上。一年级的孩子好胜心强,不甘落后、喜欢表现自己	自我调节能力比较差,情绪很不稳定,容易激动、冲动,常为一点小事面红耳赤,而且情绪变化极大,并且表露在外,心情的好坏大多数从脸上一望便知	情感日益丰富,道德感有很大的发展,情感的稳定性和控制力也有所增强

第二节 小学生心理健康教育课的活动形式

小学生心理健康教育课的活动形式是多种多样的,在实际教学中,教师要根据不同年级的学生,不同的教学内容,选择不同的活动形式。下面主要介绍小学心理健康教育课中几种常用的活动形式。

一、角色扮演

角色扮演的目的在于运用戏剧表演的方法,使个体发现问题,了解问题的症结所在,进而更好地调整心理状态,解决心理问题。在角色扮演中,人们能亲身体验和实践他人的角色,从而能够更好地理解他人的处境,体验他人在不同情况下的内心情感,同时反映出个体深藏于内心的感情。

(一) 角色扮演的含义

角色扮演来源于美国奥地利裔精神病学家、心理学家莫雷诺于 1921 年提出的心理剧。在莫雷诺看来,人都有创造性与自主性,只要让个体自发地选择充当多种角色,不但可以展现创造性的自我,还会因为心灵的开放,培养和发展积极情绪、改善人际关系、学习问题解决技巧等。我国学者章志光也指出,角色扮演技术是使受影响者能够在一种特定或所创设的环境中扮演某一角色,并使之认识到角色的理想模式,理解社会对于角色的预期以及自身所应承担的角色义务等,从而帮助他们控制或者转变态度及行为,进而实现改善人际关系、提升工作或学习效率等目标。

在小学生心理健康教育课上,角色扮演一种是以行为模仿或者行为替代的方式对个体心理过程产生影响。结合训练内容,让学生在活动中扮演角色,现场表演并通过观察体验来分析探讨,使得学生得到训练。在扮演时,教师需要让学生去演他们所想到、所感受到的,或者是在某种情景下自己要怎么做。另一种是反角色的扮演,即要求学生去揣测和自己相反角色的观点,促使他们加强对角色双方的理解。角色扮演属于当众表演,需要有较强的参与意识。随和、外向、自信的同学容易做到,对于羞怯、内向和防御心理较强的同学则难度较大。安全的、接纳的、信任的气氛以及教师的鼓励有助于学生的参与。

(二) 角色扮演的理论基础

关于角色扮演有一个经典的实验研究:研究者先测量被试对某一事物的态度,然后要求几个被试扮演演说家,并按照事先规定的要求发言,每次发言所表达的是一种比被试本人原有态度更为极端的态度,其他被试充当听众。扮演结束后,实验者对被试的态度重新做了测量,结果发现,扮演演说家角色的被试的态度沿着发言时表现的态度方向发生了重大变化,而听众的态度却几乎不受影响。由于角色扮演使被试亲身体验了所扮演角色的言行,感受深刻,往往能够引起较大的心理变化,所以在小学生心理健康教育课中运用这种方法常有出人意料的效果。

(三) 角色扮演的具体方法及适用对象

角色扮演的方法有多种,一般根据活动的目的、需要学生讨论的情景和体验的情景而选择。教师需要思考如何运用角色扮演的技术和过程,以使学生和扮演者得到最大的益处。在小学生心理健康教育课中,常见的角色扮演有以下几种形式:

1. 哑剧表演

这种表演是一种非言语性的表演。教师可以根据活动内容让小学生充分利用肢体、面部等动作和表情，帮助小学生学会非言语交往。哑剧可以是一人表演或多人表演，如表演"老友重逢""生气时""幸福时刻""等待"等。从训练内容来说，哑剧表演主要适用于情感情绪训练和交往指导，也可以考虑实际情况选用其他训练内容。

2. 小品表演

这种表演是把幽默、讽刺或赞许的语言与滑稽的动作结合起来，展示生活、学习中的一些事情，使小学生明白其中的道理及处理问题的方式。小品表演大多为多个学生参与，因为接近生活，情境显得较真实、富有感染力，如"同学生病了""给爸爸过生日""同学来我家做客""考试成绩公布之后"等。此类表演存在一定难度，从训练内容上看，适用于自我意识、情感、个性和交往等方面的训练。

3. 相声表演

这种表演可以是一人的单口相声，也可以是两人的对口相声或多人的群口相声。表演者以通俗幽默的话语向小学生展示较为复杂的心理学知识。例如，想让小学生认识到"注意"这一心理状态在日常生活、学习中的作用，就可以让一名学生进行"注意"的自述，如"我叫注意"等。相声表演需要有较好的语言表达能力，通过和其他表演技巧、辅导内容相配合可以提高学生的认知水平。

4. 魔术商店

这种表演是由教师扮演魔术商店的店主，店里出售各种东西，如理想、健康、幸福、财富、成功等。由小学生扮演顾客，说出自己最想要的东西及原因。然后，教师问他愿意用什么来交换。这种辅导方法可以了解小学生的需求和价值观，帮助小学生树立正确的价值观和人生观。

5. 空椅子表演

这种方法只需一个人表演，适合那些在社交方面存在困难的学生。例如，当学生诉说自己与别人的冲突时，教师让学生坐在一把椅子上，而另外一把空椅子，则假设坐着那位与他发生冲突的人，由该学生面对其诉说冲突的内容。而后，教师指示他换到对方那把椅子上，扮演与他发生冲突的人，并回答他提出的问题。教师在关键时刻让小学生交换位置，引导学生与假想对象进行对话，这样可以使学生详尽地理解他人的想法与情感。

6. 角色互换

此方法是让小学生先后扮演不同的角色，体验不同角色的感受，学会不同角色应有的社会言行。表演时可以是一人，也可以是多人互相配合，主题有"我来当老师""失败时的我""假如我是他"等。这种表演适合自我意识训练、情绪情感训练、个性塑造和交往指导。

每种角色扮演都有着其适合的情境与对象。例如,对于外向的小学生来说,可以采用角色互换、相声表演等形式;而对于那些较为内向,可能在社交方面存在问题的小学生而言,空椅子表演是更加合适的选择。因此,在实际的小学生心理健康教育课中,教师应当针对小学生的特点、问题的种类,来选择恰当的角色扮演方法。

(四) 角色扮演的操作步骤

实施角色扮演,需要有教师、剧本、扮演者、观看扮演的学生和舞台五大要素。在实际操作中,角色扮演可以分为以下几个步骤:

1. 设定目标,确定情境

角色扮演的目标设计应具有灵活性、层次性和可操作性。在课前,教师务必精心备课。尽管教案设计得再完美,考虑得再周全,但课堂上的实际情况总会与预想的有一些不同。这就需要教师根据课堂上学生的兴趣、表现、行动和反应,及时调整教学,最大限度地促进小学生的心理发展。也就是说,角色扮演的唯一目的和最终目的都是要促进学生的发展,一切以促进学生的发展为根本目的。为了确保要进行的角色扮演能激发小学生的兴趣,教师可以让学生自行选择情境。学生可能会提出激发自身兴趣的主题,也可能从所给的一系列情境中选择一个主题。因此,为了找到适合某一角色扮演的情境,教师可以让小学生关注自己生活中遇到的一些情境,或者动画、影片等——这些场面可以提供许多不同的角色扮演的情境。与此同时,教师也可以根据实际情况,创设一个以文化差异为基础的、效果良好的角色扮演情境。当然,如果教师能灵活运用多媒体技术,就会使情境得到进一步优化。

2. 根据实际情况,分配角色任务

在角色分配时,教师最好根据教材内容和小学生的实际情况,预先把角色分配给每一位学生。在起始阶段,教师可以扮演其中的一个角色做示范,也可以把角色扮演练习作为作业布置给学生。通过这种方式,小学生会学习到一些切合实际的词汇和表达方式,并考虑该说的话,然后在下节课进行表演。如果小组人数多于需要的角色,教师可以把一个角色分配给两个学生,大家都可以说出对这一角色的想法。在对小学生进行角色扮演分组时,教师必须考虑到每个小学生的能力和性格特点。如果把害羞的学生分到一组,其角色扮演活动很难成功。教师可以让学生自由搭配,他们一般会选择与平时的朋友分在一组,这样可以达到最优化组合,从而呈现出最佳效果。

3. 组织角色扮演活动,获取相应经验

这是实质性的准备阶段。这个步骤的设计意味着教师应该给学生提供具体的信息和明确的角色形象,以便他们能充满信心地扮演好各自的角色。

4. 汇报活动所得，概括学习成果

角色扮演活动完毕后，教师应询问小学生的表演情况，听取他们的汇报。此时，教师应该是以一个成果分享者的角色出现，要多以赞扬鼓励的语气与学生交流。教师在纠正学生错误时要讲究策略，要把握好"度"，如果教师针对角色扮演中出现的每个错误都做分析的话，这样学生的满足感就会大打折扣，而且会打击学生的自信心，并挫伤他们的积极性，致使他们以后再也不愿去参与其他的角色扮演活动。

5. 反思角色扮演过程，进一步掌握并运用认知策略

"反思"的目的是通过角色扮演使小学生领悟思路与策略，让他们学会"怎样学习"；"运用"则是促进学生将其所得推广到各种新的情境，使学生加深对知识和技能的理解与掌握，学会灵活运用，从而实现知识与技能的广泛迁移，发展学生的能力。

（五）角色扮演的优点

角色扮演作为小学生心理健康教育课中应用广泛的活动形式，在多个方面都具有独特的优越性，主要包括以下几点：

1. 角色扮演可以充分调动学生的积极性

角色扮演是一项参与性的活动，符合小学生的年龄特征，可以充分调动他们参与的主动性和积极性，为了获得较高的评价，小学生会在角色扮演中充分表现自我，施展自己的才华，从而提高自身的创造性。在表演过程中，小学生会抱有浓厚的兴趣，并带有娱乐性质。

2. 角色扮演具有高度的灵活性

从教学的角度看，角色扮演的形式和内容是丰富多样的，为了达到教学目标，教师可以根据需要设计教学主题、场景。在教师的要求下，小学生的表现是灵活的，教师不会把学生限制在有限的空间里，否则不利于小学生发挥其真正水平。

3. 角色扮演可以促进人际沟通

角色扮演需要角色之间的配合、交流与沟通，因此可以增加角色之间的感情交流，培养小学生的人际沟通、自我表达、相互认知等社会交往能力。尤其是同学之间一起进行角色扮演时，小学生的集体荣誉感和团队精神能够得到有效的培养。

4. 角色扮演可以使学生学会合理而有效的行为方式

角色扮演为小学生提供了广泛地获取多种生活经验，锻炼自身能力的机会。通过角色扮演，学生可以相互学习对方的优点，可以模拟现实生活，从而获得实际经验，解决自身问题，使其在以后的生活中表现出适宜的行为。

在小学阶段，小学生与教师、同学的相处相比以往逐渐增多。在小学生心理健康教育课中，采用角色扮演的活动形式，能够帮助小学生理解他人的行为方式和思考模

式,这对于小学生的社会认知发展、观点采择能力的发展有着非常大的促进作用。

二、价值观辨析

价值观辨析,亦称价值澄清,由心理学家拉斯、哈明和西蒙在合著的《价值观与教学》(1966年)中提出,是一种提倡个体自己树立价值观的道德教育方法,即不通过教育灌输而是借助提问、讨论与练习,鼓励个体自己去发现、考虑、检验、选择或更新个体已有的价值观念,形成积极的道德价值观念以提高个体的亲社会价值观。价值观辨析活动能够促进小学生的品德发展,树立正确的价值观念。

(一) 价值观辨析的含义

在小学生心理健康教育课中,价值观辨析是由教师布置,让学生运用理性思维与情绪体验,以探讨、争论的形式审视自身行为模式,并把自己的行为模式与他人的行为模式相对比,解决价值冲突,进而按照较符合社会要求的价值观支配自己的言行。价值观辨析的活动形式将课堂活动与"小学生的需要"联系起来,在活动中,使小学生在直接生活中思考一些价值选择途径,也让他们在学校生活中,在对待身边的人时,有一种积极向上的心态。这种活动形式的中心点就是帮助学生利用理性思维和情绪体验来检查自己的行为模式,以及辨析和实现他们的价值观,鼓励学生辨认自己的价值观以及这些价值观与其他价值观的关系,揭露并解决自己的价值冲突,将自己的价值观与别人交流,以及根据自己的价值选择来行事。

(二) 价值观辨析的理论基础

价值观辨析法学派以纽约大学拉斯及其两位同学西蒙、哈明为代表。1966年《价值观与教学》对价值辨析的基本原理作了系统阐述。在他们看来,价值观念作为个人内在的价值,常常无法被人们所明确认识,从而很难引导人们去行动。要使这些潜在价值观念起作用,必须对其进行一步步辨析。

柯尔伯格的"道德两难故事"及他的合作者布莱特在1973年设计的"小组道德讨论"辅导模式,在某种程度上都支持了价值辨析法的观点。

(三) 价值观辨析的具体方法和适用对象

价值观辨析的方法有许多种,一般根据小学生身心发展的阶段、需要学生讨论的问题情境而选择。教师需要思考如何运用价值观辨析的方法,帮助小学生形成正确的价值观念。在小学生心理健康教育课中,常见的价值观辨析有以下几种方法:

1. 小组讨论法

小组讨论法主要针对某一开放性的问题情境,教师按照匹配法或随机法将小学生分成小组,分组方式要根据具体情况进行具体分析。每位小组成员都要充分发表自己的看法,畅所欲言,形成小组意见。接下来进行小组与小组之间的讨论,最后由教师作总结。在讨论过程中,教师的主要任务是保证讨论顺利进行,并确保讨论内容没有脱离主题,还可以鼓励学生多提意见。此方法需要一定的认识基础,适用于学生自我评价、学习态度、个性、人际交往等方面的辅导。

2. 两难故事法

两难故事法是指教师利用假设的或真实的两难问题,让学生进行判断,激起他们内心的价值冲突,触动原有的心理认知结构,使他们产生不满足感,以达到改变自己原有认知结构的目的,从而提高心理水平。教师应启发学生积极思考,主动交流和辩论,作出判断,寻找自己认为正确的答案。此方法根据问题设置可适用于各个年级的小学生,在心理辅导方面适用于个性塑造和品德形成等。

3. 脑力激荡法

脑力激荡法是让学生自由地考虑解决某一问题可采用的方法。这种方法可以帮助小学生产生很多概念,它的目的是在一种兴奋、有趣、安全及接纳的气氛下产生一般和非惯例的概念,鼓励学生真诚地贡献意见,不管意见有无价值,应特别鼓励有创意的学生。在讨论时,教师不作评价,只在最后进行总结。此方法适用于各个年级的小学生,在心理辅导方面多适用于智力训练。

除以上方法外,还有排序与选择、敏感性训练与倾听技术、游戏以及个人日记等价值辨析法的活动形式,教师可以在实际训练中灵活使用。

(四) 价值观辨析的注意事项

价值观辨析是小学生心理健康教育课中得以普遍应用的活动形式,其目的是帮助小学生形成正确的价值观念,提高心理水平。为此,在实际的实施过程中,教师应当注意价值观辨析这一活动形式的正确实施方法,避免错误的活动设计为小学生的心理健康发展带来影响。具体包括以下几点注意事项：

1. 把握好学生的道德背景

我国学生从小处于中华优秀传统文化的包围中,他们在面对两难问题的抉择时,倾向于选择"正心、修身、齐家、治国、平天下"等儒家传统观念。而教师的任务是通过一种方式,让学生在这些观念的基础上自己去发现、确立、实践自己的道德价值观,从而使学生们进一步巩固这种价值观念。

2. 充分尊重学生价值观辨析的主体地位

传统的道德教育是向小学生灌输"你应当怎样",面对学生的不良行为倾向,往往是"你不应当怎样",在这种情况下,小学生完全处于被动的地位。价值观辨析则强调小学生在道德教育中的主体地位,尊重学生的自主选择。尊重学生的主体地位,首先是要重视学生的自主道德经验,即辨析题的选择要与学生已有的观念建立联系,并让学生充分表达。其次,要让学生做辨析的主体,即教师一般不将自己的价值观念强加给学生,而是诱导学生暴露、陈述、思考并体验自己已有的价值观,思考自己所处的社会环境,比较那些有联系的价值关系,进而陈述自己的价值判断。教师只是指导者而非灌输者,教师必须无批判地倾听小学生的思想、感情、信念和观念。再次,小学生是价值选择的主体,必须由他们自己发现、思考、检验、选择或更新自己的价值观念,从而形成新的积极的道德价值观。最后,学生是道德行为的主体,学生自己经过辨析获得的价值观念比较清晰、稳固,当然乐于实践这样的道德观念。

3. 辨析学生身边的价值问题

在进行价值观辨析活动时,辩题的选择应当贴近生活,就生活事件引导小学生发表自己已有的价值观念,并进行价值澄清,让道德教育和生活紧密联系起来。只有选取身边的价值问题,小学生才会关心这个辩题,才会有道德体验、道德情感,才能有感而发;更重要的是,获得的价值观就存在于他们的日常生活中,能够迅速激发学生的道德动机,产生道德行为,使道德教育展现出立竿见影的效果。

4. 集体背景下的讨论交流

价值观辨析虽然可以是教师与学生个别谈话的形式,但更多应采取集体讨论的方式。因为在价值观辨析活动中,教师对学生的价值观点要不分好坏地接受,为了避免教师在引导过程中处于被动地位,就应当把价值观辨析放在集体场合中进行讨论交流。在一般情况下,多数人的智慧胜于少数人的智慧,经过讨论,正确的价值观念更为明朗,更为突出;在集体场合,个体往往乐于表现出比较阳光的一面,这样就会形成积极向上的氛围,从众心理会使个体与大多数人的意见趋同;群体对个体一定程度的心理压力是必须的,也是有效的。在这里,心理压力不是来自教师,而是来自小学生自己,属于小学生的自我教育,小学生容易在比对中反躬自省,接受正确的价值观。

5. 行动并及时地评价

行动是道德学习的重要阶段,也是道德教育的目的。经过辨析所选择的价值观应当付诸行动,而且应该是重复行动,一贯的行动。只有在行动阶段,小学生才能获得价值体验、价值情感,并激发新的道德动机,产生新的道德行为。如果行为的结果能够获得预期的成功和舆论的认可,主体就会产生美好的情绪体验,这就是对行为的赋值。个体只有在行动中才会发现新获得的价值与原有价值之间的矛盾和冲突,并解决这些矛盾和冲突。在反复地实践—赋值—实践过程中,小学生把一种价值观念结合进自己的价值体系,使价值观念成为个体性格中的稳定态度,品德教育才算完成。

　　小学是品德发展的重要时期,小学生在这一时期逐渐形成了能够自觉地运用道德认识来评价和调节道德行为的能力,但带有依附性且缺乏原则性。在道德品质的判断上,小学生开始能够比较全面地考虑动机和效果的统一关系,但具有很大的片面性和主观性。在道德原则的掌握方面,小学生的道德判断逐渐受自己内心的道德原则制约,但很多时候缺乏道德信念,受外部情境制约。教师通过价值观辨析的活动形式,能够帮助小学生形成正确的价值观念,有助于他们对"好""坏"做出更为明确的区分,这是小学生心理健康教育课程体系的重要组成部分。

三、榜样引导

　　榜样引导,也称为榜样示范法。俗话说,"父母是孩子的第一任老师",这其中就蕴含着榜样引导的概念。小学生正处于思维发展的转折时期,其道德判断和行为模式均会受到他人的影响,通过向小学生展现具有良好品德、模范行为和卓越成就的榜样,能够帮助小学生形成良好的道德行为规范,这对于促进其心理素质和心理健康的发展有着重要的作用。

(一) 榜样引导的含义

　　榜样是指一个人或事物作为其他人效仿的典范或楷模。榜样可以是一个人、一个群体、一种行为,甚至是一种价值观念。榜样在社会中扮演着重要角色,它能够激励人们朝着积极的方向发展,引导人们做出正确的选择。榜样教育是一种通过榜样的力量来引导和教育他人的方法。这种教育形式强调通过身体力行和示范来激发学生的学习动力和积极性,让他们通过模仿优秀榜样的行为和品质来提升自身素养。在小学生心理健康教育课中,榜样引导是指教师利用小学生爱模仿特点,让他们观察并模仿榜样的行为,使自身受到强化,从而实现训练的目的。榜样可以是真实的,也可以是通过传播媒介来呈现的。榜样引导的核心理念是"身教重于言教",即通过榜样的言行举止来影响小学生,潜移默化地塑造他们的品德和行为。通过向小学生展示正面的榜样和成功案例,激发他们的学习热情和追求卓越的动力,帮助他们建立正确的人生观、价值观和行为准则。

(二) 榜样引导的理论基础

　　班杜拉是社会学习理论的主要代表,也是强调榜样教育的重要作用并积极倡导榜样教育的主要代表人物。班杜拉认为,影响小学生道德学习的因素有很多,但其中起决定作用的是行为主体的观察或对榜样模式的模仿。在社会生活中,人们更多的是直接通过"观察""模仿"等方式获得新知识和新技能的。而所谓的"观察学习",不是简单机械的模仿,其中包含了个体内部认知的各种变量。既然观察学习是一个依靠表象、认知的过程,学生就有可能做出"延迟反应";也就有可能不只是受直接强化(学习者直接受到外部因素)的影响,而是受替代强化(不是观察者本人受到强化而是看到榜样或行为模式受到强化进而影响观察者的行为和动机)的影响。在观察学习过程中,对学习者的学习产生影响的示范信息有很多,其中最基本的是行为规范。替代性强化理论很好地揭示了榜样学习的内在心理机制,也就是在潜在的替代性强化理论和意识的作用下榜样学习得以生存和延续。

(三) 榜样引导的具体方法和适用对象

生活中处处是榜样,榜样的示范作用不仅仅是通过亲眼所见这一种方法,通过传播媒介呈现的方式同样可以实现。榜样引导的具体方法主要有参观访问和媒体教学两种。

1. 参观访问

参观访问即参观工厂、农田、公园、学校等,走访工人、农民和优秀学生等,听其言,观其行,激发学生向榜样学习的强烈愿望并指导他们从身边做起,加强自身修养,养成良好的行为习惯。可以说,有目的的参观访问只是榜样学习中的一小部分,更重要的是让学生模仿身边的榜样,从日常生活做起。由于身边的榜样是鲜活的,学生容易保持注意力,所以此方法适合个性塑造、美感形成、良好行为习惯的养成等。

2. 媒体教学

媒体教学是指教师在教学过程中使用各种形式的媒体技术呈现榜样,学生观察并进行模仿学习。通过这种方式呈现的榜样比真实榜样更能突出其优秀的行为,因为教师能够事先进行安排,而且比真实的榜样更安全,真实的榜样是不受严格限制的,是富于变化的。由于这种方式辅导性兼容艺术性,且形象、生动、有趣,颇受学生欢迎,可对各个年级施教,教学内容可涵盖多个方面。

(四) 榜样引导的注意事项

榜样引导这一活动形式的重点在于榜样的选择,选择适当的榜样对促进小学生心理健康和心理素质的发展有着事半功倍的效果。在选择榜样时,教师应当注意以下几个方面的内容:

1. 要注重榜样的多样性

树立多样性的榜样可以为小学生提供更多的、可供选择的成长示范,使他们不至于"偶像缺失"。小学生的榜样通常可以分为三类:一是伟大的典范。这类人物主要是在社会中取得巨大成就,被世人广泛认可的人,这类榜样能对小学生产生巨大的吸引力,激发他们积极向上的动机,如袁隆平院士、张桂梅校长等。二是教育者,包括教师、家长及其他成人。在他们身上体现出的对事业、对人生、对社会的态度和观念,反映了社会的一些基本要求。这类榜样与小学生的学习生活融为一体,比较容易被小学生所接受与模仿。三是同学。小学生生活在自己的亚文化圈子里,同龄人之间易相互感染、鼓励,这类榜样最容易被小学生所接受和模仿。当这三类榜样构成了小学生的榜样系统时,他们对小学生社会化的示范作用才是全方位的。

2. 要注重榜样的真实性

榜样是学生学习、模仿的对象,无论是在现实生活中的,还是通过传播媒介呈现的,榜样都应该是真实的而非捏造的。教师想要使学生产生学习的愿望,就必须使学生有模仿的自信心。在宣传榜样时,教师要遵循真实性、平凡性和可接近性的原则,使学生感到榜样是真实的,榜样的行为是自己可以做到的,从而树立向榜样学习的信心。因而,在开展榜样教育时,教师必须注重和体现榜样的真实性,要让榜样深入学生的心中,让他们觉得榜样就在自己身边。只有这样,才能激起他们学习榜样、争做榜样的热情,才能真正发挥榜样的带头作用和示范作用。

3. 要注重榜样的时代性

不同的时代,有不同的经济发展基础,需要不同的价值观来加以引导。我们要根据时代发展的需要,树立与时代需要相一致的榜样形象,使学生能够根据个人情况选择与个人生活相近的榜样价值观,以达到对榜样价值观的认同。教师在宣传榜样的光荣事迹时,还应该报道他们因此而获得的相应荣誉,从而让小学生认识到,这样的榜样是有舍有得的,符合公平公正的价值观念,在现代社会中具有真实性,从而产生学习的兴趣和需要。

4. 要注重榜样教育的实践性

榜样教育是为小学生提供一种成长过程中的行为示范,最终要落实到学生身体力行的行动上。实践性要求教师在榜样教育中要引导小学生将对榜样的认识与理解转化为具体的日常的学习、生活行为,这也是榜样教育的最终目的所在。因此,教师首先要引导学生认识并学习榜样的实质精神,不要简单地理解为对榜样行为的模仿,而要注重引导学生对榜样精神的理解与学习。简单的行为模仿既是形式主义的表现,是对榜样的表面性认识,又误导了学生的行为,从而限制了学生对榜样精神的领会。其次,要形成实践的反馈系统,注重学习榜样的全过程。特别是在学习过程中、学习结束后要有及时的反馈,及时强化或纠正学生的言行,使之不断地深入。最后,要形成实践链。小学生不可能只学习一个榜样,而应是多个榜样,因此要注重各类榜样之间的联系与区别,使之形成实践链,从而帮助学生真正全面地掌握社会的主流价值观与规则。

四、行为强化

小学生心理健康教育课中所运用的行为强化是从行为治疗策略发展而来的，指的是教师根据学生行为的偏差制定相应的训练目标，采用强化、奖赏、惩罚、分化等手段，使学生的行为朝着预期目标行为方向转变。即通过对学生进行训练，使学生改变旧行为和习得新行为的过程。这种形式适用于矫治学生的不良行为习惯、增强各种感知觉能力、掌握学习技能和策略、提高人际关系技巧等。

（一）行为强化的含义

行为强化就是教师运用奖惩等强化手段来巩固小学生良好行为、消除不良行为或建立某种新的良好行为的一种方法。所谓强化，是指任何有助于机体反应概率增加的事件。强化手段一般有正强化、负强化和惩罚。凡施加某种影响并有助于反应概率增加的事件叫正强化；凡移去某种不利的影响并有助于反应概率增加的事件叫负强化。惩罚是指为减少或消除某种不良行为再次出现的可能性，而在此行为发生后所跟随的不愉快事件。由于负强化和惩罚效果不够稳定，而且可能带来一些副作用，所以教师在训练中应多采用正强化。

（二）行为强化的理论基础

著名心理学家、操作性条件反射的创始人斯金纳认为，行为操作发生后立即呈现强化物，行为就被强化了，强化是操作性行为形成的重要手段。强化在斯金纳的学习理论中占有极其重要的地位，是其学习理论的基石和核心。他认为，行为的发生变化都是强化的结果，要控制行为就要设法控制强化，控制强化就能控制行为。斯金纳指出，只要一项操作出现后，继之呈现一个强化刺激，操作的强度就会上升，只要安排好一种特殊的强化形式，操作几乎就会随意地去塑造有机体的行为。在动物实验研究过程中，他发现并提出了操作性条件反射，即机体自发固有强化或无强化的伴随而相应增加或降低重复出现的概率。

（三）行为强化的具体方法和适用对象

对行为进行强化的手段包括奖励和惩罚，二者既可以单独进行，也可以加以结合。每种方式都有其适合的情境和对象，教师在实施教学时应当根据实际情况灵活应对。

1. 奖励

奖励是指施于行为之后以增加该行为再次出现的可能性的事件，属于正强化的一种。奖励一般可以分为社会性奖励、物质性奖励和活动性奖励。社会性奖励包括微笑、赞扬等,这种奖励对低年级小学生特别有效。物质性奖励是用可消费的物品作为强化手段,如饼干、糖果、音乐、玩具、图片等。活动性奖励是指用一些学生喜欢的活动作为强化手段,如自由时间、游戏、看卡通片等。具体使用何种强化手段要根据学生的个人爱好而定,另外还要注意让学生学会自我奖励。教师在运用奖励时,应当确保所奖励的行为是明确而具体的。在选择奖励内容时,应秉持一个原则:即使经过多次奖励,学生若能持续展现出被奖励的行为而不感到满足,这样的奖励才更为有效且能激发持久的动力。简而言之,奖励应精准对应具体行为,并追求其激励作用的持续性和深度,而非简单满足短暂的愉悦感。

2. 惩罚

惩罚是指为减少或消除某种不良行为再次出现的可能性,而在此行为发生后所伴随的不愉快事件。在学校里,教师一般运用两类惩罚:第一类惩罚是在违反学校纪律的行为发生后施加某种痛苦或厌恶的刺激,以减少受罚行为再次发生的可能性,如批评、警告、记过或开除学籍等处分;第二类惩罚是在不良行为发生后,取消学生喜爱的某种行为以减少受罚行为再次发生的可能性,如扣除行为得分,暂时收回某种奖励或暂时取消参加某种娱乐活动的权利等。除此之外,还应让学生学会自我惩罚。教师在运用惩罚时应注意:避免不适当的惩罚,如体罚或变相体罚;惩罚应有较强的针对性,重罚其事,轻责其人;惩罚要伴随说理辅导,以提高惩罚效果;切忌惩罚后又立即给予奖励。

3. 强化不相容反应

这种方法是把不强化一个不合社会要求的反应同强化另一个合乎社会要求的反应相结合,借以消除不良反应的方法。例如,有的同学在上课时爱做小动作,不认真听讲,教师可以给予认真听讲的学生以奖励,从而使不认真听讲的学生改掉做小动作的坏习惯,学会认真听讲。这种方法类似于"冷处理"——当学生做出不良行为时,不予理睬,使他们得不到关注,久而久之这种不良行为就可消除。

以上几种行为强化的手段和方法,重点针对良好行为习惯的养成和不良行为的矫正,在心理健康教育过程中可适用于不同年级学生的行为塑造和矫正。

(四)行为强化的注意事项

行为强化的目的在于养成良好行为习惯,并对不良的行为进行矫正。在行为强化方法中,强化物的选择、目标的设置、反馈是否及时,以及采取的是正强化、负强化还是惩罚等方面,都会对行为强化的结果产生影响。

1. 强化物的选择因人而异

学生的年龄、性别、兴趣不同,需要就不同,强化物也应不同。例如,有的学生更重视物质奖励,有的学生更重视精神奖励,在实践教学中,教师应区分情况,采用不同的强化物。

2. 遵循小步子原则

教师在实际教学中,应保持小步子前进,分阶段设立目标,并对目标予以明确规定和表述。对于学生的激励,首先要设立一个明确的、鼓舞人心而又切实可行的目标,只有目标明确而具体时,才能进行衡量和采取适当的强化措施。同时,还要将目标进行分解,分成许多小目标,完成每个小目标都及时给予强化,这样不仅有利于目标的实现,还会通过不断地激励增强信心。如果目标定得太高,个体就会感到不易达成或者说能够达成的希望很小,这就很难充分调动学生为达到目标而做出努力的积极性。

3. 及时反馈

所谓及时反馈,就是通过某种形式和途径,及时将工作结果告诉行动者。要取得最好的激励效果,就应该在行为发生以后尽快采取适当的强化方法。学生在实施了某种行为以后,即使是教师表示"已注意到这种行为"这样简单的反馈,也能起到正强化的作用。如果教师对这种行为不予注意,这种行为重复发生的可能性就会减小以至消失。所以,教师应合理看待并将及时反馈作为一种强化手段。

4. 多用正强化,少用负强化和惩罚

负强化及惩罚可能会引起一定的副作用。斯金纳通过系统的实验观察得出了一条重要结论:惩罚就是企图呈现消极强化物或排除积极强化物去刺激某个反应,仅是一种治标的方法,它对被惩罚者和惩罚者都是不利的。他的实验证明,惩罚只能暂时降低反应率,而不能减少消退过程中反应的总次数。在他的实验中,当白鼠已牢固建立按杠杆得到食物的条件反射后,在它再按杠杆时给予电刺激,这时反应率会迅速下降。如果以后杠杆不带电了,按压率又会直线上升。所以,在强化手段的运用上,教师应以正强化为主;同时,必要时也要对坏的行为给予适当的惩罚,做到奖惩结合。

第三节　小学生心理健康教育课的教案设计

小学生心理健康教育课的教案设计是一个十分重要的环节。在设计教案时,教师不能照本宣科,需要因人、因地、因时设计。教师应当根据小学生身心发展的特点、小学生常见的心理问题、课程的场地(课外还是课内)以及小学生的年级来设计有针对性的心理健康教育课程教案。

一、小学生心理健康教育课的设计要求

小学生心理健康教育课的设计,主要包括三个方面的基本要求:课程设计的基

本原则、教学方法的设计和课程活动的设计。

（一）小学生心理健康教育课程设计的基本原则

小学生心理健康教育的课程设计是在心理学知识的基础上，采用活动的形式，针对小学生所面临和关心的各类问题的一种师生互动活动。因此，小学生心理健康教育课程设计有以下几点基本原则：

1. 课程设计应将学生、社会及学科三方面整合起来

课程设计就是对于课程的各个方面做出规划和安排。一般说来，制约课程设计的因素有三个：学生、社会及学科。在小学生心理健康教育课中，学生、社会及学科这三个主体之间存在着对立统一的关系，三者对于课程的基础层面来说是一个统一体，但是进入课程设计的操作层面时，常常表现为此消彼长的对立关系，即有意无意地偏向某一方面而不能兼顾其他方面。当前国内的小学生心理健康教育课程设计存在着以下三种不良的理论取向：一是以"学生"为中心组织心理健康教育课，忽视了学科和知识结构的组织；二是关注"社会"，以其为中心组织心理健康教育课，忽视了个人的价值和个人需要；三是以"学科"为中心组织心理健康教育课，忽视个人的需要和各种社会能力的培养。

现代课程理论发展表明，课程设计已向学生、社会及学科整合的方向迈进，强调综合取向，即强调同时兼顾学生、社会及学科三个方面，这是在小学生心理健康教育课程设计中首先应注意的理论支点。

2. 课程设计应注重心理学学科知识的实际运用

小学生心理健康教育课不是单纯的知识传授的学科课程，而是综合的实践应用课程。它不同于其他课程，并不解决知与不知之间的矛盾，也不是要学生掌握一门文化科学知识，而是直接地影响和干预学生的现实心理状态。尽管小学生心理健康教育的课程内容不可避免地要涉及许多心理学理论，但教师在课堂上对心理学知识讲授过多，会使学生对理论望而生畏并失去兴趣，而小学生在面临现实的心理问题时，仍然会束手无策、不知所措。因此，与一般的课程设计相比，小学生心理健康教育的课程设计更加重视心理学知识的实际应用，帮助学生学会自我分析、自我调控，学会排除生活、学习及人际交往中遇到的困惑、烦恼及焦虑等不良情绪，能够解决生活、学习中的实际问题，充分发挥自身的心理潜能，从而促进全体学生的心理发展。

3. 课程设计应以活动为基础

所谓活动，就是主体和客观世界之间的互动过程。人是活动的个体，活动是人生存和发展的必要条件，是人的经验和体验产生的前提条件。活动也是教育之本，一切影响都可以通过活动对学生的心理和人格产生作用。同样，人的心理状态的

变化和改善也只能在活动中实现。那种空洞的与学生内在心理世界无关的说教，很难对学生的心理健康产生实际的影响。因此，小学生心理健康教育的课程设计必须组织和引导学生活动。在活动中，小学生的感受和体验必然产生和表现出来，并且通过师生间和学生间的沟通、分享，他们的心理便可能得到调节和影响，从而实现转变和改善。活动组织得越成功，学生的感受与体验越真实充分，小学生心理健康教育课的作用就越显著。

4. 课程设计必须重视学生的整体参与

小学生心理健康教育课以培养学生良好的心理素质、促进学生身心全面发展为目的。良好心理素质的培养必须依赖学生主体的自我教育过程，即依赖学生自身与外界环境之间的互动，通过主客体的交互作用，使心理结构趋于完善化、复杂化及平衡化，从而使心理机能得以提高，心理潜能得以发挥。可以说，在小学生心理健康教育课的实施中，学生主体的积极程度和参与程度将会直接影响教学的效果。因此，重视小学生的整体参与是小学生心理健康教育课程设计的一个重要特征。当然，重视参与并非是让学生滔滔不绝，无边无际地表达；而是为了让学生打开思路，创设学生互动、心理相容、学生自主的授课气氛，让学生学会通过不断重复地参与各种活动来自我培养、优化各种心理素质。

5. 课程设计必须贴近学生的实际

一方面，小学生心理健康教育的课程设计必须贴近学生的年龄及身心发展的实际。低、中、高年级的小学生在身心发展方面存在着一定的变化，教师在课程设计时要充分考虑年龄特征，根据学生的现有水平进行体验教育，并兼顾学生的个体差异，对学生个体所要达到的目标一步步地提升，让学生在体验成功中寻求自我满足感和自我价值。另一方面，小学生对发生在自己身边的生活、学习方面的事往往十分关心，如果把一些贴近学生学习、生活实际的典型事例运用到小学生心理健康教育的课程内容上，将极大地调动学生的积极性，引起小学生的心灵共鸣。因此，教师在进行课程设计时必须贴近学生生活实际，根据学生生活和发展的逻辑选择和安排课程内容，这样才能保证课程的效果。

6. 课程设计必须凸显和谐信赖的师生关系

小学生心理健康教育课实际上是师生双方的一种交往过程，只有当学生把教师看成是可以信赖和尊敬，可以交流思想并能获得帮助的朋友时，他们才会敞开心扉向教师吐露真情。反之，学生一旦不认可教师，就会导致心理隔阂，产生逆反心理和闭锁心理。在这种情况下，教师的所有努力，即便是最好的教学内容配以最理想的教学方法，也难以收到预期效果。因此，在小学生心理健康教育的课程设计中，教师必须摒弃传统的师生之间"我讲你听、我说你做"或管制与被管制的关系，选择有效地教学模式，使师生双方实现心与心的沟通、情与情的交融，建立一种和谐信赖的师生关系。

7. 课程设计必须将情感贯穿始终

在小学生心理健康教育的课程设计中,教师应突出学生的情感体验,这对于课程效果来说至关重要。因为小学生心理健康教育课不同于学科教学,仅仅有认识是不够的,更主要的是通过创设情境、进行相关训练,使学生产生深刻的情感体验,从而引发相应的符合要求的行为。可以说,在小学生心理健康教育的课程设计中,情感的唤起是起始,情感的体验是过程,情感的升华是目的,只有将情感贯穿始终,才能收到真正的效果。

(二) 小学生心理健康教育课的教学方法设计

小学生心理健康教育课的教学是通过教师和学生的共同参与和互动来进行的,而学生的参与热情和投入程度对教学效果的影响最大。因此,教学方法的设计要充分考虑学生的全员参与和真情表露,不能为了引起小学生的注意和兴趣,只追求设计的形式、步骤和具体环节的丰富多彩,使之越热闹越好、越离奇越好;更不能以活动形式的丰富程度、新奇程度和学生表现的活跃程度、兴奋程度来评价一节课或一次活动的优劣和成败。这种认识是片面的,也是危险的,它会把小学生心理健康教育课引向形式主义的歧途,使之变成一场矫揉造作、浅薄的闹剧。有鉴于此,小学生心理健康教育课的教学方法设计要注意以下几个问题:

1. 讲求实效,不搞花架子

教学方法的设计要根据教学目标的要求,依据内容的需要来选择,不能为了活动而活动,为了形式而形式。在实际教学中,我们可能会看到这样的现象,在教师的刻意编排下,心理健康教育课充满着既不能反映教学内容,也难以达成教学目标的活动安排,如:缺乏事先的充分了解、不能真正畅所欲言、了无生气的"问题讨论";一个又一个填满了教学时间、学生看似玩得高兴却又毫无内涵的游戏活动;并非出自学生的经历而由教师来"图解"有关知识编导的小品或角色扮演;等等。这些看似丰富多彩、令人目不暇接的"活动",由于缺少内在的积极思维、探究活动的支撑而显得空洞和肤浅,无助于实现心理健康教育的课程目标。

2. 面向全体学生,重视学生的个体差异

在小学生心理健康教育课中,教师不是指点迷津的权威,而是肩负着促进和帮助学生获得发展重任的角色。学生是有个体差异的,只有面向全体学生,重视其个体差异,才能更好地促进和帮助他们。因此,在教学方法设计中,教师要想办法创设让所有小学生都能积极主动参与学习和活动的机会,可以设计集体活动、小组活动和个别活动等环节,以便调动小学生的兴趣和积极性。

3. 发挥多媒体辅助作用，但不能喧宾夺主

随着多媒体手段的运用和普及，其所具备的视听形象的生动有趣性、资源丰富性和资料易取性等特征，为教学方法的设计开拓了极大的空间。教师要充分发挥其多方面的功能，但不能过度依赖它，否则它会取代学生的主体地位，代替学生的活动和思考。在实际教学中，有的教师过分依赖多媒体的生动形象性，整段的教学时间都让学生在观看视频，事后只是非常简单地让学生说一说看后的感想，不利于学生的积极思维和充分交流。而且大多数多媒体课件在交互性方面有明显的不足，它只是单向的灌输，而不是双向甚至多向的互动，不利于学生的即时反应和灵活应变。

（三）小学生心理健康教育课的活动设计

活动设计是小学生心理健康教育课程落到实处的重要环节，在学习了有关的理论与方法后，教师最终还是要通过活动方案来对学生进行心理健康教育。目前，不少教材和资源库可以为教师开展心理健康教育课提供资源，但千万注意不能照本宣科。学生的心理世界是千变万化的，需要教师因人、因地、因时设计心理辅导活动。

1. 活动目标设计要求

心理健康教育课的活动内容和形式都是围绕目标制定的。同时，目标又对学生起到凝聚作用，团体目标与成员的主观需求密切相关，其一致性越高，目标的凝聚力越强。因此，教师在设立活动目标时应该注意以下几点：

一是目标应与学生成长密切相关。小学生心理健康教育课旨在帮助学生解决成长的问题，如自我意识、情绪困扰、人际关系、学习行为。上述这些具体目标都是从问题出发，属于矫治性目标。此外，心理健康教育课的目标更多地应着眼于发展性目标，从积极的一面来提高小学生的心理素质。

二是目标应明确具体。活动目标切忌笼统抽象，如"调适不良情绪"，这句话过于含糊，可以改为"认识不良情绪对自己生活、学习所带来的危害，寻找缓解和消除不良情绪的几种方法、增强对情绪的调控能力"。目标越具体，小学生就越容易在行动上付诸实践。

三是目标应得到学生的认同。教师在设计活动方案时，首先要了解学生的真实想法：他们希望从集体活动中学到什么？想解决什么问题？在此基础上，与学生一起磋商可能形成和达到的目标，大家共同探讨出的目标，更容易被学生看成是"自己的目标"。

2. 活动方案设计要求

活动目标一旦确立，接下来就是着手设计活动方案，这是教师最能发挥自身创造性的一个环节。但要设计好一次心理健康教育课也不是一件容易的事。它要求

教师理解小学生心理健康教育课的基本思想,尤其要掌握团体心理辅导活动的方法和技术。

（1）活动内容与活动目标的一致性,这是开展活动的基本要求。

（2）组合系列活动。有时为了解决某一个问题,一次活动效果不佳时,教师可以设计系列的专题辅导活动,形成系列专题。

（3）设置活动情景,促进学生体验。在心理健康教育课中,活动的宗旨是解决学生自己的问题,主要是以参与者自身的经验为载体,体验是改变、完善自身经验的重要环节。只有经过体验,个体才会在内心产生碰撞,才会有更深切的感悟。

（4）了解学生实际,提高活动内容的适切性。教师在设计活动时要心中有学生,在设计活动之前,不妨先做一些调查,这样既可以避免无的放矢,又可以为活动提供生动的素材。

综上所述,小学生心理健康教育课的教案设计涉及诸多方面的因素。无论是课程设计、教学方法,还是教学活动,只有按照这些要求进行课程教案的设计,才能避免某些失误对小学生的心理健康产生不良影响,才能有效地进行小学生心理健康教育工作。

二、小学生心理健康教育课堂教学设计的步骤

小学生心理健康教育是一项系统工程,加强小学生心理健康教育课的教学设计,提高心理健康教育课堂教学实效是实现这项系统工作的主要途径之一。教师要根据教育的特殊目标和教学任务的特点,选择合适的心理健康教育方法,着眼于激发、促进、辅助学生的学习,并通过评价、反馈等手段,强化学生的学习并改进课堂教学,从而让每个学生都享有同样的机会去发挥和完善自己的才能。

（一）小学生心理健康教育课程目标的确定

课程目标的确定是课堂教学设计的首要环节。确定心理健康教育的课程目标,就是确定小学生心理健康教育课的出发点和欲达成的最后结果。只有课程的目标是科学的、合理的,才能正确指导课程内容、教学方法、教学手段等的选择与运用,课程的实际效果才能得到保证,课程才具有其存在的价值。正因为如此,课程目标的确定也是心理健康教育课堂教学设计的核心问题。在确定心理健康教育课程目标的过程中,教师应注意以下几点:

1. 体现发展性要求

从根本意义上来说,小学生心理健康教育课的总目标与国家的教育方针是相一致的,就是使小学生得到全面发展。然而,总目标要通过一系列具体的目标才能实现,它不可能在短期内实现,而是要经历一个从简单到复杂、从低级到高级、由不

自觉到自觉的发展过程。因此,教师必须根据小学生心理发展的特点及规律,制定具体的目标,只有达成这些具体的目标,才可以循序渐进地促进学生心理健康的发展。

2. 体现时代性要求

当前的社会充满了激烈的竞争,"优胜劣汰"在社会生活的各个方面表现得淋漓尽致。只要有竞争,就会有成功和失败,小学生是我国建设社会主义现代化强国的希望,他们不仅需要学习必备的科学文化知识、技能,而且要有强健的身体和良好的心理素质。只有这样,才能肩负起中华民族伟大复兴的重任。因此,教师在确定小学生心理健康教育课程目标时,一定要适应时代发展的要求,选择有利于学生在时代发展背景下生存、发展的心理品质及特征作为课程的目标,重视心理承受力、心理韧性、自主独立性、竞争性、团结协作能力、学习能力、创造力等心理品质的培养与训练。

3. 体现可操作性要求

小学生心理健康教育课直接把情感、意志、个性等当作教学目标,关注的焦点不在于认知目标的达成,而在于将观念的东西转化为小学生实际可行的、可训练的行为。因此,课程的目标不能抽象、模糊、空泛,而要具体、明确、实际,将抽象的心理学概念、原理具体化为各种行为表现及特征,变成可以观察的、可以通过一定的测验和评定方法来评估的,并且可以通过一定的教育手段和措施来加以训练和改造的可操作的行为目标。只有这样,小学生心理健康教育课才不会流于形式。

(二) 小学生心理健康教育课程内容的选择

在确定小学生心理健康教育课程目标的基础上,教师应该选择相应的课程内容来实现课程目标。课程内容是课程目标的具体化与载体,正确地选择课程内容对实现小学生心理健康教育的课程目标具有十分重要的意义。

纵观国内外小学生心理健康教育的实践情况,教师在选择课程内容时,有三种错误倾向值得注意:一是将小学生心理健康教育内容萎缩化,把小学生心理健康教育课等同于心理卫生课,侧重传授有关心理困扰或心理障碍的防治知识,忽视了优化小学生的心理素质和开发其心理潜能的课程功能,本末倒置;二是将小学生心理健康教育内容扩大化,把一些与具体学科相关的心理品质内容也放在心理健康教育专门课程的内容之中,忽视了心理健康教育课自身的主要目标,"芝麻、西瓜一起抓",顾此失彼;三是小学生心理健康教育课程内容的编排采用直线式,把心理健康教育内容按照学生的年龄阶段,人为地进行"纵向"排列,忽视了心理问题的复杂性及心理品质训练的反复性。因此,心理健康教育的课程内容编排不宜采用直线式结构,而应以螺旋式结构为宜。

教师在选择课程内容时,除了注意上述三点,还要注意课程内容要符合学生的年龄特征,要贴近学生的生活实际,要有利于学生广泛参与,要具有一定的趣味性。

(三)小学生心理健康教育课程单元的设计

1. 了解学生的需要

小学生心理健康教育课以直接满足学生维护和发展自身的心理健康的需要,促进学生心理健康发展为目的。因此,为了使心理健康教育课具有实效性,教师必须对学生的实际心理需要进行充分的了解,做到心中有数,有的放矢。

小学生心理健康发展的需要包括两个方面:一方面是一般性需要,指在某一年龄阶段的所有学生普遍存在的心理和行为发展上的需要,教师可以通过研究发展心理学的有关资料分析确定,也可以找一些现成的针对一般性需要的课程设计作为参考;另一方面是特殊性需要,指本校、本班学生或某些特殊学生群体,由于处在特殊环境中或遇到特殊事件的冲击或压力而产生的解除困境、度过危机的需要,教师可以进行实地调查,收集有关信息,调查对象可以包括学生、家长及教师和有关社会机构。调查方法可以是谈话法、问卷法等,调查形式可以是座谈会等。

2. 确定单元主题

在了解学生需要的基础上,教师进行科学主题选择。有些教师不顾学生的需要,不顾本校的实际情况,根据现成的参考书依样画葫芦,使小学生心理健康教育课成了走过场的脱离学生实际的摆设,这就违背了小学生心理健康教育的主旨。科学的选题应因人、因事、因地、因时制宜。如某小学教师通过调查发现,本校小学五年级的男生课后沉迷游戏的现象比较普遍,又进一步了解到许多学生与同伴在一起打游戏的主要原因是经不住其中少数同学的劝说,不好意思对朋友说"不"而导致的,于是该教师就考虑开设主题为"学会说'不'""真正的朋友""沉迷网络游戏"的心理健康教育课。

3. 确定单元目标

单元目标是指某一具体单元的活动主题所要达到的目标。在确定单元目标时,教师应注意:教学目标陈述的应是学生的学习结果,而不应该陈述教师做什么;教学目标的陈述应力求明确、具体,可以观察和测量,尽量避免使用含糊或不切实际的语言陈述目标;教学目标的陈述应全面,包括认知、技能、情感、态度等方面。

4. 确定单元课时

因为单元有大、小之分,所以一个单元主题所需课时是不等的。大单元一般指主题系列单元,由多个同类或相关的主题组成。如在"学会交往"系列主题单元设计中,可以包括以下小主题:学会打招呼、学会微笑、学会称赞、学会拒绝、学会竞争、学会合作、学会宽容、学会助人等。大单元的课时一般需要几课时到十几课时之间。小单元就是针对某一特定的心理品质所确定的一个独立的主题,如"了解你的气质""如何与陌生人交往""和时间比赛"等,这样的小单元以一课时为宜。

5. 确定教学方法

小学生心理健康教育课与其他学科课程一样有着共通的教学方法,如讲授法、谈话法、讨论法、演示法、实验法、参观法等。但小学生心理健康教育课又有别于其他学科课程,它重在活动,重在学生参与,通过师生共同活动,达到优化学生心理素质的目的。这就决定了心理健康教育课有一些特殊的教学方法,如角色扮演法、心理测量法、学生自陈法、联想活动法、演讲法、游戏法、辩论法、专题讨论法等。教师在确定教学方法时,要综合考虑单元目标、单元主题、课程内容、学生的身心状况、学校和班级的条件及时间、地点等多种因素,灵活运用多种教学方法,使其互相配合、协调一致,共同发挥作用,实现课程目标。

6. 做好课前准备

课前准备主要是确定活动形式和准备好活动所需的用品、资料。活动形式的选取一定要与学生的年龄和活动的主题相匹配,教学地点也不能仅限于教室之中。对于教学所需电教设备和影视、录音材料,教学游戏所需玩具、角色扮演所需道具、各种印刷品、身体活动用品等,教师均应在课前做好准备。

7. 拟定活动程序

这是单元设计的主要部分,它规定了教学活动过程的具体步骤和实施程序。从活动开始到结束的每一个步骤都应有周密的说明、细致的安排。教师在拟定活动程序时,要符合学生的认识规律,由近到远、由浅入深、由表及里、由感性到理性;要符合逻辑规律,即环环相扣、丝丝相连、循序渐进,做到既完整又系统。

8. 撰写活动方案

活动方案是在上述单元设计的基础上,用书面形式记录下来的具体方案,是对单元设计的提炼和升华,它通常以一个课时为单位编写。有了活动方案,教师就可以有目的、有计划、有步骤地在规定课时内有条不紊地组织教学活动,它是保证课堂教学效果的前提。小学生心理健康教育课的活动方案一般包括以下内容:主题、活动目标、活动时间、教学方法、活动准备、活动过程、实施程序等。

延伸阅读

小学生心理健康教育课"我是一棵树"的课堂教学设计

一、活动目标

1. 以"我是一棵树"为主线,让学生认识生命、感悟生命,从而感受快乐的生活。

2. 通过学生自己画画、说说、评评,进一步加深对生命的认识和理解。

二、活动准备

1. 视频:美丽的大自然。

2. 课件:一棵树成长过程的画面、画笔、纸张、音乐、脸谱。

三、活动过程

1. 游戏引入:超级变变变"一棵树"

游戏规则:将学生分成若干组,5~6人为一组,各组先围成一个圈,然后各组同学运用肢体合作摆出一棵树的造型,最后评出创意组若干,并要求学生分享一下自己合作的树:树干、树叶、树枝等。

2. 主题活动

活动一:我是一棵树

刚才,我们运用小组的力量,用自己的智慧与肢体,合作完成了一棵棵大树,大家都很了不起。

请每个同学再想象一下,如果把你自己想象成一棵树你会是一棵怎样的树呢? 我们一起来画画吧! 画好以后我们一起分享你画的树中,每一部分都象征什么,可以是外在的,也可以是内在的。

(1) 每人画一棵树(播放背景音乐)。

(2) 小组分享与全班分享。

是呀! 我们真像一棵树一样,开始只是一粒小小的种子,当有了适当的环境就会生根发芽,然后有了温度、阳光、水分,就会慢慢地长大,越长越高,枝繁叶茂,到了一定的时候还会有美妙的事情,那就是开花结果(树生长过程用幻灯片演示)。

大自然就是这样的神奇,更神奇的是,在这样一个名叫地球的星球上还有一个——我! 这是多么难得! 大千世界如此浩瀚,我们要好好珍惜自己哦!

活动二:我是一棵＿＿＿＿＿＿的树

树木存在于大自然中,会遇到阳光雨露,也会遇到狂风暴雨,人的生命也是如此。在我们的生活中,在我们的成长过程中,有快乐也有烦恼,有成功也有失败,接下来老师给大家一个机会,让我们把生活中的酸甜苦辣尽情地说一说吧!

(1) 游戏:掩面话心情。

规则:老师事先准备一个脸谱,用击鼓传花的形式让学生一个挨一个往下传脸谱,脸谱传到谁的手里,那位同学就将脸谱挡住脸,说说最近的开心事、烦恼事、快乐事、难过事……

(2) 寻找快乐密码。

如果你快乐多多,就把快乐分享,我们一起来寻找快乐密码(将学生说出来的快乐密码在多媒体上展示)。

记得有一首歌唱道:不经历风雨怎么见彩虹? 的确,生活是多姿多彩的,情感是有喜怒哀乐的,我们的世界因为有了许多的不同才变得多彩,希望你是一棵有着很多经历的树,因为经历让我们成长!

活动三:我是美丽风景中的一棵树

如果你处在美丽的风景中,请画一画你的周围还会有什么? 它们都象征什么?

(1) 大家一起继续完成刚才那一幅画。

(2) 学生一起分享。

(3) 师生共同欣赏视频。

教师结束语:

一棵草、一朵花……蝴蝶翩翩起舞,小动物奔跑追逐,小鸟们引吭高歌……我们到处都能感觉到生命的盎然生机。因为有了生命,我们的这个星球才会充满生机和灵性,让我们一起呵护生命,快乐成长!

第四节　小学生心理健康教育课的教学组织

教学是小学生心理健康教育课的核心环节,好的课程设计也要通过教学来体现。要想达成好的教学效果,教师不仅要有先进的小学心理健康教育教学理念,做好小学生心理健康教育课的教案设计,还要有丰富的教学组织经验和活动指导技巧。

一、小学生心理健康教育课的教学准备

想要上好一堂心理健康教育课,课前的准备就显得尤为重要。小学生心理健康教育课的教学准备具体包括了解小学生、建立关系、确立名称、选择内容和设计教学活动等方面。

(一) 了解小学生

了解学生是教育好学生的前提,是有效进行教学组织的基础。"备课不仅要备教材,更要备学生。"只有充分了解小学生,教师才能有的放矢地设计教学活动,得心应手地驾驭教学过程。

1. 了解小学生的认知发展

小学生的记忆容量随年龄的增长而增加,数字记忆广度已接近成人水平。小学生记忆发展的主要特点是从有意记忆超过无意记忆成为记忆的主要方式。有意

记忆的出现标志着小学生记忆发展过程中的一个质变,有意记忆超过无意记忆又是记忆发展中的一个突出的变化;意义记忆在记忆活动中逐渐占主导地位。意义记忆是一种理解识记,当学生对所要识记的材料有了进行意义加工的能力,他们就能更好地进行意义记忆。小学生随着理解力的增加、知识的增多、组织和表达能力的提高以及言语和思维水平的提高,在学习中越来越多地进行意义记忆;词的抽象记忆的发展速度逐渐超过形象记忆。小学生在学习过程中,抽象记忆能力得以不断发展,发展速度超过形象记忆,并逐渐上升,占据优势地位。当然,形象记忆与词的抽象记忆是相辅相成的,在小学阶段这两种记忆都具有重要作用。小学生采用记忆策略的能力迅速提高,他们能运用更多种记忆策略,其中主要的记忆策略是复述和组织。

从思维的发展来看,按照皮亚杰的理论,童年期的思维处于具体运算阶段。童年的思维获得飞跃发展,基本在于逻辑思维迅速发展,以形象逻辑思维为主,在发展过程中完成从具体形象思维向抽象逻辑思维的过度。小学生思维首先经历一个思维发展的质变过程,幼儿期以具体形象思维为主导,经过童年期就进入以抽象逻辑思维为主导的阶段,这一转变是思维发展过程的质的变化。其次,小学生的逻辑思维在很大程度上受思维具体形象性的束缚,尤其是一至三年级小学生,他们的逻辑推理需要依靠具体形象的支持,甚至要借助直观实物来理解抽象概念。小学生在解决问题的思维活动中,往往是抽象逻辑思维与具体形象思维同时起作用,在两者的相互作用中,抽象逻辑思维逐渐发展起来,这个发展过程是两种思维成分相互渗透,进行消长的复杂过程。10岁左右是具体形象思维向抽象逻辑思维过度的转折期。

2. 了解小学生的社会性发展

从自我意识的发展看,小学生自我描述是从比较具体的外部特征逐步转向比较抽象的内部心理特征。自我评价的独立性、批判性、稳定性和评价的内容都逐渐扩大和深化。从人际交往的发展看,小学生的交往对象主要是父母、教师和同学,但其交往性质同幼儿相比有了改变。因为随着小学生的独立性与批判性的不断增长,小学生与父母、教师的关系从依赖开始走向自主,从对成人权威的完全信服到开始表现出富有批判性的怀疑和思考。与此同时,具有更加平等关系的同伴交往在小学生生活中占据重要地位。在交往方式方面,小学生往往是"团伙交往",经常是六七个孩子在一起。在交往对象上,小学生虽然也存在亲子、师生、同伴三种交往,但由于年龄特点,他们更多的是依赖父母,教师在他们心目中也有极大的不可动摇的权威性。这些交往特点对小学生的心理发展有着重要影响。

3. 了解小学生的实际状况

(1) 了解小学生的已知已能。在了解小学生身心发展特点的基础上,教师还要根据当下学生的实际情况,了解原有的知识水平、认知结构、情感态度价值观等方面,因为这些在很大程度上制约着教学活动的展开。小学生心理健康教育课的教学是以学生为主体的,因此在教学活动设计的时候,就要以学生的发展状况为主。教师既然希望通过教学活动能够帮助学生成长,那么就需要了解当下小学生的真实状况,在教学设计时要更加深入巩固小学生已经存在的自我能力的良好发展。

(2) 了解小学生的未知未能。教学过程是在把学生的已知作为基础之上,针对要解决学生的未知未能的方面进行探索,要通过教学将使学生把未知未能转化为已知已能,就如同个体在"同化""平衡""适应"的体系中,不断地由不平衡转化成平衡,从这个状态下得以发展,教学也是也同样如此,小学生就是在这一转化过程中不断得到发展的。

(二) 建立关系

小学生与教师的关系是小学生心理健康教育课中的重要一点,如果没有良好的关系,学生无法接纳教师,课程也就无法起到原本的作用。从某种意义上来说,师生关系就等同于教学质量。师生关系融洽,就能促进教育质量的提高。良好的师生关系依赖深厚的师生情感来维系,教师对学生的关心与热爱,学生对教师的敬佩与爱戴,是产生师生情感的源泉,也是师生关系和谐存在的基础。

1. 师生之间应该相互尊重,互相信任

小学生不仅是学生,而是一个社会人。学生与教师之间不仅仅是师生关系,还有社会人的正常交往关系。人与人的交往必须建立在互相尊重的基础上。教师要相信学生,不论他们的学习成绩是否优异,不论他们是否被别人喜欢,不论他们的家庭背景如何,只要是一个人,就应该被别人尊重;只要是学生,就应该得到教师的信任;只要以教师的角色站在讲台上,就应该以一种平等的态度去面对学生。学生阶段是形成良好的人生观、价值观的重要阶段,而教师又如同一面镜子———一面可以帮助学生更好成长的镜子。教师的尊重也并不只是为了让学生们懂得尊重,更多的是以尊重、信任为出发点,更好地与学生之间产生一种基础的、与人交往的态度。只要这种态度存在,彼此感觉到对方对自己的一种尊重,学生就会以同样的态度去接纳教师。

2. 教师应该关心学生

教师的阅历远比学生丰富,懂得的知识也比小学生多,教师只要站在讲台上,就有义务了解在座的每一位学生的自身状况。例如,人际关系、家庭环境、学习成绩等,只有了解了这些才能知道小学生需要的是什么,当下渴求的是什么,因为什么样的事情产生烦恼,或者说某种情绪反应的由来是什么。教师在关心学生时,不应仅表现形式上的关注与询问,更多的要从实际中细微的事情帮助学生去面对。

只有关心学生,使学生感受到教师对于他的关注,体会到教师的这种真心实意的关心,学生才能体会到来自教师的关爱,才会慢慢地接纳教师。

3. 教师要严格要求学生

严格,并不是说教师需要以一种冷冰冰的态度去面对小学生,这里的严格是指在学生的学习过程中有很多事情存在着空当,也就是"可有可无""模棱两可",而小学生在不同时期的心理发展水平是不一样的,有的时候是在形成良好习惯的过程中,有的时候需要教师给予一定的约束,那么这里的严厉就可以以一种"规范、要求"的形式存在,而不是让学生有一种教师懈怠或者不认真的想法。教师并不是自己本身需要对于学生严厉,而是以一种对学生的要求和规范为出发点,这样可以帮助学生能够更好地要求自己、约束自己,学生也会感受到整个班级的一种强而有力的约束。

4. 教师对学生要一视同仁

小学生从出生就存在着个体的差异性,家庭的差异性,教育环境的差异性,所以教师会面对不同社会经济文化背景的小学生:有的学生家庭富裕,有的学生学习成绩不好,有的学生难以与他人接触等。因此,有些小学生因自己的家庭条件较差而自卑,认为自己不如别人;有些小学生由于自己的家庭环境优越,而以一种高姿态"俯瞰"身边的人。而作为一名教师,应关注的是小学生的心理发展状况,学生现在心理发展需要什么帮助,从哪个心理学角度出发设计活动可以更好地帮助学生。教师需要帮助小学生摆脱当下不良的认知、情绪,改善不良习惯。

5. 教师应该提高自身的专业能力

在学校中,教师在把知识教授给学生的时候,小学生不仅学到了知识,同时也学到了教师对待事物的态度。在信息时代,小学生会了解很多事情,同时也有很多的事情不明白,那么他们就可能会在课堂上向教师提问,这时候,教师不仅仅要在专业领域上不断地提升自己的能力,还需要大量地涉猎一些时下最被人们关注的事情,并且能够通过这些事情让学生认识到分析实事的方法和正确科学的角度。所以教师应该不断更新自身的专业知识,提升自身的专业能力,这样才会带给学生不一样的知识,不一样的学习氛围。

(三) 确立名称

在教学过程中,教师应按照小学生身心发展的特点,确立活动课的主题、名称,以及具体明确的目标。具体来说,教师在确立名称时要注意以下几点:第一,避免灌输式、指导式的标题。在题目的设计上,教师要注意变化自身的立场和思维方式,即进行角色置换,从学生的认识角度提出问题,避免以成人对于问题的理解来代替学生的思维,要打破以往教育中常见的那种生硬的、灌输式的标题设计,如

"游戏的危害""远离聊天室"等,这样的题目不容易接近学生。第二,选择趣味性、探索性的标题。标题设计要能吸引小学生的注意,能拓展想象空间,使人一看即感觉"有意思"或"这正是我想知道的",从而产生浓厚的兴趣,调动学生思维的积极性。

(四) 选择内容

成功的活动名称设计可以吸引小学生的注意和兴趣,但要让学生始终保持这种注意和兴趣,教学内容的选择和组织就显得非常重要。对于教学内容的选择,教师要做到选材适宜,紧扣主题,贴近生活,亲近学生。具体应着重把握以下几点:

1. 选择与小学生成长有密切关系的或已引起小学生普遍关注的内容

小学生在成长过程中会遇到许多困惑和难题,如自我认识、自我控制、自我调节等问题;同学相处、师生关系、亲子关系等问题;更有直接由学业评价引发的关于自我评价、自我期待的偏差问题,以及由此产生的厌学心理和焦虑、抑郁等心理问题,都会对小学生的成长造成很大的不良影响。小学生心理健康教育课程应该触及这些问题,让学生在对现实的思考和选择中获得成长。

2. 选择与小学生经历有密切联系并符合学生思维水平的内容

在教学内容的选择上,教师可以借小学生心理发展的形式或内容为纵向的"经",如以自我认识、自我体验、自我(生理自我、社会自我、心理自我)调节为"经";而以各年级小学生的不同表现或特征为横向的"纬",来"编织"一张小学生心理发展的"全景图"。这样,不同年级开展的心理健康教育课,也可以保证在具体内容上不会出现简单重复的现象。

3. 选择与小学生心理品质优化有积极意义或培养小学生乐观进取的内容

小学生心理健康教育的课程内容应以优化学生心理品质为主,应避免为引起学生的好奇或重视,而故意夸大或渲染各种心理疾病、心理障碍的范围和影响,尤其要注意避免给学生以不良的暗示,使之错误地"对号入座"。教师应该带给学生积极的影响,应该使学生对自己的状态和发展有信心,而不是整天担惊受怕,怀疑自己的心理问题;应该使学生提高对生活的满意度和幸福感,对自己在成长过程中所获得的一切关爱和帮助抱有由衷的感恩之情,而不是只会怨天尤人,文过饰非;应该使学生增强自我价值感和自我效能感,悦纳自己、相信自己,敢于负责、勇于创新,而不是自惭形秽,因循守旧,对人生持消极或偏激的态度。

(五) 设计教学活动

小学生心理健康教育课的设计必须将主要的努力放在设计教学活动方面,在活动中学生的感受和体验必然产生和表现出来,在这样的基础上通过师生间和学生间的沟通分享,学生的心理便会受到影响。例如,在以"自我认识"为主题的心理健康教育课中,教师通过设计"我眼中的自己"和"他人眼中的我"两个活动,能够让小学生从多个角度认识自己;在以"同伴交往"为主题的心理健康教育课中,教师通过设计"用心倾听"和"真诚赞美"两个活动,让小学生掌握同伴交往的技巧。可以说,活动设计得越具体贴切,学生的感受与体验就越真实充分,心理健康教育课的作用就越显著。小学生心理健康教育课可以采用的活动形式在本章第二节已经进行了详细的论述。

二、小学生心理健康教育课堂教学的组织

想要上好一堂小学生心理健康教育课,教师要组织学生积极参与游戏和活动、讨论和分享,应重点抓好三个主要的环节:专题导入、活动展开、发问与反馈。

(一) 专题导入

教学过程的专题导入是至关重要的。开始上课时,教师的主要任务是激发学生参与活动的积极性,让学生提高兴趣和有所期待,以便能更好地配合教学。在座位的安排上,可以打破传统的秧田式,采用环形、矩形、马蹄形、梅花形等排列方式。如果班级人数比较多的话,还可以采用双环形、多矩形、双马蹄形、多朵梅花形等排列方式。这样的座位方式可以使学生面对面地直接进行交流和沟通,也便于与教师实现无阻隔地交流与沟通,有助于促进课堂教学的展开。

在实际教学过程中,专题导入有以下多种方法:

1. 热身法

在课程开始时,教师可以采用一些唱唱跳跳或听听音乐歌曲等方式,来调动原本比较严肃或紧张的气氛,以"激活"学生参与活动的积极性,并使学生的注意集中、精神抖擞,调整心态,准备上课。热身活动的内容,一般都与本课的专题有关。热身活动的形式要根据学生的年龄特点来设计。例如,主题为注意力的课程,教师通过组织"抓手指"的游戏,一方面可以调动学生的积极性,另一方面还可以引入课程的主题。

2. 开门见山法

教师以生动有趣、简洁清晰的话语作为一个开场白,一开始就直截了当地引出要讨论的主题,以解除学生的困惑,增强其活动的意识性和目的性。例如,一堂专题为"有朋友真好"的心理健康教育课,教师在上课一开始就说:"在生活中,我们每个人都希望自己能够有很多朋友,成为受人欢迎的孩子。我也衷心祝愿你们能实现自己的愿望。今天,我们心理活动的主题就是玩一玩,学一学,让大家找到更多的好朋友。"

3. 发问法

通过提出与主题有显性联系或隐性联系的设问导入。例如,一堂专题为"掌声送给她"的关于嫉妒心理的心理健康教育课,开始上课时教师即对同学们提问:"同学们,你知道世界上嫉妒心最强的人是谁吗?"由此,导入此次心理健康教育课。

4. 案例法

教师可以选择发生在学生身边的事情,通过讲述,或事先用摄像机拍下部分场景,或让学生用小品的形式表演等来表达,从而引入教学。

5. 故事法

教师可以借助学生熟悉的或不熟悉的故事,或者播放事先剪辑好的影片片段,看完后提出一些相关问题而引出主题。

6. 自我表露法

教师通过向学生真诚表露发生在自己身上的事情以及感受来导入主题。例如,一位教师问同学们:"你们已经注意到老师今天的情绪不好,想不想知道我的心情为什么不好?……这次是我第三次去参加 ×× 考试了,心里一直很紧张,不知道自己这一次能否通过,心情很不好,有谁能帮助我吗?……今天我们的活动主题是"解心结"。你们是否也有与我一样的烦恼和困惑呢?"

除此以外,还有引导回忆法(让学生回忆曾经有过的生活经历)、自我测试法(让学生进行与主题有关的、有兴趣的简单测试题)、游戏活动法、悬念法、情景创设法等。

总之,在心理健康教育课的开始阶段,教师应力求营造一种平等、轻松、和谐、愉悦、开放、欢快的课堂气氛,让学生从中感受到本课程的特点和吸引力,使其带着期待和希望去进入角色。"好的开始是成功的一半",学生能够从一开始就对课程形成一种良好的印象和"乐之""好之"的态度,对以后的学习及其效果都有积极的影响。

(二) 活动展开

小学生心理健康教育课有许多游戏和活动,但游戏和活动都不是教学的真正目的,它们只是为了实现教学目标的手段,为了让学生能在活动和游戏中获得体验与感受,增强情绪情感的影响力、感染力。教师可以运用以下方法组织教学:

1. 引导方法

在教学过程中,教师应善于引导学生投入到角色、投入到活动之中,积极参与讨论。教师要注意调整自己的身份(通常是扮演一个较为次要的角色);要注意自己的站位或坐位(融入到学生当中,面向全体学生,与他们保持平等);要注意自己的语言、语调,要用有亲和力、亲切感,以及商量、尊重、接纳的语言来引导学生。在学生思考问题的前后,教师可以用诸如"你是说……""你觉得……""你相信……"等话语,引导学生思考并充分表达自己的情感和想法,以促进团体的分享和沟通。教师的作用是促进讨论和对讨论活动进行适当调节,保证讨论不离题、不冷场。教师可以用如下的语言和方法来引导学生深入讨论:"让我们看看,我们正在讨论的是……对于 ××× 同学刚才提到的想法,你的看法如何呢?""我感到有些同学似乎有不同的看法,能与大家说一说吗?""我觉得,这个观点只注意到了问题的一个方面,谁想到了另一个方面?"通过这些语言,力求激发学生的思考,并使其充分表达自己的思想情感,以促进团体内进行开放性的沟通。

2. 明朗化方法

教师除了反馈小学生所说的话或者表明的情感,有时还需要进一步将小学生想要说而没说清楚的情感和领悟明确化。也就是说,教师要把学生模糊隐含、未能明确表达的情感和想法充分地表达出来,以帮助学生了解自己,增进同学之间的理解和沟通,这有助于师生之间的情感沟通和融洽。

3. 面质方法

小学生有时会回避自己的真实想法和情感,或逃避自己应负的责任,或为自己的不当行为寻找各种借口。在这种情况下,教师有必要面质学生,帮助小学生觉察自己在感觉、态度、观念和行为上不一致或欠缺协调的地方,促使其自我思考、分析、判断,勇敢面对现实。当然,在面质时,教师要注意语言和语调,要建立在对学生理解、尊重和接纳的基础上,既要肯定学生已有的思考和想法,又要用平等的、商量的口吻来点出学生不愿面对的现实和问题,切忌以居高临下的姿态、自上而下的语气指责或批评学生。教师可以用假设的态度、缓和而有弹性的语气来提问。例如,教师可以用这样的话语:"事情会不会是这样的,你(你们)想成为……但并不一定都能梦想成真?""刚才,你们(或 ××× 同学)已经说出了自己的想法,可是,老师似乎觉得还缺少点什么,大家能否对……再深入思考一下,再想一想、议一议,你们一定会有新的想法和认识。"

(三) 发问与反馈

小学生心理健康教育课强调让学生在参与活动中体验和感悟,因此活动后的感受分享与教师的引导是必不可少的,课程的互动性和开放性特点要在此得到充分的体现。心理健康教育课的"参与、体验、分享、感悟、自助、发展"的境界也要在此得到切实的贯彻,这就需要教师掌握发问与反馈的技巧。

1. 关于发问

一般来说,小学生心理健康教育课有如下各种情况的发问:导入主题的发问;

创设情景后的发问;游戏活动后的发问;角色扮演后的发问;引导学生讨论或思考的发问;出现"冷场"的发问;教学结束的发问(归纳与延伸);等等。

　　教师的发问在心理健康教育课中具有十分重要的作用。教师不能为了提问而提问,而要围绕教学目标来设问。通过发问,教师可以引发学生的思考和讨论,从而提高教学目标的达标度。因而,教师的发问要注意以下几点:

　　(1) 要重在情感(而不是重在认知),慎用"为什么"。教师发问的着眼点在于引导学生感受情感,表达情感,并充分考虑和尊重学生的感受,避免伤害和触及隐私。想要"让学生向你倾诉衷肠""明白感受要比明白真相更重要",就要求教师在提问时慎用,甚至不用"为什么"。因为,当教师提出"为什么"后,学生的回答就很难保持在情感层面上,而转向认知层面了。

　　(2) 要有针对性,有一定的深度。问题涉及的内容应该符合"最近发展区"的要求。心理学家维果茨基结合教学活动提出了"最近发展区"的概念。他认为,为了使教学能真正促进学生的发展,至少应该确定儿童的两种发展水平:一种是已经达到的发展水平,表现为儿童能够独立解决问题;另一种是儿童可能完成的发展水平,表现为"儿童还不能独立地解决问题,但在成人的帮助下,在集体活动中,通过模仿能够解决这些问题"。在这两个水平之间的区域就是"最近发展区"。维果茨基认为,教学要求只有落在"最近发展区"内,才能有效地推动人的发展。也就是说,教师提出的问题不是小学生一下子就能回答的,但又是经过思考讨论以后能够回答的,这就是最近发展区的问题;要避免或尽可能少地问"好不好""要不要""有没有"之类简单的封闭式问题。同时,提问要符合学生的基础,充分考虑学生的感受程度、接受程度与认知水平;发问内容要来自学生生活中的体验、感受或困惑。

　　(3) 内容要具体、明确、有效。提问的内容要避免空洞说教,一般可以选择开放式的提问方法,并且可以在问题的前面加上一定的范围,如"通过这个活动,你想到了什么?""这个活动,对我们与父母的沟通技巧方面有何启示?"后一个问题就比前一个要来得具体,表面上看起来这给同学们的感悟加上了限制,而实际上是给了他们引导,使他们找到了方向,又让这种感受分享促进了教学目标的实现。提问要有效,是指所提的问题应是学生看到、听到或能悟到的,是能够引起他们兴趣的。

　　(4) 要注意语言的言简意赅、语气的亲切婉转。小学生心理健康教育课的引导更多的是通过提问和归纳来完成的,教师提问的语言不要多,关键要让人"恍然大悟"。而要做到这一点,不仅要求教师有精深的专业知识,还要求教师有深厚的语言功底和严谨、敏锐的思维能力,需要教师学习、再学习,实践、再实践。提问的时候,要让学生感到教师对他们是信任和期待的,感到教师对他们的关爱和理解,这就特别要注意讲话的神态、语气、表情和肢体语言。

(5) 要尊重学生的感受。教师要用尊重、平等、理解来营造课堂的氛围,进而强化师生之间的尊重、平等和理解,这将有助于小学生的心理健康和教学目标的有效实现。在心理健康教育课上,小学生的发言要以自愿为主,教师的提问也不是传统教学中的提问,不一定要学生回答出是非对错。这里的提问仅仅是为了提出话题,引发学生自由讨论,所以,提问要充分考虑学生的感受,要能带给学生平等交流的感觉。教师的提问不要有对立性,也不要咄咄逼人,让学生感到有一种压力而难以回答,或不愿回答。请看下面的提问:"你认为是否有必要向他人表达你对他的欣赏,即赞美他人?""为什么?"当同学站起来回答了第一个问题之后,教师又紧接着追问为什么,这第二个问题就有了一些强加的意味,很可能让学生因为感到意外而不快,有些同学这时就会回答:"没有理由。"这样既无法达到提问的目的,又破坏了课堂的氛围。所以,在课堂上,要注意把这种先问"是否",再问"为什么"的问法,转变为"你对……怎么看"的问法,这样就会让学生感到教师对他的尊重,并能引导学生充分发表自己的见解。

(6) 要根据班级、学生的情况而选择不同的方式。不同的班级有不同的班风,不同的学生有不同的性格。有的班级氛围活跃,很容易引发讨论,那么教师就可以直接给他们一些开放性的问题,让他们自由发言、讨论;有的班级比较沉闷,教师就可以先用封闭式的问题,让同学选择,然后再找到同学间观念上的分歧,"刺激"他们展开讨论。

2. 关于反馈

一般来说,心理健康教育课有如下各种情况的反馈:学生分享交流后的反馈;游戏活动之间的反馈;"突发情况"的反馈;教学结束的反馈(归纳小结);等等。

教师的反馈同样也在心理健康教育课中有重要的作用。反馈就像一面镜子,可以清楚、真实地把学生的情感和想法反映出来。这面镜子也给学生提供了自觉、自动修改自己意见、观点的机会。因而,教师的反馈要注意以下几点:

(1) 要注意及时效应。教师要及时正确地把握学生所表达的思想情感,并将其反馈给学生,使学生知道教师和同学是关注他、接纳他、理解他的,同时也使学生能更好地了解和澄清自己的想法。

(2) 要用询问、征求意见的语气。反馈是一种认可,更是一种引导,通过教师询问式的反馈,可以让学生进一步去思考、去分析、去比较、去判断、去选择。例如,在学生交流分享了自己的感受后,教师可以问:"×××,你是说……对不对?"也可以请另一个同学来概括前一个同学的想法,等等。

(3) 适当运用教师的"自我表露"。在学生交流分享的过程中,有些感受与领悟可能与教师自身的经历有相似之处,但学生的思考又不够深入,这时教师可以用反馈的方式让学生分享自己的亲身经历与感悟,既体现了师生之间真诚平等的交流,又可以启发学生深层次的思考和领悟。教师运用"自我表露"要做到确实是真有其事,不要虚假编造;要适当、适度,不要喧宾夺主。

(4) 要注意教师情感投入的"三情":真情、激情、"煽情"。心理健康教育课注重师生之间的心灵沟通和情感交流,强调师生之间的真情表露和共同分享,这些都集中在一个"真"字和一个"情"字上。因而对于教师来讲,特别要注意真实情感的投入,教师要有真情,不要虚假;要有激情,不要"无情";要善于"煽情",不要无动于衷。这些就要体现在教师对学生的反馈之中。只有这样,小学生心理健康教育课才有感染力,才有吸引力,才会真正受到学生的欢迎和喜爱。

综合以上所说的发问与反馈,在小学生心理健康教育课的教学组织中,教师要注意把握好引导分享与反馈的三个步骤:第一,发生了什么,包括游戏活动过程中团体成员的互动情况、目标怎么达到的、任务怎么完成的等;第二,发现了什么,包括从刚才的游戏或活动中,从团队整体中发现了什么,学习、领悟到了什么等;第三,学到了什么,包括回想所习得的、所感受的,与实际生活有无联系、帮助和启发,如何运用等。

三、小学生心理健康教育课的教学结束

小学生心理健康教育课的结束通常不像学科教学那样对所讲所学的知识进行归纳与总结,但它也要有一个正式的结束。教师一般可以采用以下方法:

(一) 回顾与反省

师生共同回顾之前进行的讨论和活动,引出最有感受的部分,并提出自己的看法和建议;也可以检讨一下之前活动的过程中,有些什么需要改进的地方。这不但可以培养小学生的责任感,还可以加强小学生对心理健康教育课的参与感,提高学习的积极性。

(二) 计划与展望

教师既可以引导学生对自己在课后(或今后)的学习与生活进行规划和展望,激发其改变和实践的积极性;也可以让学生对以后的课程内容和方法提出希望和建议。这样做有助于促进学生对学习的个人意义的发现,让学生在一定程度上参与选择有关的学习活动内容,更是体现了心理健康教育"以人为本"的基本指导思想。

(三) 祝福与激励

师生之间、同学之间,可以自制小卡片、小礼物互相赠送,也可以通过教师对学

生、学生对学生讲一些祝福语等,互相祝福,以资鼓励。

以上三种方法是为了巩固教学效果,留下美好回忆;是为了启发思考发现,促进健康成长。在进入教学结束阶段后,教师可以运用提问式、期盼式、阅读式(发放一些阅读资料给学生)、活动式、强化式、点题式、暗示式和归纳式等方法进行收尾。

此外,教师在教学组织过程中,还要注意一些问题,如情境的构建、环境的布置、时间的把握、主题的渐进;对学生的欣赏、平等公正对待学生以及善于观察、适当参与和表现幽默等。

延伸阅读

给自己画像

一、活动目标

1. 让学生初步认识不同角度的自我,强化学生的角色意识;

2. 通过对自己优点、缺点的挖掘,加强学生的自我认识;

3. 学会全面地评价、看待自己。

二、活动准备

1. 准备好印有"轮图"的纸,以供学生涂涂画画;

2. 让学生准备好多种颜色的水彩笔;

3. 欣赏卡若干张(每个学生都能有几张)。

三、活动过程

1. 创设情境,激发兴趣

同学们,你们了解自己吗? 今天我们就来做一个有趣的心理自测,看你是否了解自己。符合自己情况的答"是",不符合的答"否"。

(1) 你对学习感兴趣吗?   (   )

(2) 你在学习上粗心大意吗?   (   )

(3) 你能接受批评吗?   (   )

(4) 你想当班干部吗?   (   )

(5) 班上的同学喜欢你吗?   (   )

(6) 你的胆子小吗?   (   )

(7) 你对自己的评价过高吗? 你骄傲吗?   (   )

(8) 你会帮助别人吗?   (   )

(9) 你对自己有信心吗?   (   )

(10) 你经常羡慕别人吗?   (   )

2. 活动体验,反思自我

多媒体课件演示小文章《给自己画像》。

教师提问：

小作者的优点和缺点都有哪些？

你能正确地评价一下这位小作者吗？

这位小作者从外貌、兴趣、理想、优点、缺点等几方面给自己"画"了一张画像。同学们，你能给自己也画一张自画像吗？

3. 完成表6-2"我的优点和缺点"

表6-2　我的优点和缺点

姓名	优点	缺点

你知道自己在别人的心目中是什么形象吗？请同学们分组讨论：

(1) 在父母心目中的形象是什么样的？

(2) 在老师心目中的形象是什么样的？

(3) 在同学心目中的形象是什么样的？

4. 总结暗示，行为指导

教师指导学生归纳总结内容：

我们每个人都是既有优点又有缺点，不可能十全十美，那么我们应该怎样对待自己的优缺点呢？

要正确认识自己，了解自己的优缺点。

对待优点要保持和发扬；对待缺点要克服和改正。

我们每个人都是既有优点，又有缺点的，不可能十全十美，那么就让我们正确认识自己，发扬优点，改掉不足。

？ 自我复盘

通过本章的学习,请您结合对小学生心理健康教育课的设计与组织的宏观印象,绘制出头脑中的知识建构图。

本章练习

1. 名词解释

角色扮演　　价值观辨析　　榜样引导　　行为强化

2. 简答题

(1) 小学生心理健康教育课有哪些特点?

(2) 小学生心理健康教育课有哪些活动形式?

(3) 小学生心理健康教育的课程设计有哪些步骤?

3. 实践题

小黎从农村转学到县城里。尽管家境比较贫寒,但她从不抱怨。有一次,王刚见小黎的笔盒很旧,里面只有三支普通铅笔,就嚷道:"你怎么这么穷,连笔盒和笔都买不起!"小黎没有生气,而是微笑着说:"我的笔虽然不好看,但很实用呀!"

还有一次,小组玩"警察抓小偷"的游戏,大家都想扮演警察,没人愿意演小偷。最后通过抓阄,小黎扮演的是警察。当她得知另一位同学很不愿意扮演小偷时,就主动和他对换了角色。

美术课上,林林画了张画,取名为"卖火柴的乡下姑娘"。有些同学猜测林林画的是小黎,林林否认了。小黎就说:"林林说画的不是我,你们不要瞎猜!"

相处一段时间后,同学们都十分乐意和小黎交朋友。

请结合案例设计一份小学生心理健康教育课的教案并组织实施。

第七章
小学生心理健康教育的学科渗透

有意识地在学科教学中渗透心理健康教育,是每位小学教师的职责。所有学科教师在教学的全过程中都应渗透心理健康教育。在学科教学中渗透心理健康教育不是简单的任务拼接,而是需要教师将心理健康教育的内容有机地融入学科教学活动。因此,掌握心理健康教育与学科教学的关系,以及在学科教学中渗透心理健康教育的实施策略与注意事项,才能将适合小学生特点的心理健康教育内容有机渗透到学科教学活动中。

■ **学习目标**

1. 了解心理健康教育和学科教学的关系；
2. 掌握在学科教学中渗透心理健康教育的策略；
3. 掌握在学科教学中渗透心理健康教育时的实施保障。

■ **关键问题**

1. 心理健康教育和学科教学之间的关系是什么？
2. 教师在学科教学中渗透心理健康教育时,应特别注意哪些方面？

■ **问题情境**

1994 年《中共中央关于进一步加强和改进学校德育工作的若干意见》中提出:"通过多种方式对不同年龄层次的学生进行心理健康教育和指导,帮助学生提高心理素质,健全人格,增强承受挫折、适应环境的能力。"许多学校设立了专兼职的心理健康教育教师,开设了心理健康教育课程,建立了比较完备的心理辅导室和比较全面的学生心理档案。那么,心理健康教育真的贯穿小学的日常教育教学了吗？只要听听一些班主任或学科教师的声音便可窥见一斑:"小学生心理健康教育只是心理健康教师的职责""小学生心理健康教育通过心理健康课程和心理辅导就能完成""小学生心理健康教育与学科教学之间没有多大关系"。

如何才能使心理健康教育与学科教学有机地结合？如何保障教师在学科教学中渗透心理健康教育？

第一节 小学生心理健康教育与学科教学的关系

十年树木,百年树人。小学生的成长和发展离不开教师的辛勤培养,小学生心理素质的提高也不仅是心理健康教育教师付出的结果,其中很大一部分得益于各学科教师对小学生心灵的呵护和养育。《中小学心理健康教育指导纲要(2012 年修订)》中指出:"全体教师都应自觉地在各学科教学中遵循心理健康教育的规律,将适合学生特点的心理健康教育内容有机渗透到日常教育教学活动中。"

一、心理健康教育与学科教学

心理健康教育是根据学生生理心理发展的规律,运用心理学的教育方法,培养学生良好的心理素质,促进学生整体素质全面提高的教育。心理健康教育是素质教育的重要组成部分,同时也是现代教育的必然要求和广大学校教育工作者所面临的一项共同的紧迫任务。学科教学是使有关课程与教学的一般理论跟实际教学情况相结合,并在科学指导的情况下进行实践的过程。

小学阶段正处于个体身心快速发展的时期。对于这一时期的小学生来说,他们要学习的不仅仅是各个学科体系中的知识,更重要的是还要拥有健康的心理状态,以便能在今后的发展中正确面对挫折、困境以及各种问题。心理健康教育能够为小学生提供丰富多彩、科学实用的心理知识,它的有效实施能够增强学生的认知品质和意志控制能力,这对维持有意注意的持续性学习活动有重要的价值。当小学生出现较为严重的心理问题后,他的思维会严重受限,无法按照正确的发展方向完善自己的价值观,也无法提升自身的知识素养;其行为也会缺乏自我控制,很难承受由学科学习任务带来的压力,这必然会对学生学科学习的效果与质量产生影响。

相对而言,小学生在学科教学中的感受和体验同样会影响心理健康教育的成效。学科教学可以将心理健康教育目标分解、细化,通过具体的课堂实践活动引导学生、指导学生,帮助学生舒缓内心,及时解决学生内心的困惑与迷茫,让学生始终能够坚定内心的初衷,以端正的态度面对学习,以良好的心态面对生活。如果学生在学科教学课堂中接受了过多负面的信息,就容易心态失衡,这必然也对学生的心理健康教育带来阻碍和挑战。因此,学科教学的质量和心理健康教育的效果是相辅相成、相得益彰的。《纲要》中也指出,要把心理健康教育贯穿在学校教育教学活动之中。学校教育对维护学生的心理健康有着极其重要的作用,因此不管是哪门学科,都应该在教学中科学、有效地渗透心理健康教育。

二、在学科教学中渗透心理健康教育的重要性

从小学生的全面发展角度来看,新课程改革下的教学活动倡导自主、合作、探究,这种民主和谐的学习气氛有利于学生良好心理素质的形成。"知识与技能、过程与方法、情感态度与价值观"三维目标与心理健康教育有共通之处,特别是在情感态度的获得和价值观的形成方面。在学科教学中尊重和突出学生的主体性,激活和发挥学生的主观能动性,能够更好地鼓励小学生大胆表达自己的想法,有助于培养他们乐观积极、主动学习的心理状态,进而提升学生的学科学习效率。学科之间的融合能够保证小学生学科素养和心理素质发展的完整性和系统性,是学生学习能力和综合素质提升的重要途径。具有心理健康教育能力的教师将较容易接受新课程标准的教育理念,采用适宜的教学方式,成为学生学习的促进者、学生探究的合作者、学生发展的引导者,鼓励学生自主学习、合作学习、探究式学习的学习方式,实现新课程改革的目标。因此,基础教育改革需要心理健康教育,需要在学科教学中渗透心理健康教育。

从师资力量的提升角度来看,在学科中渗透心理健康教育能够有效促进学科教师心理学素养的提升,能够最大限度地提高其利用心理学理论与实践技巧提升教学效果的能力,同时也有助于教师改善自身心态,提高情绪调节能力,提高生活幸福感。一名教师要拥有扎实的基本功底和丰富的专业知识,熟练的教学技巧,还应该具备完善的人格和健康的心理状态,这样才能够为学生提供更良好的教学服务。教师的主要职责是教书育人,只有自身具有高尚的心理健康素质,才能够得到学生的尊敬和爱戴,学生才能够喜欢他们的教学方式,愿意接受他们的教育内容,这样培养出的学生才会更加优秀。加强心理健康教育的学科渗透还有助于心理健康教育人力资源的最大化。限于心理学专业在我国的发展水平,目前距离实现所有小学都配备足够的心理健康教育教师的目标还有一段路要走。在这期间,小学生的心理问题仍然持续地存在和发展着,而学科教师的心理健康教育工作能够有效补充学校心理健康教育的人员力量缺口。因此,在学科教学中渗透心理健康教育,不仅能够丰富学科教师的教学内容,也能够使学生在潜移默化中感受心理健康教育的内容,使学生获得学科知识和心理健康知识的双丰收。

从课程建设的角度来看,在学科教学中渗透心理健康教育是现代学校课程发展的必然趋势。将"心理目标"有机地渗透到课程中,有助于教师增加课程的教育内容,丰富课程的教育资源,拓宽课程的教育价值。当代社会人才培养的目标着眼于综合素质和能力,现有学科课程的结构和目标体系需要结合时代特征进行改变,如课程心理化的推进和实施,这不仅建立在提升和发展学生积极心理品质的要求

下,同时也有助于进一步改善课程自身的内容建构。教育资源的开发和整合是学校教学过程中的重要环节。传统的教学资源较多考虑与教学内容相关的显性资源,这种目的性较强的资源开发从教育经济学的角度来看是不合理的。实际上,学生本身可以作为教育资源的一种纳入到教师的考虑中,尤其是针对学生学习潜力的准确认识,学生适合的教学方案等。学生在各学科教育的课堂学习中获得知识、掌握技能、开发智力潜能,师生之间的高质量互动也帮助小学生学会有效建立人际关系的技巧和方法。这种隐性资源的挖掘和利用不仅能够实现学科教学中心理健康教育目标的潜移默化,同时也有助于学科教学目标的达成。

从心理学学科发展的角度来说,在学科教学中渗透心理健康教育为心理学理论在课堂教学中的应用开辟了一个广阔的领域。在学科教学中渗透心理健康教育涉及心理学许许多多的分支学科,例如发展心理学、教育心理学、学校心理学、社会心理学、人格心理学等。它能使相关的心理学理论在学科教学实践中充分发挥导向功能,同时,促使相关的心理学理论在实践应用中找到发展的生长点,有利于心理学的学科建设。

三、在学科教学中渗透心理健康教育的可行性

无论是学科课程本身,还是学科课程的教学过程,都蕴含着十分丰富的心理健康教育资源,能否在学科教学中渗透心理健康教育,最关键的就是要看学科课程本身及其教学过程是否具备心理健康教育的资源。有些学者认为,在学科教学中渗透心理健康教育,可以通过挖掘教材中的心理健康内容、改变课堂组织形式、教师在课堂中发挥人格榜样作用等途径来实现。

教师心理健康教育意识和能力正在逐步提高,学科渗透对教师提出了更高的要求,要求教师必须从传授型的教书匠转变为研究型的教育家。随着社会对教育的要求越来越高,教育竞争日益激烈。当前,向教育科研要质量、要效益,已成为教育走向内涵式发展道路的基本战略和策略。积极参与教育科研,努力争做科研型乃至专家型教师,正逐步成为每个教师的自觉追求和奋斗目标。教师逐步意识到在教学中渗透心理健康教育是一种教育科研,有利于提高教学质量。学科教学渗透心理健康教育不同于以往的教学,没有许多教学参考书和教案选编等资料可供借鉴,要靠教师在学习教育理论的基础上,去寻找、发现其中的问题,然后把思考付诸实践,选题实验,捕捉头脑中出现的新思想、新问题及经验体会,由感性认识上升到理性认识。随着教师教育的不断深入,教师心理健康教育意识和能力逐步提高,这为在学科教学中渗透心理健康教育提供了可能性。

综上所述,学科教育与心理健康教育的相互渗透与结合是学校教育,特别是基础教育发展、改革的方向之一,既具有理论意义也具有实践价值,可以使素质教育

的全面推进真正落到实处。

第二节 在学科教学中渗透心理健康教育

随着科学育人观在小学教育课堂上的实践应用与日益推广,心理健康教育也成为学科教师的工作内容之一。学科教师逐步将心理健康教育的目标和措施纳入到学科教学活动中,确保实现小学生知识增长的同时,也能够达到全面发展的最终育人目标。心理健康教育的学科渗透并不是简单的任务拼接,而是需要将心理健康教育的内容有机地融入到学科教学活动中,使心理健康教育"润物细无声"般地被小学生接受和吸收。

一、小学学科教学的基本特征

有效进行心理健康教育的学科渗透,首先要了解小学学科教学的基本特点,了解学科课程的相关特征。小学课程主要分为单一课程和综合课程两大类。单一课程是指在一节课内主要完成一项教学任务的课,如传授新知识的课;综合课程一般是指一节课内要完成几项教学任务的课,包括复习知识、学习新教材内容、对新学内容予以巩固并进行适当的练习等。教师在课程设计和安排时会根据学生的年龄特点和知识水平进行选择。一般来说,低年级小学生注意力难以集中,所以需要结构变化丰富的综合课程,高年级小学生注意力有所增强,能够接受一定容量的知识信息,可以适应单一课程的注意需求。在不同类型的课堂上,小学生的整个认知过程和心理状态都会影响教学的效果。课程的类型决定了教学过程的复杂性,同时也会增加教学过程中的影响因素。想要保证在不同类型课程中的高质量的教学效果,教师就应从实际出发,结合学生的身心特征完善教学方案,维持教学体系的连贯性和完整性,提高教学效率。

小学的学科教学课堂除了要发挥知识传授的功能,还要成为学生思想教育的重要阵地。每一门学科都蕴含着丰富的思想教育资源,只要认真挖掘就会形成强大的教育力量,就会对学生思想道德素质的提高产生巨大的影响。学生没有良好的心理健康状态,学科教育的效果则事倍功半,这是心理健康所独有的优势——具有渗透性,无处不在,看似影响不大,却又在无形中发挥着巨大作用。

二、在学科教学中渗透心理健康教育的现状

心理健康教育是有目的、有计划的渗透在学科教育中的,需要根据小学生心理发展的规律与各种能力发展的关键期,采取适合其心理健康教育的方法,在不同学

科教育中连续、有计划的实施,在潜移默化中教育学生,使学生达到身心健康、均衡的发展。《纲要》的发布对各地中小学开展心理健康教育起到了指导和推动作用,心理健康教育取得了前所未有的发展。然而,不容忽视的是,当前小学教育教学中的心理健康教育依旧存在一些问题。

(一) 不够注重"渗透"教育,心理健康教育目标缺失

心理健康教育的学科渗透贯穿整个学科教学过程,是一个相对复杂的工作。但部分教师却简单地将其理解为在教育目标中加入情感态度与价值观的内容,或者是在教学过程中重视正能量的传播和灌输。他们对心理健康教育的学科渗透理解不够,缺乏明确的、有指导性的认识,限于能力或者精力对这一工作的重视程度和力度还远远不够。

(二) 不够注重深挖"渗透点",错失渗透时机

综合考虑所有学科教学的实施过程,处处都蕴含着心理健康教育的时机。但是,心理健康教育时机的把握需要学科教师具备扎实的心理学理论知识和丰富的理论联系实践的经验。很多新教师并不能准确把握教材编者的意图,也不能深入恰当地识别并理解教材文本中的心理健康教育资源;也有一部分教师虽然能够把握心理健康教育和学科教学内容的契合度,但是他们选择的渗透点不够恰当,甚至与现实的教学状况脱节;还存在一部分教师已经具备了利用教材内容塑造学生心理品质的能力,但是没有意识到要根据学生心理发展的实际情况进行个性化地调整,不能有的放矢地开展教学。以上种种情况致使学生受到的"渗透"教育十分有限,"渗透"教育效果不理想。

(三) 不够注重建立师生关系,课堂氛围营造不够

心理健康教育的前提是良好的师生互动关系。学科教师不恰当的课堂教学风格以及对教学效果的过分重视会影响健康师生关系的建立。比如,有些教师在授课方式上缺乏对学生主体性的重视,课件设计得较为简单,多媒体的使用简单粗暴,缺乏创设渗透教育氛围的能力;还有一部分教师授课时表情严肃,语言单一,说教性严重,与学生的互动缺乏热情,只重视学生的应试能力,对学生的课堂回答缺乏有效地反馈,非常不利于学生创造性思维的发展。

(四) 不够注重差异化评价,缺乏针对性、及时性

教师在对学生进行评价时要注重评价的针对性和综合性。学生的心理发展状况并不完全一致,同时在人格的表现上也有很强的个性特征。在实际教学中,有些

教师的评价往往较为单调,缺乏针对性,评价方式滞后单一,评价指标体系也不够完善,对学生的主体性评价意识重视得不够,很少让学生自评或互评,对评价中蕴含的心理健康教育资源利用得不够。

三、在学科教学中渗透心理健康教育的策略

有意识地在学科教学中渗透心理健康教育,是每位教师的职责所在。所有学科教师在教学全过程中都应渗透心理健康教育,从这个意义上来说,"每堂课都是心理健康教育课"。

(一) 在教学设计上渗透心理健康教育

视频

在教学设计上渗透心理健康教育

教学设计是做好学科教学的第一步,心理健康教育的有效渗透必须从教学设计这一环节开始。针对教学的活动计划和安排包括教学目标的制定、教学任务的分析、解决教学问题的策略、教学媒体的选择等。其中,教学目标的整合除了要明确认知、能力目标,还应涵盖心理目标,并且将三者有机结合起来。其次,教学方案的制定要充分考虑学生的基础学情,除了学生已有的知识掌握情况,还要考虑学生的学习心理状态,选择合适的教学手段和激励策略设计教学环节。对于每一位学科教师来说,精心备课是开展心理健康教育学科渗透工作的前提。

(二) 在教学内容上渗透心理健康教育

小学阶段学生的成长以人的全面发展作为最终目标,这也体现在每一学科的教学中。教师在研读教学大纲、分析学科教材内容的同时,需要对学科教材当中所具备的心理健康方面的教育因素进行挖掘,创新和发散思路,从中发现心理健康教育的结合点。

实际上,很多学科的教材内容本身就包含心理健康教育的因素。学科教师在探索心理健康教育结合点的时候必须注意两者的融会贯通,切忌生拉硬扯、牵强附会。学科教学中的学习内容一般会以特定的生活主题为载体,比如热爱生命、认识自我、适应社会、增强自信心等。这些主题本身就是小学生心理健康发展的重要方向,是小学生认知、情感、意志、需要、动机、兴趣、理想、信念、世界观、性格等心理品质的综合表现。例如,对于语文学科来说,常见的心理健康教育点的选择可以从教材人物原型切入。很多课文都是突出的人物形象的描绘和渲染,作者在充分表达中文优美的语言表达之外,还塑造了主人公的高尚灵魂。学生在学习人物描写的同时,也会跟随着教师的解读和引导受到教育,净化心灵,学习榜样人物的高尚情操,发展完善自己的人格。

此外,课后作业的布置和安排也需要考虑学生的个体差异,进一步渗透心理健

康教育。例如，教师可以结合学生的能力基础布置作业，展现针对性和差异性，保障所有学生有较好的学习体验；作业的内容尽量联系实际，有助于激发学生的学习兴趣，提高学生的作业质量和完成效率。教学不仅要让学生掌握知识，更要让学生在学习过程中体验到成功的喜悦，使他们变得更加积极和自信。

（三）在教学过程中渗透心理健康教育

真正落实到学生层面实施心理健康教育渗透的环节是课堂。在课堂教学过程中，师生之间的教学相长是心理健康教育学科渗透效果的有效保障。这有赖于学科教师教学方式的选择、教学情绪的控制和教学环境氛围的营造。

学科教师在课堂教学过程中会采用不同的方式和手段对课堂进行管理，一般会根据学科特点和学生的准备状态选择合适的课堂管理模式。不同的课堂管理模式具有不同的优缺点。相对而言，民主型的课堂管理模式有助于拉近师生间的心理距离，促进学生的心理健康成长。开放型的课堂管理模式营造的是一种师生间公平、自由互动的课堂氛围，这样的课堂氛围不仅可以鼓励学生在课堂上发挥创造力和想象力，帮助学生敞开心扉与教师进行互动和交流，还有利于学生在愉悦的课堂氛围中进行学习活动，提高学习效率和课堂教学效果，增强自信心，进而促进身心的全面发展。新课程改革之后，现代化教育技术的引入推动了传统教学模式的优化和创新，比如多媒体的应用和实践活动的介入等。类似于合作性学习、互助式学习、开放式学习等新的教学组织形式越来越多地进入到学科教学课堂中，从根本上把学生从被动地学习中解放出来，让学生成为学习的主人，逐步养成"会学习、会思考"，乐于不断获取新知和主动探索，成为善于搜集、辨别和加工各种可能信息的终身学习者，为个体一生的学习和发展打好基础。

温馨的教学环境是心理健康教育的最优支持。学科教师应保持良好的教学情绪，运用自己的真诚情感为学生创设健康、安全、愉快的教学氛围，用自己的饱满情绪调动学生的积极性。健康的教学氛围具有安全性、自主性、互动性、合作性的特点，可以使学生在学习中因获得鼓励而畅所欲言、因思维碰撞而产生灵感、因友好互动而激发动机、因体验成功而增强自信。在此氛围下，学生不仅主动积极地吸纳知识，更重要的是形成了健康愉快、敢于探究的学习心态，避免了各种学习障碍的发生。学科教师在教学过程中，面对学生自发的互动时，举手发言要及时鼓励，回答错误或答非所问要给予理解和点拨，即便是批评也要带着温和善意，培养学生求异思维的兴趣和习惯。

学科教学过程中重要的任务之一就是帮助小学生养成良好的学习习惯，但是很多教师都发现，仅凭学科教学中的教学方法很难达到预期的目标。但是在心理健康教育学科渗透的广泛推广之后，有研究者发现很多心理健康教育中的行为训练方法可以在学习习惯的培养中发挥极大的作用。例如角色扮演和榜样模仿,以及心理游戏,都可以在潜移默化中促进学生思想认识的改变。再如,恰当的奖励还能够促进学生学习习惯的稳定,心理辅导的相关策略还能帮助学生去除不良的行为习惯,塑造良好的学习行为,使得学习习惯的培养成为可以控制、调节的科学的过程,成为系统教育活动中有机的组成部分。充满人文气息的教学,可以很好地激发学生的积极性,还能挖掘学生的潜力,积极地引导学生向着健康的方向发展。

(四) 在教学评价中渗透心理健康教育

教学评价是学科教学活动的最后一个环节,它不仅能够将整个教学过程中的优势和问题反映出来,同时也是塑造学生良好心理品质的机会。准确、公正、适时的教学评价对学生来说是获取外界反馈的重要途径。对于学科教师来说,每一堂课的教学评价,持续不断地体验和总结,最终都能够转化为培养小学生心理健康状态的重要经验。针对所有小学生的教学评价对学科教师来说是不小的挑战。不同学生的学习起点不同,能达到的学习终点也不尽相同。这样一来,教师需要采用多元化的评价方式,更多强调学生的积累,创设机会,注重学科思维过程,尽量让每一个学生都能够在评价中有所收获、有所成长。与此同时,学生也能感受到喜悦和满足,这种小小的成功体验可能会成为激励他们未来成功的重要驱动力。新课程改革之后,教学评价的主体也从单一的教师增加为教师和学生两个群体。评价标准也转变为教师是否为学生创设了有利于知识建构的情境,是否能激发学生的主动意识、合作意识、学习兴趣,以及是否能引导学生加深对基本理论和概念的理解等。评价并不只针对学生,同时也包括教师。师生之间的互评能够促进双方交流过程中的态度、认知和行为的变化,既能够帮助学生调节自己的学习行为,还能够帮助教师改善自己的教学策略。此外,我们还应积极引导学生开展互评,通过互评,促使学生对自己的学习进行反思,了解自己的长处、存在的问题,从而有针对性地进行学习;使学生能正视自己、尊重他人,同时提高学生的鉴别、分析和表达能力。

因此,在学科教学中关注学生的心理健康状况是每一位教师必须重视而且值得研究的课题。所有学科教师都应关注学生的心理健康,在课堂教学中积极对待学生的心理健康教育,及时提供心理辅导,帮助学生提高课堂学习效果,提高教学质量,让每一位学生都能健康、全面地发展。

四、在学科教学中渗透心理健康教育的注意事项

教师在学科教学中渗透心理健康教育时需要注意以下三点:

第一,要注意学科教学和心理健康教育的有机融合。不同学科与心理健康教育的融合点都会有所不同,即便是同一科目,不同的学段、不同的课堂、不同的学生情况,所应用到的心理健康教育的理论知识和实践经验也会有所差别。因此,学科教师需要在了解学生的基础上,根据心理学领域的客观规律实施课堂教学活动。心理健康教育的渗透只有顺其自然,才能水到渠成。

第二,要注意在学科教学中渗透心理健康教育的程度。在学科教学中,学科课程本身的知识掌握目标应占据主要地位,心理健康教育目标的达成要建立在学科教学目标实现的基础上。例如,在一节课的有限时间内,大部分时间是用来实现学科教学目标的,心理健康教育目标的实现不能占用过多的时间。教师要注意渗透的目标要合适,不宜过高也不宜过低;渗透的过程要循序渐进,尽量考虑不同个性的学生的可接受性;要紧跟心理健康教育的发展前沿,适时调整渗透的策略,把握渗透的最佳时机。

第三,心理健康教育的学科渗透要讲究灵活多变。学科教师对心理健康教育领域的知识储备并不是非常丰富,容易在实施过程中出现程式化的现象。但是,心理健康教育工作的灵活性是其重要的属性之一,教师要想保证心理健康教育的工作能够发挥作用,就必须结合实际情况适时调整工作策略和方法。另外,保密性原则是在学科教学中渗透心理健康教育的极其重要的原则,是鼓励学生畅所欲言和建立师生信任的心理基础,同时也是对学生人格及隐私权的最大尊重。在学科教学中渗透心理健康教育时,凡是不利于学生的消极信息任课教师都要保密,学生的名誉和隐私权应受到道义上的维护和法律上的保障。在与学生有关的个别辅导和教育中,教师有责任、有义务对这些信息保密。只有发现学生存在严重的心理危机或威胁生命安全的时候,保密原则才可以被打破。对于学科教师来说,开展在学科教学中渗透心理健康教育实际工作过程中,既要保持严肃性,又要具有灵活性,这样才有可能达到学科教学和心理健康教育的双赢。

第三节　在学科教学中渗透心理健康教育的保障

心理健康教育在学科教学中的渗透对教师的心理素质和专业素质都提出了很高的要求:一是教师要有健康的心理,社会、学校和教师个人要维护好自身的心理健康;二是教师实施心理健康教育的学科渗透需要具有专业素质的保障,即既要保证本学科教学任务的完成,又要完成心理健康教育的渗透,本学科教学知识和心理健康知识二者缺一不可。要实现整个学科教师团队的心理健康教育水平，需要国家政策、地方政府支持、学校管理支持、培训质量和经费支持的多重保障。

一、来自国家政策的坚实保障

自 2012 年《纲要》颁布以来，国务院、教育部对心理健康教育的重视有了显著的提升。2014 年，《中小学心理健康教育特色学校标准（试行）》中就明确提出了心理健康教育的教育教学必须注重学科渗透，强调了各学科教师应坚持以人为本，在学科教学中渗透心理健康教育，学校应组织相关的公开课、教研活动或提供学科渗透心理健康教育的优秀案例，供教师学习交流。2018—2022 年期间国家连续发布多份文件，针对心理健康教育的学科发展提出了明确的发展方向和非常切实有效的发展策略。在心理健康教育的学科渗透方面，国家的相关方针政策和对全国人大代表提出议案的回应，都充分彰显了国家教育部门对全面推行心理健康教育的学科渗透的决心。

2020 年，教育部在《对十三届全国人大三次会议第 1519 号建议的答复》中提到，"我部高度重视心理健康教育，将心理健康教育系统融入课程教材中，引导学生通过各种形式的教育教学活动，树立珍爱生命、健康第一的理念，掌握维护心理健康的知识和技能，养成健康的行为和生活方式，提高自我管理和社会适应能力"。这一答复着重强调了两点：一是在相关课程标准中系统落实心理健康教育。例如，《义务教育艺术课程标准（2022 年版）》指出，课程要以立德树人为根本任务，培育和践行社会主义核心价值观，坚持以美育人、以美化人、以美润心、以美培元。《义务教育英语课程标准（2022 年版）》指出：义务教育英语课程体现工具性和人文性的统一，具有基础性、实践性和综合性特征。学习和运用英语有助于学生的全面发展，包括学会客观、理性看待世界，树立国际视野，涵养家国情怀等。《义务教育语文课程标准（2022 年版）》指出：语文课程在推广普及国家通用语言文字、增强凝聚力、铸牢中华民族共同体意识，建立文化自信、培育时代新人，实现中华民族伟大复兴等方面具有不可替代的优势。《义务教育体育与健康课程标准（2022 年版）》中专门设置了"心理健康与社会适应"内容，重在培养学生坚强的意志品质，学会调控情绪的方法，形成合作意识，培养协作能力。二是在相关教材中有机融入心理健康教育。例如，道德与法治（思想政治）教材中主要融入心理健康、健康行为与生活方式等内容。具体来说，在一年级下册教材专设"我们在一起"单元，让学生学习适应集体生活，增强社会适应能力；四年级下册教材专设"同伴与交往"单元，引导学生学会与同伴交往，提升人际交往能力；六年级下册专设"完善自我　健康成长"单元，引导学生学会尊重、宽容、反思，提高学生的社会交往能力。

2021 年，教育部印发《中华优秀传统文化进中小学课程教材指南》，明确要求

视频

来自国家政策的坚实保障

以语文、历史、道德与法治（思想政治）三科为主，艺术（音乐、美术等）、体育与健康学科有重点地纳入，其他学科有机渗透，实现全科覆盖。同年，教育部在《关于政协十三届全国委员会第四次会议第 4273 号（教育类 438 号）提案的答复》中指导各地各校贯彻落实《中小学德育工作指南》，尤其指出了心理健康教育专题应细化落实到各学科课程的教学目标之中。同时，教育部进一步指出，心理健康教育的学科渗透工作也可以从教育载体的丰富角度展开。一是指导各地各校优化校园环境，充分利用板报、橱窗、走廊、墙壁、地面等多种载体整合专题教育内容，使校园内一草一木、一砖一石都体现教育的引导和熏陶，形成潜移默化的育人氛围。二是指导各地各校充分利用各级各类文化馆、科技馆、博物馆等中小学研学实践教育基地，组织开展丰富多彩的研学实践教育活动，坚定理想信念、厚植爱国主义情怀、加强品德修养、增强综合素质，提高中小学生的社会责任感、创新精神和实践能力。

　　除了多次在文件中强调心理健康教育的学科渗透，教育部针对学科教学开展心理健康教育的师资培养也提出了一定的要求。一是在义务教育阶段，国家已建立城乡统一、重在农村的义务教育经费保障机制，在学前教育和普通高中已形成政府投入为主、受教育者合理分担、其他多渠道筹措经费的投入机制。中小学可结合自身实际，因地制宜开展各类专题教育，所需经费可统筹安排中央补助资金和自有财力解决。二是教育部、财政部印发《关于实施中小学幼儿园教师国家级培训计划（2021—2025 年）的通知》，明确将国家安全、法治教育、生态教育、少先队工作、预防校园欺凌等内容纳入教师、校园长培训，提高专题教育教师的工作能力和水平。三是教育部充分利用中央专项彩票公益金支持未成年人校外活动保障与能力提升项目，支持建设中小学生研学实践教育基地、营地，推动资源共享和区域合作，方便开展丰富多彩的各类专题教育研学实践活动。教育部在《对十三届全国人大四次会议第 9335 号建议的答复》中也明确指出，要指导各地各校在中小学校长、班主任和其他学科教师等各类培训中增加心理健康教育的培训内容，作为教师教育和教师专业发展的重要方向。

二、来自地方政府的鼎力支持

　　国家政策方针的落实取决于各省市及地方政府的工作安排。近年来，心理健康教育工作的大力推广得益于各地方政府的鼎力支持。参考各省市的学生心理健康教育实施的相关细则，从总体上来说，地方政府着重从以下几个方面加强心理健康教育的渗透工作：

　　第一，建立健全省市地区的心理健康教育平台建设。例如，成都市教育局在心理健康教育工作进校园行动中，注重学校安全风险防控体系中的心理健康预警工作,打造青羊区心理健康教育云平台,将心理健康教育工作作为学校安全风险防控体系建设的重要内容,着力开发学生心理健康信息管理、心理测评大数据统计、心理预警数据统计、数据分析等核心功能,全面掌握区域内学生整体心理状况,以学校为单位安装集档案、测量、交流、决策等系统模块为一体的学生心理健康水平网络监管系统,全面提升区域学生心理预警机制响应能力。优化服务关护能力,全市中小学生建立网上"心理电子身份证",每个学生及家长都可以通过专属账号和密码自主获取心理知识,完成心理测试,进行即时线上咨询,完成在线留言,实现有效互动交流,为学生提供终身发展的心理指导功能,为家长提供支持的心理辅导功能。

第二,积极增强相关活动建设。例如,武汉市教育局通过校园文化活动、班团队活动、节日纪念日活动、仪式教育、学生社团活动、社会实践活动,营造良好成长环境和心理环境,促进学生知行相长。创新宣传方式,主动占领网络心理健康教育新阵地,宣传心理健康知识,倡导健康生活方式,提高心理保健能力。无锡市教育局开展"快乐安心6+1"心理关爱行动,强调每学期初,上好一节心理健康教育"开学第一课",帮助学生实现"心态转换"。每学年,至少开展一次学生心理剧展演或电影赏析活动。各校要组建至少一个"快乐成长"心理社团,开展朋辈教育,加强正面引导。各校开通一条心理求助热线,帮助学生解决学习、生活和成长中的问题。各校要形成一个心理健康教育特色。内蒙古自治区教育厅自2013年开始,每年举办心理健康教育活动周。2014年开展了"珍爱生命、快乐生活"主题教育季活动,要求全区中小学开展宣传普及生命教育及心理健康知识,提高学生积极应对心理危机的能力,学会自我心理防护,培养学生积极的生命价值观。活动要求坚持积极心理健康导向,落实预防、预警、干预的"三预"心理健康教育机制,建构"学校、家庭、社会"三位一体心理援助模式,以培养学生的健全人格和良好个性心理品质为根本目的,为中小学生的健康成长和幸福生活奠定基础。

第三,进一步发挥跨学科融合的教育研讨实践效果。例如,浏阳市教育局积极推进全员心育,充分调动德育干部、班主任、生活教师、宿管员以及其他教职员工参与心理健康教育的主动性和积极性,做到"四结合",即心理健康教育与学校年度工作计划相结合、与各类班团队主题教育活动相结合、与班主任日常管理相结合、与各学科教学相结合。无锡市教育局坚持学科融合,提升课堂教学质量,加强作业管理,改进考试方法,充分挖掘课程教材蕴含的心理要素,在教学过程中注重学生思维、情感、态度、意志等心理要素的同步发展。严格落实开齐开足上好体育课和美育课的刚性要求,积极推广中华传统体育项目,广泛开展普及性体育运动和丰富的艺术实践活动。结合各学段特点系统加强劳动教育,培养学生热爱生活、珍视生命的心理品质,增强学生的责任感和使命感。内蒙古自治区教育厅指导学科教师自觉地在学科教学中遵循心理健康教育的规律,将适合学生特点的心理健康教育内容有机渗透到日常教育教学活动中,在学科教学中渗透心理健康教育。

第四,加强监督保障与督导评估工作。无锡市教育局明确要求强化党委领导,落实政府职责,凝聚相关部门力量,建立并完善定期调研与年度考核工作机制,每学期至少召开一次专题会研究学生心理健康教育工作。各地成立学生心理健康教育发展中心,负责区域中小学心理健康教育的指导、培训、研究等工作;按相关规定开展中小学心理健康教育特色学校评估认定工作,分批次推进各级心理健康特色示范学校建设工作;将心理健康教育作为学校高质量发展考核和文明校园创建的重要指标,纳入各地政府教育工作履职考评重要内容。

三、来自学校的管理引导

地方政府的工作安排最终需要各学校进行贯彻和落实,心理健康教育的学科渗透更是如此。

学校管理的导向会直接影响心理健康教育的学科渗透成果。为了进一步推进心理健康教育工作的顺利进行,学校需要调理管理结构,提供组织保障,完善管理制度,强化管理措施,有效利用学科渗透的外部资源。学校可以成立"心理健康教育的学科渗透"领导组、课题研究组,形成学校实施教学渗透的完整组织结构。积极调动学科教师参与心理健康教育的学科渗透工作,完成师资力量的准备,提供人力保障;进一步明确工作的软硬件要求,增加软硬件投入,提供物资保障。学校领导小组组织制定实施学科渗透的制度,强化管理措施,探索渗透办法,制定方案,推行渗透工作,化检查为参与。

为了进一步保证学科渗透工作的有效性,学校领导小组可以通过推行教育教学改革,积极组织学科教师学习并提高心理健康教育的学科渗透的工作能力。首先,组织教师学习,让学科教师更好地理解和接受心理健康教育的学科渗透的必要性,尽快地理解、接受、掌握学科渗透的理念。此外,学科教师需要学习心理健康教育专业的学科背景知识和教育学识,可以邀请专家进行心理健康教育学科渗透的技巧培训,同时也可以选派教师走出去学习,吸收先进的工作经验。其次,改革教育教学策略,提高适应新课程的教学技能,把心理健康教育的理念转换为教师的教学行为,把学科渗透课程推向班级课堂层面,把理想课程转变为现实课程。领导小组需要制定新的《课堂教学评估表》,调整评估标准;改革教学方式,制定、推行实施教学渗透的教学策略,及时补充前沿的研究成果和交流现有的教学经验,阶段性地展开工作经验的总结和积累;通过案例分析、定点追踪等多种培训方式提高教师适应新课程标准的教学技能;根据学生的发展情况,组织调整、总结适合学校各学科的教学策略与教学方法,有效地促进课堂向学生为主体的方向转变,实现"为了每一位学生的发展"这一心理健康教育的核心理念。最后,引导教师较好地把握教材,有效地实施课程与提升教育教学质量。结合心理健康教育学科的工作规程,在学科渗透方面的工作也尽量做到有规可依,有律可循;从评价标准、实施过程、效果监测和评价反馈等多个环节加强监督管理,有效促进学生的全面发展。

❓ 自我复盘

通过本章的学习,请您结合对小学生心理健康教育课程的学科融合的宏观印象,绘制出头脑中的知识建构图。

📚 本章练习

1. 名词解释

学科教育　　开放型的课堂管理模式

2. 简答题

(1) 简述小学生心理健康教育与学科渗透的关系?

(2) 作为一名教师,你在学科教学中渗透心理健康教育时会采取哪些措施?

3. 实践题

于永正老师执教"全神贯注"一课。上课不久,于老师就提出了一个问题让大家回答,很多学生都高高地举起了手,但仍有几个学生不举手,于是于老师便指定一个不举手的学生起立回答问题。那个学生面色通红,声音很小地说:"我没这个勇气。"于老师走到他跟前和蔼地说:"没勇气不要紧,于老师'特许'你坐着回答,怎么样?"这个学生点点头,坐在座位上回答了问题。"回答得很不错,可见你在课前认真预习了课文,以后要继续努力。"这个学生回答完后,于老师及时地表扬了他。过了一会儿,于老师又点名让这个"没勇气"的学生起来回答问题,有了于老师的鼓励和表扬,这名学生虽然声音听起来仍然有些颤抖,但却圆满地回答了问题。这名学生回答完后,于老师大声地鼓励:"你回答得很好,理解力很强,下次你应该勇敢地站起来。"接下来的教学中,这个学生主动举手,站起来发言了。

请结合案例,分析心理健康教育在语文教学中的渗透方法及内容。

第八章
小学生心理危机的识别与干预

心理危机伴随着人的一生,有些危机是必然要面对的,有些则是随机出现的。对于小学生而言,心理危机不仅严重地影响着他们的身心健康,更关系着未来的发展与进步。如何识别与干预小学生的心理危机,使危机带来的负面影响最小化,是教师需要学习与思考的一个问题。近年来,小学生心理问题的频发已引起全社会的广泛关注。因此,学习和储备小学生心理危机的相关知识对于教师来说十分重要。本章将从心理危机出发,逐步深化到应对小学生心理危机相关的知识与技能,为解决小学生心理危机提供理论基础与实践技能。

■ 学习目标

1. 了解小学生心理危机的内涵;
2. 了解小学生心理危机的类别与主要特征;
3. 掌握小学生心理危机的识别方法;
4. 知道小学生心理危机干预的步骤。

■ 关键问题

1. 小学生心理危机主要指什么?
2. 小学生心理危机的类别与主要特征有哪些?
3. 如何识别小学生心理危机?
4. 小学生心理危机干预主要有哪些步骤?

■ 问题情境

地震时,小川正在教室里上音乐课,突然大地震动,桌椅摇晃,地震发生了。小川和同学们本能地往外跑,还没来得及跑到空旷的场地,教室就坍塌了,他被压在了下面无法活动。四周一片黑暗,旁边只有其他同学哭喊的声音。他不停地大声地呼喊"爸爸救我",可是没有回音,当时他感到十分害怕。半个小时后,小川从废墟中被救出,无明显身体损伤。但之后每隔一段时间,小川就会出现强烈的不适、心悸、出汗、颤抖等症状,经常烦躁、发脾气、哭闹不止。

作为教师,我们应如何对小川的心理问题进行干预?

第一节　心理危机概述

个体的心理危机可能随时都会发生,教师需掌握心理危机的相关知识,才能为小学生提供及时、适当的帮助。

一、心理危机的概念与特征

心理危机是指个体在面临巨大的精神压力或情绪冲击时,无法有效应对而导致心理健康受到严重威胁的状态。心理危机会对个体的心理健康和生活产生严重的负面影响,可能表现为焦虑、抑郁、恐慌、自卑、自杀倾向等情绪和行为问题。

(一) 心理危机的概念

从心理学的角度来看,心理危机实质上是个体对于困境的一种认识,当个体对应激事件充分认识并感受,并通过自身独有的认知评价系统加以界定,得出具有重大威胁性的结论,依靠现有资源和应对手段无法有效处理时,心理危机便形成了。

人们在社会化的过程中,通过对外界的不断学习,以及对自身角色的定位思考,可以基本建立起有效的内心防御机制,即在面对负面的生活事件时,具有一定的心理承受和调节能力。即使发生突然丧亲或自然灾害等重大应激事件,个体在一定的正性因素(如时间、环境、社会支持等)辅助下,最终也可以恢复心理平衡,从而维持身心的健康。但如果危机的种类和程度超出个体所能承受的范围,或是对危机的处理不及时、方式不当,就会引发一系列的认知、情感和行为功能失调,甚至导致自伤、自杀行为的发生。[①]

(二) 心理危机的特征

1. 突发性

危机事件的发生常常出人意料,而且是不可控的,如自然灾难、意外事故、战争、人为侵害等。突如其来的灾难,无论是自然的还是人为的,都会给人带来巨大的心理压力。特别是外部因素(如地震、洪水等自然灾害,战争等政治性危机)造成的损失,由人们难以控制的客观因素引发,因此心理危机的产生具有很大的偶然性和随机性。

2. 差异性

心理危机的产生是因人而异的,对于一些突发事件(如地震、火灾等),我们完

---

① 郑希付,罗品超.学校心理健康教育[M].北京:中国人民大学出版社,2016.

全无法预测陷入心理危机的都会是哪些人。而且，同样的危机事件，会因个人的生活经历、心理承受能力、人格特征以及应对方法的不同而产生不同的影响。有些危机事件，对于某个人而言是危机，是"天大的灾难"而无法应对，但是对其他人而言则未必是危机，也不会造成很大的心理影响。因此，我们认为心理危机并非来自事件本身，而是个体对事件的知觉：当个体面临沉重打击或突如其来的变故，既无法逃避，又无法运用个人的心理资源和以往的应对策略进行调节，使个体的认知、情绪和行为出现严重的功能性失调时，就容易产生心理危机。

3. 聚焦性

随着当前经济社会的高速发展，各种信息的传播更加迅速、便捷。而信息传播渠道的多样化和全球化也使得舆论信息迅速公开，逐渐成为公众关注的焦点。在舆论信息的传播中，各种媒体对危机事件报道内容的选择和对危机事件报道的程度影响着公众对危机事件的看法和态度。因此，在舆论危机爆发后，如何让小学生正确对待这些信息，预防危机升级、减少危害对于心理危机管理来说至关重要。

4. 双重性

在"危机"这个词汇中，"危"字的含义是危险，"机"字的意思则是机会。"危""机"即二选一的决定性时刻，它汇集了成长、复原与更进一步分化时所需的资源。还有人将危机界定为瓦解旧习惯与引发新反应的催化剂。正如凤凰涅槃的神话故事所演绎的一样，许多研究结果显示，生活危机的冲击会引发正向或负向的反应，而此反应具有改变一个人生活方向的潜在影响力。心理危机可以将个体击垮，甚至造成严重的心理障碍，使人心理崩溃、行为退缩；但也有可能迫使个体寻求帮助，使其在危机中趋向自我成长和自我实现。如果个体能成功地控制危机情境并及时有效地干预、渡过心理难关、恢复心理平衡，则能够促进自身心理的成熟和发展。

二、心理危机的类型与表现

了解心理危机，可以从认识心理危机的三种类型，以及生理、情绪、认知和行为四个方面的不同表现来入手。

（一）心理危机的类型

从理论上来看，心理危机可以分为三种类型——成长性危机、境遇性危机和存在性危机，这三种危机的性质和形成原因都各不相同。

1. 成长性危机

成长性危机的产生来源于自我的成长和发展。埃里克森认为，人生是由一系列连续发展的阶段组成的，每一个阶段都有其特定的身心发展课题。当一个人从人生某一个发展阶段转到下一个发展阶段时，其原有的行为和能力不足以完成新的任务,新的行为和能力尚未建立起来,此种发展阶段的转变常常会使个体处于行为和情绪的混乱无序状态。比如身心发育迅速的中小学生、即将开始大学生活的大一新生、对婚姻生活缺乏足够心理准备的新婚夫妇以及习惯于忙碌的刚刚退休的人等。如果没有及时为承担新角色培养新的能力和应对方式,那么每个人都有可能产生成长性危机。成长性危机是正常的,所有的成长性危机都是独特的,因此个体也必须以独特的方式进行评价和处理。如果一个人没有及时建设性地解决某一个发展阶段的成长性危机,那么他未来的成长和发展就可能会受阻,他就可能会固着在那一阶段。

对于小学生来说,成长性危机指的是小学生正常的生理与心理在发展时所引发的危机反应,如性别认同危机、青春期危机等。小学生在成长过程中,要经历许多发展阶段,要处理一系列人生议题,才能逐渐走向成熟。在这一过程中,个人如果缺乏相关知识和技能,缺少社会支持系统,就有可能无法顺利地度过这些人生转折,出现成长性危机。

成长性危机是可预见的,是在成长过程中产生的,因而也常常被认为是正常的危机。对于学校的管理者和教师而言,小学生的成长性危机是他们日常管理和教育的内容,他们的主要责任就是当小学生在新发展阶段面临新问题时,帮助其发展所需能力。

2. 境遇性危机

境遇性危机的关键特点在于它是随机的、突然的、震撼性的、强烈的和灾害性的,而且通常是人们来不及准备的。境遇性危机可以是物质的或环境的,如火灾、自然灾害等;也可以是个人的或身体上的,如个人患急重病、交通意外等;还可以是人际的或社会的,如亲友离世、父母离婚等。例如,某小学正在学校的篮球场进行篮球比赛,在比赛过程中,一个学生突然倒地受伤,疼痛不止。在场的教师立即拨打了急救电话,救护车及时赶到带走了受伤的学生。这一情况可能给目击的学生造成一定的心理创伤,这种心理危机就是境遇性危机。

开普兰根据危机产生的原因,将境遇性危机分为三种:(1)丧失一个或多个满足基本需要的资源。比如,亲人亡故、失恋、分居、离婚、使人丧失活动能力的疾病、肢体完整性的丧失、失业、财产丢失等。这类危机的典型情绪反应是抑郁和焦虑。(2)抽象形式的丧失。比如,丢面子、失去别人的爱、失去归属感、失去特定身份等,这种危机的典型情绪反应是悲痛和失落。(3)存在丧失满足个体基本需要的资源的可能性。比如,得知自己有可能下岗、离退休、同胞的出生或领养、父母分居或离婚、与恋人分手等。这类危机的典型情绪反应是焦虑、失控感和挫折感。

区别境遇性危机与其他危机的关键在于境遇性危机是随机发生的、事出突然的、令人震惊的、情绪激动的与变动激烈的。人们通常所讨论的校园危机、心理危机等，基本上都是指境遇性危机，而且通常境遇性危机发生非常迅速，造成的心理影响也十分明显。尽管人们非常努力地依靠各种科学手段和经验来防止境遇性危机的发生，但是它们总是防不胜防。因此，对于遭遇境遇性危机的小学生来说，第一时间的援助就变得非常重要。

3. 存在性危机

存在性危机是指伴随着重要的人生问题，如人生目的、责任、独立性、自由和承诺等出现的个体内部的冲突和焦虑。存在性危机也是一种发展中的危机，但是这种危机的产生并不伴随着成长和发展，而是常常表现为一种追悔莫及的失落和无法控制的感觉。

存在性危机可以是基于现实产生的，比如一个小学生认为自己从没做过什么有意义的事，从未对自己的班级或家庭做出贡献，现在认为自己也没有能力或者没有机会再做出什么贡献。存在性危机也可以是后悔的感受，比如某个五年级的小学生，从未离开过父母，从没有过独立的生活，以致无法参加学校组织的夏令营活动，因而产生后悔但无可奈何的感觉。存在性危机还可以是一种压倒性的、持续的感觉，如某个六年级的小学生觉得自己的生活是毫无意义的，这种空虚永远无法用有意义的东西来弥补。

存在性危机常常是一种个体内在的、深层的危机状况，若不及时干预，可能会对自己的健康和未来形成一种潜在的伤害，这种危机并不完全发生在成年人身上，小学生也同样存在这种危机。比如有的小学生一受到挫折，就会产生厌学的想法，觉得上学没有什么意思，因此就会采取一些不良的行为，如逃学等。对于存在性危机，解释和干预都很困难，因此这种危机必须伴随着头脑中观念的转变才能得到缓解。

就小学生群体的心理危机而言，前两种危机状况——成长性危机和境遇性危机常常发生。

（二）心理危机的表现

在出现心理危机后，个体会产生一系列身心反应（表现）。反应主要表现在生理方面、情绪方面、认知方面和行为方面，致使当事人在一段时间内不能应对正常的生活模式。在一般情况下，危机反应会维持4—8周的时间。

1. 生理表现

个体在生理方面会出现诸如心跳加快、血压升高、肠胃不适、消化不良、腹泻、食欲下降、出汗或寒战、肌肉抽搐、头痛、疲乏、过敏、失眠、容易受惊吓、头昏眼花或晕眩、感觉呼吸困难或窒息、胸痛或不适、肌肉紧张等现象。

2. 情绪表现

心理危机会产生各种负面的情绪,主要表现为恐惧、焦虑、沮丧、抑郁、易怒、绝望、麻木、孤独、紧张、烦躁、自责、过分敏感或警觉、无法放松、持续担忧、担心家人健康、害怕染病等不良反应。

其中,焦虑是最常出现的,是人预期将要发生危险或不良后果时所表现的紧张、恐惧和担心等情绪状态。适度的焦虑可以提高人的警觉水平,提高人对环境的适应和应对能力,焦虑过度则会使个体应对环境变化的能力下降,且这种焦虑有泛化的危险,可能影响个体在面临环境变化时的有效应对。恐惧则是极度的焦虑反应,此时个体的意识、认知和行为均会发生改变,同时伴随着强烈的自主神经功能紊乱,行为的有效性几乎丧失。部分人还会出现焦虑性障碍。

抑郁是个体面临无法应对的困境和严重后果的情绪反应。抑郁的情绪常常使人产生无助和无望感,还会影响个体对环境和自身的认知评价,消极的评价反过来又可能会加重抑郁的情绪。一些人的抑郁症状与应激有明显关系。

愤怒是与挫折和威胁相关的情绪状态,并多伴有攻击性行为。由于目标受到阻碍,自尊心受到打击,个体为排除阻碍或恢复自尊,就会在心理上引发愤怒。

3. 认知表现

出现心理危机的个体,对环境的变化和自身资源的认知评价会趋于负性。他们会出现注意力不集中、缺乏自信、无法做决定、健忘、效能降低、不能把思想从危机事件上移开等现象;会对自我、他人和前景表现出负性思维,如"我太脆弱太不坚强""其他人不可信""这个世界很危险"等想法,在事后很长一段时间里对各种活动明显地降低兴趣或减少参与,会产生孤独感。在危机事件发生后,个体心事重重、敏感多疑,情绪低落或焦虑紧张,感到自身和外界隔绝或受到外界排斥,担心受到冷落和鄙视,甚至敌视身边的人和事,形成自卑、自闭、易怒的个性。这种错误的心理认知假若无法得到恰当的疏导或解脱而发展成习惯,容易引发一系列心理问题。

4. 行为表现

当个体出现心理危机时,在行为方面的主要反应有:

强迫思维与强迫行为,如:反复怪罪自己、反复洗手、反复消毒等。

社交退缩与逃避疏离,如:不敢出门,害怕见人,逃避与创伤有关的思想、感觉或谈话,逃避会勾起创伤回忆的活动、地点或人物。

发生退化,对事物无主见,如:对自己日常行为和生活管理的自信心不足,被动性增加,事事都要依赖别人。个体的行为会变得略显幼稚,之前大胆泼辣,此时却变得提心吊胆、小心翼翼、犹豫不决、畏缩不前。

三、心理危机的反应过程

了解心理危机的反应过程与结果,有助于教师更好地应对小学生心理危机。

(一)心理危机的反应过程

心理危机就其过程而言,一般都包括三个基本的阶段:

1. 否认阶段

发生在危机出现的同时或危机后的最初几天,个体会不相信或否认事件的存在。刺激对个体过于强烈的话,会出现麻木、呆板、不知所措的现象,甚至出现眩晕(类似于休克)等。这是危机事件导致的个体的应激反应。为了重新获得平衡,个体往往试图用其惯常的方式做出反应。此阶段的个体一般不会向他人求助。

2. 完全反应阶段

此时,个体已经开始出现很多的不适反应,如感到激动、焦虑、痛苦和愤怒、退缩或抑郁等,同时也开始尝试各种解决问题的办法。但高度紧张的情绪会影响个体的冷静思考,从而影响其采取行动的有效性。当个体经过一段时间的努力,发现使用惯常的方式未能解决问题时,焦虑程度开始进一步上升。

3. 解决阶段

个体开始接受事实并为将来做好计划。这时,人们会努力恢复心理上的平衡,控制焦虑和情绪紊乱,恢复受到损害的认识功能,并采用各种措施应对危机。应对的措施可能是积极有效的,如合理的宣泄、情绪控制、沉着冷静地面对现实或是想方设法寻求和尝试新的解决办法并发出求助信号;也可能是消极无效的,如回避、退缩、依赖药物等。前者能使个体顺利地度过危机,并使个体掌握新的处理困境的技巧,促进其心理成长。后者则可能造成虽度过了危机,但在个体心里留下了"隐患"的结果;或个体不仅未能度过困境,反而引发了新的心理危机。

如果个体经过前三个阶段未能有效解决问题,就很容易产生习得性无助,对自己失去信心和希望,甚至把问题泛化,对自己的生命意义发生怀疑和动摇。同时,强大的心理压力有可能触发以前未能完全解决的、被各种方式掩盖的内心深层冲突,有的人由此而走向精神崩溃和人格解体。这时的个体特别需要通过外援性的帮助,来度过心理危机。

(二)心理危机的结果

由于个体在处理危机的手段、先前经历危机的经验以及人格特质上存在差异,所以人们在经历危机后的结果也各有不同。但一般而言,心理危机发生后个体常有以下四种结果。

1. 顺利地度过危机

个体学会处理危机的新方法和策略,心理健康水平得到提高。经历了危机的个体不仅是经历了一次"威胁",而且也得到了一次成长的机会。这是心理危机干预追求的最佳结果。

2. 留下心理创伤

个体虽然度过了危机,但在心理上留下"瘢痕",形成偏见,留下心结,影响今后的社会适应。例如,一个小学生在演讲比赛中突然卡了壳,忘记了接下来要讲的内容,以后再也不想参加类似的比赛或活动。

3. 出现自伤行为

个体被强烈的刺激压倒,压力过大,对未来绝望,出现自伤、自残行为。

4. 出现严重心理障碍

个体未能度过危机,并且出现严重的心理障碍,如精神分裂症等。自此以后,个体经历的任何生活变故都可能会诱发心理危机,心理适应水平明显降低。

四、创伤后应激障碍

了解创伤后应激障碍,首先要将其与正常的情绪反应区分开来。

(一)正常的情绪反应

当小学生面临危机时,他们首先的反应是一种情绪反应,而且情绪反应差异非常大。有的小学生情绪起伏较小,只有一点点的痛苦;有的小学生情绪反应强烈,比如恐惧、焦虑、抑郁、悲伤;有的小学生情绪反应过分强烈,比如回避、过度警觉和混乱。这些情绪反应其实都是可以被预期的,是个体在一段时间内的正常情绪反应。但是如果情绪反应过度,情绪反应时间过长,则可能会进一步伤害小学生的身心健康,有发展为心理疾病的可能性。

(二)创伤后应激障碍的诊断标准

创伤后应激障碍是一种医学上的疾病,它是指个体对异乎寻常、威胁性的、灾难性的生活事件的延迟反应或持续存在的反应,以再度体验创伤为特征,并伴有情绪上的易激惹和回避行为。如果小学生的不良情绪和行为反应持续一个月以上,而且这种不良情绪和行为已经严重影响到了日常的学习和生活,这时就需要专业人员的帮助。

创伤后应激障碍对于小学生而言,可能会具体表现为易激惹和情绪上的孤独、抑郁等症状,同时伴有注意困难,在学校中无法集中注意力等症状。另外,他们也可能表现出生理上的症状,比如头痛和胃痛。他们常常担心危机可能会扩散或者

视频

创伤后应激障碍

再次来临;也会经常问有关危机的问题,表达自己对未来的担忧;还可能通过游戏或者画画来重建痛苦的回忆。

(三) 小学生创伤后应激障碍的具体症状

为了帮助教师更好地识别小学生创伤后应激障碍的症状,下面我们将详细介绍创伤后应激障碍症状的具体表现:

1. 重新经历创伤事件

小学生可能经历反复发作的、侵入性的和扩散性的与创伤事件有关的想法,常以闪回或反复性的做梦、噩梦或夜晚恐惧的形式出现。这些梦并不一定包含有创伤情境的场景或图像,甚至这些恐怖的梦境小学生可能回忆不出来,但依然能够感受到那种紧张、痛苦的情绪。

在这里,所谓侵入性的想象是指由一种形象或场景等的刺激所激发的,如声、光、味,或者由一些能触景生情的实际物品所激发的有关危机事件的体验,是一种不由自主地回忆和联想。人们在正常生活中,常常会看到这些刺激而产生联想,这正是所谓的“睹物思情”。而闪回的意思就是很短时间重新回到受到伤害的场景中,又重新体会这些痛苦。简单地说,所谓重新经历创伤事件,是指小学生可能会因为客观环境中某些刺激或者主观性思维所想象到的场景,而重新回忆起当时痛苦的经历,体验当时痛苦的体验,有的时候甚至会做噩梦。这种噩梦并不一定与当时危机的情景有关,但是个体还是会有在噩梦中透不过气、痛苦等体验。

年幼的儿童(学龄前或学龄的儿童)可能用行动勾画出他们所看到的事物,他们可能会通过画画等方式来表达他们的情绪。他们越强烈地感觉到痛苦,在画画中表现出来的痛苦也就越多。有的时候他们也可能做一些没有丝毫快乐感的重复游戏,在这些游戏中,创伤经验的主题或者片段被重新展示出来。小学生或青少年基本可以用言语来表达他们的痛苦或者经历的痛苦回忆。

2. 回避和麻木

回避和麻木是指人们因无法回避当时的痛苦而极力不想回忆创伤经历中的人或事,避免参加引起痛苦的活动、兴趣变窄,同时还伴有选择性的遗忘。受到影响的小学生常常会通过回避地点、对话或者情景来拒绝引发有关创伤事件的痛苦回忆。当接近那些创伤情境或者其他容易引起回忆的东西时,小学生常常出现的回避动作就是闭上或捂住眼睛。当回到创伤地点时,他们往往会非常容易发怒。当小学生对他们以往感兴趣的游戏活动缺乏兴趣时,教师就可以认为他们出现了麻木行为。因此表现出回避和麻木行为的小学生可能看起来是萎靡、拘谨和漠不关心的,他们在情感上看起来与重要亲人是分离的。也就是说,成人可能痛苦或者愤怒,而小学生会表现出来根本不在乎。青少年可能会表现出对什么事情都漠不关心,或者对未来不抱任何想法,而这正是表达他们的回避感受以及麻木心态的行为。

对所看到的场景没有任何情绪表现,本质上并不是没有情绪,而是将这种情绪压抑到无意识当中去,这种情感麻木若不能解脱,就会对生活的其他方面产生影响,并导致今后的精神障碍。而且这种痛苦情绪长时间隐蔽在无意识当中,一旦当生活中的刺激事件积累到超过个体所能够承受的极限时,他们的情感可能就会崩溃。因此,情感麻木或产生回避行为的小学生在别人眼中看来和没有感情的人一样,事实上他们的痛苦正深埋在心底。

3. 唤醒增加

唤醒增加是指个体对环境的反应持续处于高度戒备状态,任何一种刺激都能让他紧张。对于小学生来说,唤醒增加可能通过睡眠紊乱来表现,比如噩梦、夜晚恐惧、害怕一个人睡觉、入睡困难或者总是感到困意;同时唤醒增加在学校中也可能有所表现,任何环境突然的小变化,如声音或者图像的出现就会让小学生有一个惊跳反应,继而出现继发的紧张、焦虑和失眠,这样就导致他们很难集中注意力,导致学习困难。过度警觉和惊吓过度可能导致小学生愤怒情绪的产生,使得人际关系变得非常糟糕,特别是在家庭人际关系非常不好的情况下,小学生不太能够得到家庭的支持,因而很容易发怒,产生报复性或冲动性行为。

4. 退行行为

所谓退行行为,是指个体的行为能力"退化"到低年龄所表现的行为能力,比如频繁地出现吃手指、尿床和弄脏裤子等行为。退行行为在年幼的儿童中间十分常见。年幼的儿童行为发展还没有很好地固定,他们常常会更加依赖成人,甚至可能不愿离开他们,出现分离焦虑的症状,如拒绝上幼儿园、上学。除学龄前的儿童可能表现出退行行为以外,小学生也可能表现出退行行为,当然他们的退行行为可能更多的是一种社会性退行行为,比如稍不如意就大声叫喊,幼稚地处理问题等。

5. 对未来无望感

对未来无望感具体表现为对未来不抱任何希望,万念俱灰,消极面世的状态。尤其是在睡眠中,小学生常常梦到反复性死亡的主题,而且他们相信这些梦就是未来,具有很强的预见性。他们会表现出对未来没有任何期望,而且也不相信别人给他们描述的未来场景的可能性。同时他们会拒绝与别人交往,对亲人冷淡,不能安排好自己的生活和学习等。

6. 抑郁

个体在经历心理危机以后,抑郁是最常出现的情况,比如悲伤、无助、沮丧、无价值感和睡眠紊乱等,尤其是暂时无法回归到正常状态,或者回到正常环境被延迟甚至不可能时,这种情感状态更加突出。抑郁可以是暂时的,也可以是慢性的,因此这种情绪紊乱常常要求医学和心理健康专业人员的干预。教师应该清楚这些抑郁症状的出现和持久性,这样才能及早识别并干预。抑郁症状常常表现为睡眠紊乱(如失眠、嗜睡、噩梦、夜晚恐惧);饮食紊乱(拒绝食物或过度饮食);感觉没有希望和无助;感觉到挫折、易生气;情绪容易爆发(减少或者丧失日常活动的兴趣,有无望的感觉,减少或者丧失对平常很快乐的活动和事情的兴趣);丧失与同伴有关的兴趣(丧失朋友);退行行为(回到更早的发展阶段);出现学校行为问题;出现躯体化症状(如头痛和胃痛);产生自杀观念或者自杀构想。这些情绪紊乱可能出现在小学生和青少年身上,因此教师、心理健康专家在识别后应立即给予关注。

7. 焦虑

焦虑也是创伤后应激障碍最常见的症状之一,具体表现为:恐惧(常出现在夜晚);易激惹;不安静;回避行为;重复出现焦虑思想或感觉到危险的想法;重复出现图像;注意混乱、无法集中注意力和记忆混乱;感觉到虚弱或疲惫;抖动;情绪茫然、不稳定;心搏过速、呼吸困难、胸痛;肌肉痉挛;胃肠道紊乱(腹泻、便秘);出汗等。焦虑可能作为创伤后应激障碍的一个部分表现存在,也可能单独发作。过于严重的焦虑就是一种心理上的病态。

8. 反抗和攻击性行为

攻击行为也是儿童和青少年群体中非常常见的行为症状,尤其是男孩。攻击行为背后的情绪是愤怒,愤怒的发作来源于个体无法接受危机带来的巨大破坏,因此变得脾气暴躁。愤怒是一种继发情绪,人们表现愤怒常常是为了掩盖其悲伤的情绪。在很多情况下,女孩可能会更容易用言语来描述她们的痛苦,因此她们也更容易从沟通中受益,而由于社会文化的影响,男孩可能比较少地与他人进行言语沟通,因此他们比较多地表现出反抗和攻击性行为。对于学前儿童来说,反抗和攻击性行为表现为打人或者咬人,而小学生更可能表现为暴力,尤其是对他们的同伴,推人或者打架是非常常见的。对于小学生而言,反叛行为、反社会行为甚至犯罪行为也是可能出现的。[①]

第二节　小学生心理危机的类型与识别

每一次危机事件的发生,都在提醒教师提高对小学生心理危机的认识。了解心理危机的类型、预警与识别方法,了解创伤后应激障碍的症状表现,教师才能及时应对小学生的心理危机,保证学生身心的健康发展。

---

① 胡平.中小学心理危机预警、干预及管理[M].北京:清华大学出版社,2010.

一、小学生心理危机的类型

随着年龄的增长,小学生成人感逐渐增强,尊重需要和独立意识增加。近年来,关于小学生自杀、校园暴力、校园伤害的危机事件层出不穷。作为教师,可以从下面几点了解小学生常见的心理危机类型与表现。

(一) 因学业压力引发的心理危机

学生以学为本,来自学业方面的压力是小学生心理适应不良、产生心理危机的关键诱因。学习不可能没有压力,合适的学习目标、恰当的学习压力有助于激发学生学习的积极性,过高、过重的学习目标及学习压力会带来心理上的负面效应。家人的不当期望、同学之间的学习竞争、学习上遇到的重大挫折,都有可能将学生置于心理危机之中。有些学生因为一两次考试失败而一蹶不振,产生厌学情绪;有些学生因不堪忍受升学压力而辍学,甚至采取自残等极端行为。

其中,考试焦虑是学业压力的常见来源之一。考试焦虑是一种以担心、紧张或忧虑为特点的复杂而延续的情绪状态,由应试情景引起,对学业起促进或阻碍作用。考试焦虑作为一种情绪反应和唤醒,会引起个体生理、认知和行为方面的变化。考试焦虑的具体表现是多方面的,适度的焦虑可以提高学生的警觉水平,充分调动身心潜能,使知识经验、技能技巧和智力体能达到激活的状态。过度的考试焦虑会导致消极的自我评价,学生会难以集中注意力,记忆力减退,思维混乱,头晕头痛,易失控且产生不良行为,考试时甚至出现怯场的问题。

(二) 因人际交往矛盾、冲突引发的心理危机

同伴是小学生的重要他人。小学生在学校常以小群体的方式开展活动,因而极容易受到同伴的影响。在学校,随着社交圈的扩大、与朋友交往的深入、对父母关系的重新审视,如何处理好与教师、同学的关系等问题成了小学生需要面对和处理的新问题。在这个过程中,有些小学生在实际生活中,由于生活环境、文化习俗、家庭教育程度的不同,以及个人气质、性格的差异,所以在认知和行为方面存有偏异,例如害羞、自卑、固执、封闭、攻击、害怕、强迫等。不良认知的存在会使小学生在人际交往过程中产生焦虑、恐惧、抑郁等不良的情绪体验,而负面情绪则可能影响必要的社会功能,导致不良的人际交往行为,在极度孤独感与渴望交往的矛盾中易产生心理障碍,从而产生心理危机。

(三) 因家庭重大变故引发的心理危机

父母经常吵架、闹离婚、对待子女不公正、管理专制、疏于对子女的心理支持和

家庭暴力等,都会对小学生造成负面冲击和影响,其中以家庭暴力对小学生的伤害最大。家庭暴力是指家庭成员中的一方对另一方实施的身体暴力、精神暴力或性暴力。无论家庭暴力的对象是谁,都会给孩子带来直接或间接的伤害,孩子则更容易出现情绪、行为问题,甚至导致抑郁症、强迫症等精神类疾病的产生。

除此以外,丧亲哀伤也会导致小学生产生心理危机。小学生对自己的亲人依赖性强,与亲人之间情感深厚,情感联系紧密。亲人离世,对于未成年的小学生来说意味着从此失去最亲近、最可依赖的对象,这是巨大的精神打击,很有可能让他们陷入心理危机之中,造成巨大的伤害。虽然丧亲的事实是一样的,但每一个心灵、每一个内心世界、每一个人的哀恸历程都是各不相同的。如果亲人的死亡完全在意料之外,那么这样的冲击往往比可预期的死亡(如因为癌症病故等)更加令人难以承受,也可能会使得哀恸反应更强烈,哀恸的过程持续更久。

(四) 自我适应压力导致的心理危机

面对新的学习环境或新的人际关系时,小学生会感到一种恐惧,继而形成有形或无形的压力。近年来,关于小学生无法适应新环境、新的教学方法和新的人际关系而患抑郁症、焦虑症的个案时有发生。导致学校适应不良的原因有很多:有的学生是因为学习环境出现变化、原有的熟悉的行为方式不足以应对新的学习任务和新的人际关系造成的;有的学生是由于思维定式给予了他们特殊的角色定位,家庭、朋友圈、社会要求他们在进入新的学习环境后,也必须在各方面保持原有状况,这给他们带来了很大的压力;也有的学生自身存在问题,如性格存在一定的缺陷、过分骄傲或自卑、缺乏人际交往技能等,从而造成学校适应不良。

(五) 校园意外伤害事件导致的心理危机

校园意外伤害事故是指那些在校园内发生的,一种意料之外的、突发的、外来的和非疾病的、对个体造成伤害的负面的客观事件。这种意外造成的伤害有时不仅仅存在于生理上,不仅仅是人体的完整性遭到破坏,或器官组织生理机能遭受损害,也存在于心理方面,如创伤后应激障碍。甚至在很多时候,心理上的伤害的严重程度要远大于生理伤害的严重程度。

校园意外伤害事件主要有:校园内因各类车辆引发的意外伤亡事件;校园游泳池内的溺水事件;学校提供的餐饮食物中毒事件;同学间相互推搡、互开玩笑、打架斗殴等发生的意外伤害事件;因体育课准备活动不充分、运动方式不正确等而导致的运动伤害,也包括课间自由活动造成的运动或游戏伤害;因实验器具、药品等的管理不当,或实验操作不当而造成的伤害事件;因学校设施老旧、学校设施不合格、学校设施管理不善等而造成的设施意外伤害;社会人员非法进入校园实施的暴力伤害事件;其他种类的校园意外伤害事件,如中暑、触电等。[①]

二、小学生心理危机的预警

心理危机的发生有一定的预警信号,教师在看到这样的预警信号时就必须开始密切注意小学生的行为和情绪变化。识别这些预警信号对防止心理危机的进一步发生有着非常重要的作用。

(一) 情绪异常

异常的情绪是心理危机的主要表现之一。小学生处在心理危机状态时的异常情绪包括情绪低落、悲观失望、焦虑不安、无故哭泣、忧郁苦闷、烦恼、喜怒无常等。从人际方面看,则表现为孤僻、孤单、莫名其妙地生气、容易被激怒、常与他人发生冲突等。

(二) 行为异常

小学生处在心理危机状态时经常出现的异常行为包括:睡眠反常,如早起、睡眠困难、睡眠变浅、多梦、睡醒不解乏等;食欲下降,如吃东西没有胃口;体重明显增加或显著降低,时常感觉疲惫;个人卫生习惯变坏,如不讲究卫生;自制力丧失;上课无故缺席,常迟到早退,成绩陡然下降,无法进行正常的学习和听课;孤僻,独来独往;社会退缩,放弃以前的兴趣;不能专心学习;回避他人;破坏与社会的联系,如发生对自己或周围的破坏性行为;逃避现实,强迫观念、强迫行为;拒绝帮助,认为接受帮助是软弱无力的表现;行为和思维情感不一致;出现过去没有的非典型行为,等等。有些学生还可能出现自伤、自我虐待行为。

(三) 认知异常

个体的认知异常会导致个体记忆和对问题的看法发生改变,常常难以区分事物的异同,做决定和解决问题能力受影响,社会退缩,放弃以前的兴趣;不能专心学习或劳动;等等。

(四) 躯体异常

当个体产生心理危机时,躯体异常可能会表现为肌肉紧张、头痛、心痛、全身疼痛;睡眠紊乱,无食欲,消化不良等。

当学生出现这样的预警信号时,教师应该更加留意他们在学校中的行为,同时

---

① 杨泰山.中小学生心理危机的预防及干预问答手册[M].上海:上海文化出版社,2019.

教师也应该提醒家长注意孩子的行为变化,观察是否有明显的外在因素有可能导致他们这样的行为变化。

三、小学生心理危机的识别方法

教师识别小学生心理危机的方法主要有行为观察法、面谈诊断法和心理测量法等。

(一) 行为观察法

行为观察法是指在自然情境中查看个体所表现出来的行为是否与平时有所不同,如果异常行为发生的频率比较高,那被观察的个体就有出现心理危机的迹象。小学生的心理活动外显性强,所以教师可以通过其外显行为的观察来了解他们的心理活动。比如,有个小学生在一段时间内经常往厕所跑,甚至夜里也要去几次,或者在厕所一待就待好长时间。这表示该生的睡眠系统或泌尿系统出现了问题,这可能是心理危机的外化表现。行为观察法作为一种发现小学生心理危机最基本、最普遍的方法,在应用时主要包括以下三个步骤:首先是确定观察内容。比如观察学生的情绪表现还是行为表现,观察学生的人际关系还有学生的学业状况等。其次是选择观察策略,常用的观察策略有参与观察策略、取样观察策略以及行为核查表策略等。最后是制定观察记录表,教师可以用纸、笔文字记录,也可以用观察代码系统,只要有利于记录和分析即可。

教师在使用观察法了解小学生心理行为状况时,还应注意以下问题:第一,要尽量在真实的环境中观察。例如观察学生的家庭关系时应进入学生家庭,了解其父母的行为方式,注意其父母的言谈举止等。第二,观察时尽量使学生处于正常活动状态中,不要让他们意识到自己已经成为观察对象。第三,要善于记录与观察目的有关的事实,以便事后进行整理分析,提出干预措施。教师在记录小学生言语情绪表现,应避免用成人的语言记录。第四,教师除了观察学生的言行,还应分析学生的其他相关材料,如作文、日记、手工制作、绘画作品等。

(二) 面谈诊断法

面谈诊断法是指当教师发现个别学生出现情绪、行为或认知上的异常时,主动接近,表达关心,并与之展开谈话。需要注意的是,教师在面谈时需要充分考虑学生的感受注意自己的用词、语气和表达是否恰当,尽量使用探询、委婉的表达方式。比如说:"看你最近有点沉闷,不知道发生了什么,我能为你做点什么?""你最近不怎么爱说话了,好像不开心,能告诉我发生了什么事吗?""不知道你遇到什么事了,我可以为你做点什么吗?"此外,教师在与学生面谈时还应注意以下几个问题：

第一，面谈前要尽可能多地了解该学生的各方面情况，选择好面谈的事件和地点，带齐面谈所需要的材料，充分熟悉面谈内容及步骤。

第二，要尽可能在营造合作与友好的面谈气氛后，再导入预设的面谈内容。

第三，要掌握面谈的艺术。面谈的话题应该是学生乐于回答和能够回答、并能从中分析学生的心理活动的，教师还要善于因势利导地借助能引起学生共鸣的媒介与其沟通，以全面客观地了解他们的心理状态。

第四，掌握面谈的方向。教师可以运用多种提问方式引导好面谈方向，使谈话始终围绕面谈目标进行，避免脱离主题。

第五，面谈必须做记录，但是应该现场少记、事后补记。要边交谈、边观察，及时捕捉能反映学生心理危机状况的信息。

（三）心理测量法

教师可以采用一些诊断心理问题、评估心理健康的量表对小学生的心理危机状况进行评估。心理测验量表采用标准化题目，按照规定程序，通过测量的方法收集数据资料。教师使用心理测验量表可以了解和研究小学生心理的发展状况、发现潜在的心理危机，既可以进行大规模的普查、筛查，也可以单独针对某些有心理危机征兆的学生进行个别诊断、评估。

第三节 小学生心理危机的干预

心理危机的干预是对处于心理危机状态者采取明确有效的措施，使其症状得到缓解，心理功能恢复到危机前的水平，并获得新的应对技能，以预防将来心理危机的再次发生。

一、心理危机干预的目的与原则

当小学生遭遇心理危机时，教师需提供及时有效的支持和帮助，以减轻其情绪困扰、恢复心理平衡，预防危机进一步恶化，最终恢复或改善个体的心理健康状态。

（一）心理危机干预的目的

心理危机干预的目的一方面在于立即对个体进行情绪与环境急救，以缓冲压力事件；另一方面是通过立即的治疗性澄清与引导，增强个体应对与统合的能力。值得注意的是，心理危机干预不总是事后的、面对面的，或者是心理危机当事人主动寻求的。有的心理危机干预重在预防,如小学生的校园欺凌现象预防;有的心理危机干预是通过电话进行的,如小学生所在学校的心理咨询热线;有的危机当事人并未主动寻求干预,如针对试图自伤的小学生在危机现场进行的干预。

具体来说,心理危机干预的目的主要有三个:一是稳定情绪,也就是尽力阻止危机事件后悲痛情绪的进一步扩大和蔓延;二是缓解急性应激症状,主要针对出现灾后应激问题的个人和群体进行心理方面的支持与治疗;三是重建个体的各项心理和社会功能,以及恢复对生活的适应,这是心理危机干预的最终目的。

我国学者樊富珉认为,危机的成功解决至少有三重意义:当事人可以从中得到对现状的把握,对经历的危机事件重新认识,以及对未来可能遇到的危机有更好的应付策略与手段。因此,危机干预目标很明确——将灾难造成的不良影响,尤其是对心理的影响降到最低程度。具体来说,一是帮助当事人脱离环境的危机性,保证当事人的安全,避免自我伤害以及伤害他人;二是恢复心理平衡与动力,恢复到当事人有能力识别自身的问题并寻求解决问题的新途径。

一般来说,心理危机干预的目标有以下三个层次:最低目标是缓解当事人的心理压力,防止过激行为,如自残、自伤或攻击行为等;中级目标是帮助当事人恢复以往的社会适应能力,使其重新面对自己的困境,采取积极而有建设性的对策;最高目标是帮助当事人把危机转化为一次成长的体验并提高当事人解决问题的能力。在心理危机干预的三个目标层次中,最低目标的核心是"劝阻",中级目标的核心是"恢复",最高目标的核心是"发展"。

(二) 心理危机干预的原则

心理危机干预的基本原则是将危机事件后的心理干预放在人与自然文化生态系统框架下来思考,不同于常态下的心理咨询与治疗,而是处理面临生命和生存环境的毁灭性的灾难时的心理救援。心理危机干预既遵循心理咨询与治疗的基本原则,也有其自身的一些特殊的原则。

1. 针对性原则

迅速确定要干预的问题,强调以目前的问题为主,并立即采取相应措施。一般来说,陷入心理危机的人常认为自己不能面对困难或处理问题是一种软弱无能的表现,他们经常把痛苦埋在心底,情绪不佳、心情不畅。作为心理危机干预者,教师必须能及时地引导他们接受帮助。一旦这些个体能够合作,正视自己的痛苦,或在心理危机干预者的启发下,使自己的痛苦体验得到宣泄,就具备了一个摆脱危机的良好开端。

迅速针对问题给予合理的心理干预方案。作为心理危机干预者,教师在确定要干预的问题后,要迅速针对干预问题给出合理的心理干预方案。危机发生后,如果没有及时地对问题进行处理,当事人后续的心理变化和环境影响可能会使需要干预的问题变得复杂、多变。

2. 支持性原则

处在心理危机之中的人比平时更需要支持。他们不仅需要提供当下的直接的支持,而且应当努力地寻求更多的来自家庭、单位、社区的支持。虽然心理危机干预通常仅仅维持五到六次,但是必须让当事人感觉到不管何时,只要他们需要,都会获得必要的支持。最好有其家人或朋友参加心理危机干预。另外,教师还要鼓励其自信,不要让当事人产生依赖心理。

3. 行动性原则

帮助当事人有所作为地对待危机事件。面临心理危机的人在应付危机的过程中,常常会表现出逃避矛盾和困难,或者应付措施不当。作为心理危机干预者,教师要积极地给予支持,给他们提供建设性的意见,明确在危机的当时应该做些什么,怎样采取合适的、行之有效的应对行为。在心理危机干预的过程中,教师应避免怂恿当事人责备他人。

4. 正常性原则

尽管有些国家将心理危机干预列入精神医学服务范畴,但我们认为心理危机当事人却未必都是"患者"。心理危机干预是借用简单的心理治疗手段,帮助当事人分析事件的性质及其在事件之中扮演的角色;指出当事人的当前目标、生活风格和思想观念的不合理性;指出当事人面对事件所采取的错误的自我防御机制。也就是说,在小学阶段,教师应将心理危机作为心理问题处理,在合理范围内,尽量避免作为心理疾病进行对待。

5. 完整性原则

心理危机的干预需要具有完整性。心理危机干预活动一旦进行,教师就应该采取措施确保干预活动得到完整的开展,避免造成二次创伤。每次干预活动完成后,教师都要对干预过程及效果进行评估,以确保干预的科学有效性,并为接下来的干预提供参考借鉴。

6. 保密性原则

严格保护当事人的个人隐私,不随便向第三者透露当事人的个人信息。除了这一原则,教师在进行心理危机干预的过程中还要从伦理的层面进行考虑:第一,尊重生命与人的原则。尊重人格,尊重人的隐私权。在面对处于危机状态的个体或群体时,要尊重人的尊严,发扬人道主义精神,坚持以人为本,不能把当事人当作心理危机干预的"试验品"。保密和尊重当事人隐私均出于尊重和避免伤害的目的,在实施干预的时候一定要保护好当事人的隐私,做好心理资料尤其是干预档案的管理工作。第二,当事人自愿选择的原则。尊重有自主能力的人自主选择和采取行动的权利,当干预者认为当事人需要接受心理危机干预,而当事人并不主动甚至排斥心理危机干预时,干预者要以关爱的态度,通过相关人员了解情况,直到当事人主动接纳心理危机干预。在当事人的自我抉择行为影响其生命和健康时,心理危机干预者要坚持尊重生命与人的原则,尽力保护当事人免受生命或健康的危险。第三,对当事人无伤害原则。在心理危机干预的工作过程中,首先需要考虑的是最大限度地降低对当事人的伤害,恰当地选择心理危机干预工作的介入时机和方式。定期评估心理危机干预工作是否对当事人造成伤害。要根据当事人的具体情况制定干预方案,尽力保证不伤害当事人的利益。第四,让当事人受益的原则。从狭义上讲,前文所述的所有原则都是对当事人权益的保护,执行好这些原则就是让当事人受益。从广义上讲,受益原则要求心理危机干预者从当事人合法利益最大化的角度去开展工作,处理好短期利益与长期利益、个体利益与群体利益、局部利益与全局利益的关系,帮助当事人尽快恢复心理健康。

二、心理危机干预的步骤

心理危机干预六步法包括:确定问题、保证当事人安全、给予支持、提出应对方式、制订具体计划和获得承诺。小学心理健康教育教师在对学生进行心理监测与辅导过程中,有必要了解心理危机干预的步骤。

(一) 确定问题

心理危机干预的第一步是从当事人的角度,确定和理解当事人所面临的问题是什么。对很多当事人来说,他们的危机往往是由多个错综复杂的问题交织而成。干预者必须能设身处地地感知和理解危机情境,清晰地界定每一个问题,否则他所采用的任何措施都无法取得满意的效果。在危机干预的初期,干预者应当以共情、尊重、积极关注的态度,与当事人建立起良好的关系,取得对方的信任。在此基础上,全面了解和评价当事人有关遭遇的诱因或事件以及寻求心理帮助的动机。

需要明确的问题有:当前存在的主要问题是什么? 有何诱因? 什么问题必须首先解决? 然后再处理的问题是什么? 是否需要家属和同事参与? 有无严重的躯体疾病或损伤?

(二) 保证当事人安全

安全感对处于心理危机之中的个体来说是最核心的需要。在心理危机干预过程中,干预者要将保证当事人安全作为首要目标,将当事人在身体上和心理上对自己和他人造成危险的可能性降到最低。

保证安全意味着首先要保证当事人能够相对安全地脱离外界危险,如地震幸存者应离开危险的建筑,家庭暴力的受害者暂时离开施暴者等。否则,当事人生命和身体的完整性尚处于风险之中,可能不会有足够的心理资源参与到心理干预过程中。因此,当危险依然存在或者还存在潜在威胁时,干预者必须首先聚焦于当事人的安全。

(三) 给予支持

给予支持强调干预者与当事人的沟通和交流,使当事人了解危机干预者是完全可以信任,是能够给予其关心帮助的人。当然,作为处于危机情境下的当事人来说,很难轻易相信危机干预者是值得信任的人。危机干预者必须以尊重、无条件积极关注的方式接纳当事人,无论当事人的态度如何。提供支持就是提供这样一种机会——让当事人相信"这里有一个人确实很关心我"。如当事人处于极度孤独的状态下,干预者可以说:"这样一个特殊的时刻,我非常关心你的安全,我很愿意为你提供帮助,当你觉得无助时,可以随时联系我,好吗?"

(四) 提出应对方式

提出应对方式的目的是帮助当事人探索其可以利用的替代方法,促使当事人积极地搜索可以获得的环境支持、可以利用的应对方式,发掘积极的思维方式。这一步是当事人和心理危机干预者常会忽略的一步。在多数情况下,当事人遭受心理创伤而失去主观能动性时,思维处于混沌的状态,不能恰当地判断什么是最佳或者说更适宜的选择,有些处于危机的当事人甚至认为无路可走了。干预者应引导当事人认识到,有许多变通的应对方式可以选择。

(五) 制订具体计划

心理危机干预的第五步是制订具体计划,这是从第四步直接发展而来的。心理危机干预者要与当事人共同制订行动步骤来矫正其情绪的失衡状态。干预者要针对当时的具体问题以及当事人的功能水平和心理需要来制订干预计划,同时还要考虑到有关文化背景、社会生活习惯以及家庭环境等因素。危机干预的计划是限时、具体、实用和灵活可变的,并且还要有利于追踪随访。

一般来说,危机干预的计划应该满足以下两点:(1)确定有个人、组织团体或相关机构能够提供及时的支持;(2)提供的应对机制必须是当事人现在能够采用的、具体的、积极的根据当事人的实际情况,干预计划应切实可行,有助于当事人解决问题。干预计划可以包括当事人与危机干预者的共同配合,如使用放松技术。

在制订计划的过程中,干预者既要帮助当事人拟定一个短期的行动计划,以帮助其走出当前的危机;还要拟定一个长期的行动计划,培养当事人掌握更积极恰当的应对方式。

制订干预计划的关键在于让当事人感到干预者没有剥夺他们的权利、独立性和自尊,让当事人感到这是他们自己的计划。有些当事人可能并不会反对干预者决定他们应该做什么,但此时这些当事人往往过分关注自己的危机而忽略自己的能力,他们甚至会认为将计划强加给他们是应该的。让受情绪困扰的当事人接受一个善意强加给他们的计划往往很容易,因此在计划制订过程中,干预者的主要问题是当事人的控制性和自主性,让当事人将计划付诸实施的目的是恢复他们的自制能力和保证他们不依赖干预者。

(六) 获得承诺

获得承诺是心理危机干预者帮助当事人承诺采取确定的积极的步骤,并从当事人那里得到会明确按照计划行事的保证。这是第五个步骤的自然延伸,同样,控制性和自主性问题也存在于这一过程中。如果"制订具体计划"这一步完成得较好的话,"获得承诺"这一步也就比较容易。在多数情况下,保证这一步比较简单,例如可以让当事人复述一下计划:"现在我们已经商讨了你计划要做什么,下一步将看你如何向他或她表达自己的愤怒情绪。请跟我讲一下你将采取哪些行动,以保证你不会大发脾气,避免危机的升级。"这种口头概述有利于干预者把握当事人对行动计划的理解程度,也有利于强化当事人的承诺。若当事人对行动计划有所误解,干预者还可以做进一步的澄清,同时还有利于干预者对当事人进行随访。对于当事人来说,作出承诺可以驱使他们按行动计划去执行。

在结束心理危机干预前,干预者应该从当事人那里得到诚实、直接和适当的承诺。然后,在检查、核实当事人行为的过程中用理解、同情和支持的方式来进行询问。也就是说,与在确定问题或其他步骤中一样,核心的倾听技术在这一步中也很重要。

心理危机干预的后三个步骤主要是行动。根据当事人的需要和可利用的环境支持,采取非指导性的合作的和指导性的干预方式。

需要强调的是,在心理危机干预六步法中,评估动态地贯穿始终——根据当事人的应对能力、危机事件的威胁程度及当事人的能动性水平,对当事人过去和现在的心理状态进行评估,就当事人所属何种心理危机类型作出判断。

视频

危机干预(紧急事件晤谈)

? 自我复盘

通过本章的学习,请您结合对小学生心理危机的识别与干预的宏观印象,绘制出头脑中的知识建构图。

本章练习

1. 名词解释

心理危机

2. 简答题

(1) 请简单介绍心理危机的类型。

(2) 请简述创伤后应激障碍的表现。

(3) 请简述小学生心理危机干预的原则。

3. 实践题

某日午休后,某小学数名先行离开宿舍下楼的学生见到一楼通道处两块靠墙摆放的海绵垫,就上前踢打、撞击,致使其中一块海绵垫倒下。14 时许,学校起床铃声响起,午休的学生开始起床,离开宿舍返回教室上课。因过道摆放的海绵垫倒下了一块,导致通道不畅,先下楼的学生在通过海绵垫时被绊倒,后续下楼的大量学生不明情况,继续向前拥挤,造成多名学生相互叠加挤压在海绵垫上,最终导致 6 名学生受挤压窒息死亡,26 名学生不同程度受伤。

作为心理健康教育教师,你应该如何对相关学生进行心理危机干预?

第九章
小学生心理健康教育的组织管理

小学生心理健康教育的组织管理是一项系统工程,包含人员、财务、时间、空间、信息等要素。要想确保小学生心理健康教育科学、顺利和高效地开展,需要整体规划、全面管理、统一协调和多方兼顾。一个良好的心理健康教育组织管理体系不仅能够有目的、有组织、有计划地实施小学生心理健康教育工作,而且能够将学校各部门、各层级教师力量纳入心理健康教育队伍,多方力量共同参与小学生心理健康教育工作。

■ 学习目标

1. 知道小学生心理健康教育的组织管理模式及各种模式的优缺点；
2. 把握个别心理辅导区、团体心理活动区等功能区的建设要求；
3. 理解建设小学生心理档案的意义；
4. 掌握小学生心理档案建立、保存及销毁的制度和流程。

■ 关键问题

1. 小学心理健康教育的组织管理模式有哪些？
2. 如何建设小学生个别心理辅导区？
3. 如何建设小学生团体心理活动区？
4. 如何建立和管理小学生的心理档案？

■ 问题情境

近年来，许多小学开始重视小学生心理健康测查工作的组织与实施，但却忽视了测查后心理档案的建立，更没有根据心理健康测查结果采取相应的教育对策。一些小学虽然建立了学生心理档案，但也只是对测量报告的简单描述分析，缺少对不同类别的小学生群体心理发展特点的具体分析，因而，心理健康测查结果难以为小学心理健康教育工作提供参考依据。一些学校在建立小学生心理档案的过程中为了方便，也只是一次建好以后就无任何跟踪记录了，档案也成了上级检查工作的"摆设"。

心理测查的目的是什么？教师如何利用心理测查的结果？

第一节 小学生心理健康教育的组织机制

小学生心理健康教育的组织机制是小学生心理健康教育工作顺利开展的重要保障,它直接影响了小学生心理健康教育活动的性质、效果及作用。学校应建立科学合理的组织机制,用科学的理念、科学的方法、科学的策略来引领小学生心理健康教育工作。

一、小学生心理健康教育的组织管理模式

经过二十多年的实践探索,目前小学生心理健康教育在学校层面上的组织管理模式主要有教研组模式、教科室模式、德育管理模式、班主任管理模式、独立模式和全面渗透模式六种。

(一) 教研组模式

教研组模式是早期的小学生心理健康教育组织管理模式,它将小学心理健康教师和道德与法治教师或其他学科教师的身份合二为一,由道德与法治组或其他学科组直接管理。此模式中分为两种情况:一种是学校选取对小学生心理健康教育感兴趣的道德与法治教师或其他学科教师来兼职组织开展小学生心理健康教育工作;另一种是专职的心理健康教师兼职从事道德与法治或其他学科的教学工作。这一模式能够缓解小学生心理健康教育教师师资力量不足的困境,然而兼职的心理健康教育教师专业水平受限,缺乏足够的心理学专业知识,并且专职的心理健康教育教师兼任其他学科教学会大大分散精力,这样一来就难以组织丰富的小学生心理健康教育活动,不利于学校全面、深入地开展心理健康教育工作。

(二) 教科室模式

教科室模式是将小学生心理健康教育工作置于教科室的管理之下,心理健康教育教师是教科室的成员之一。此模式将心理健康教育工作与学科组区分开,将其提高到一个较高的工作层面,方便教师开展小学生心理健康教育的教学与科研活动,但是心理健康教育工作实质上属于实践工作,教科室模式容易使教师停留在科研与理论层面,而忽视了学校工作中部分实践工作的开展。

(三) 德育管理模式

德育管理模式将小学生心理健康教育工作置于学校学生处或政教处的管理之

下。这种组织管理模式认为,小学生心理健康教育工作是德育工作的一部分或是德育工作的补充,心理健康教育工作应纳入学校德育工作管理的范畴。此管理模式可以促进小学生心理健康教育工作与德育工作更好地结合,但容易混淆德育工作和心理健康教育工作,也容易使心理健康教育工作局限在德育工作的范畴内,无法与其他学科领域相互渗透。

(四) 班主任管理模式

班主任管理模式即学校不设专职的心理健康教育教师,心理健康教育工作由德育处布置,直接由班主任来完成,班主任即是兼职的心理健康教育教师。班主任可以联系各学科教师和学生家长共同关注学生的心理健康,充分发挥班级学生干部和班级心理委员的榜样作用,采取学生自助与同伴互助相结合的班级心理健康教育形式。此管理模式可以充分调动班主任队伍的积极力量,营造健康快乐、乐观向上的班级氛围,满足小学生的心理发展需要。但是班主任和专职的心理健康教育教师仍然有较大差异,加之班主任工作烦琐且可能缺乏心理学专业知识,实际上很多心理健康教育工作无法全部落实。

(五) 独立模式

独立模式即在学校设置独立的心理健康教育教研组,纳入学校整体的教学管理。这种组织管理模式侧重心理健康教育课程的实施,即认为课堂教学是学校心理健康教育工作的主要途径;注重实施小学生心理健康教育课程,使心理健康教育与其他学科具有同样的课程地位,有利于心理健康教育教师开展丰富的课堂活动,解决小学生面临的普遍心理问题。但这种模式将心理健康教育教师的精力更多地投入到课程教学上,缺少心理健康教育其他方面如心理辅导、心理测评、学科渗透等工作的开展,不利于学校心理健康教育工作的整体提升。

(六) 全面渗透模式

全面渗透模式是指学校建立与其他处室平行的心理辅导室,由校长直接管理,该辅导室的负责人与成员需要经过学校心理学系统培训,具有一定的小学生心理健康教育工作实践经验。该辅导室在校长的领导下,将小学生心理健康教育工作与教学、德育、科研、总务、辅导等工作有机地结合起来,符合小学生心理健康教育在素质教育中的地位。心理辅导室承担着组织和开展全校小学生的心理健康教育活动任务,同时还会为小学生进行日常的心理辅导,培训全校教职工和学生家长,并参与学校管理,工作的领域是整个学校。全面渗透模式将小学生心理健康教育工作渗透到学校教育的方方面面,极大地提高了心理健康教育工作在学校中的地位,有利于心理健康教育工作深入开展和全面渗透,也有利于学校的持续发展、学生的全面成长和教师专业化的不断提升。

综合来看,前五种组织管理模式都有自身的优势和弊端,不能完全适应当下小学生心理健康教育的发展。第六种组织管理模式是较为理想的,能够把小学生心理健康教育工作与学校各个层面各项工作结合起来,共同为小学生心理健康的成长保驾护航。

二、小学生心理健康教育的组织管理体系

小学生心理健康教育工作需要一定的制度、组织管理体系等作为保证,以提高心理健康教育工作的规范性、科学性和有效性。在国家层面,教育部设立了中小学心理健康教育专家指导委员会,对全国中小学心理健康教育进行指导,并适时开展中小学心理健康教育示范校创建活动。在省市层面,各省、自治区、直辖市教育行政部门的德育处或基(普)教处具体负责当地中小学心理健康教育工作。各级教育行政部门有专人负责或分管小学生心理健康教育工作,并将心理健康教育工作列入年度工作计划和学校督导评估指标体系中。在学校层面,小学生心理健康教育的组织领导工作也应做到机构健全、职责分明。

(一) 校长室

校长室是在校长领导下,全面负责小学生心理健康教育工作的领导机构。校长室在小学生心理健康教育中的主要职责是:按照上级教育行政部门的统一要求和部署,在教育科研部门专家的部署和指导下,制订本校心理健康教育工作的发展规划和工作计划,协调学校各部门之间的联系,确定心理健康教育专职人员的合适人选,安排专职人员及全体教师接受培训和进修,提供必要的经费和设备,出席和指导有关小学生心理健康教育的各种工作会议等。

(二) 教导处

教导处是在分管教学副校长的领导下,协助学校做好小学生心理健康教育工作的主要机构之一。教导处在小学生心理健康教育中的主要职责是:在校长室的统一安排和领导下,协助和督导小学生心理健康教育工作在各学科教学中的渗透,配合心理健康教育课程计划,做好小学生心理健康教育课程的课时、教材、师资及心理测评的安排,出席有关小学生心理健康教育的工作会议或个案研讨会议,提供并保管小学生的有关资料等。

(三) 政教处

政教处是在分管德育副校长的领导下,协助学校做好小学生心理健康教育工

作的主要机构之一。政教处在小学生心理健康教育中的主要职责是:在校长室的统一部署下,协助及督导各年级、各班级做好班级心理健康教育工作,参与制订小学生心理健康教育工作计划,安排心理健康教育系列活动,对班主任及其他教师进行相关培训,参与心理辅导室的建设与运行,对存在心理与行为问题的小学生进行识别与干预等。

(四) 心理辅导室

心理辅导室是在校长的直接领导下,具体负责小学生心理健康教育服务工作的专门机构,由主任、专职心理健康教育教师、兼职心理健康教育教师等人员组成。心理辅导室在小学生心理健康教育中的主要职责是:制订不同年级心理健康教育工作计划,持续完善心理辅导室的设施(包括办公、会谈用的桌椅,相关书籍,档案柜,电脑及心理测评软件等),培训专职、兼职心理辅导人员,组织专职、兼职教师系统学习心理学基础知识及辅导技术,协助和指导心理健康教育教师、学科教师和班主任开展各项心理健康教育工作等。

(五) 家长委员会

家长委员会是在校长室领导下的协助小学开展心理健康教育工作的外围机构,主要由各年级和各班级家长代表组成。家长委员会在小学生心理健康教育中的主要职责是:在学校的统一安排下,参与学校组织开展的心理健康教育工作,协助学校督促家长转变观念,配合与支持学校各项心理健康教育工作等。

第二节　小学生心理辅导室的建设

心理辅导室是心理健康教育教师开展小学生心理健康教育工作的专业场所和重要阵地。2015 年,教育部办公厅印发了《中小学心理辅导室建设指南》,指导各地加强和规范中小学心理辅导室的建设,提高了心理辅导工作的科学性、规范性和专业性,切实发挥了心理辅导室在提高小学生心理素质、预防和解决小学生心理行为问题中的重要作用。

一、小学生心理辅导室建设的原则

小学生心理辅导室是小学心理健康教育教师开展个别心理辅导和团体心理辅导,指导和帮助小学生解决在学习、生活和成长中遇到的困扰,排解心理苦恼的专门场所,是学校开展心理健康教育的专业场所。由于心理辅导的特殊性和小学生

的心理发展特点,小学生心理辅导室在建设时应遵循以下原则:

(一) 保密性

保密性是心理辅导关系建立和取得良好效果的基础和重要保证,一间心理辅导室的安全性、保密性,会直接影响小学生对心理健康教育教师的信任与开放程度。为了遵守保密性原则,降低小学生的防御心理,心理辅导室一般不要靠近办公区和教学区。

(二) 科学性

心理辅导室不是简单的办公室或会议室,其建设必须具备个别心理辅导和团体心理辅导的要求和氛围。例如,心理辅导室应当有开展团体心理辅导的专门区域,要配有专门的心理辅导设备等。

(三) 服务性

学校心理辅导室建设要以人为本,要从小学生的角度充分考虑,关注并服务他们的所思、所想、所喜、所爱。另外,心理健康教育教师还应通过心理辅导室的建设,充分启发和调动小学生的积极性,激发小学生参与心理健康教育活动的热情和兴趣。

(四) 针对性

心理辅导室的建设应遵循小学生生长发育的规律,符合小学生的年龄特点;同时,也要关注小学生的个体差异,针对不同学段的小学生,设计不同的心理辅导活动,开展多种形式的团体心理辅导。

二、小学生心理辅导室的位置与布局

小学生心理辅导室是为全体小学生提供心理健康教育与辅导的场所,在选址时,应该从心理辅导工作的特殊性和小学生身心发展的特点出发,充分体现学校的文化氛围和人文关怀。

(一) 小学生心理辅导室的位置

目前,不同小学根据实际情况,选择在学校的不同位置设立心理辅导室。虽然有各自的主观或客观原因,但总体上应坚持科学、适用的原则,保证基本配置,满足小学生心理健康教育科学、有效开展的需求。由于心理辅导需要安静且保密,心理辅导室的位置选择切忌随便找一块区域,应选在清静隔音、舒适明亮、便于出入但不明显的地方。这是由于安静的环境有利于开展个别心理辅导,辅导双方都能专注于辅导而不受外界环境的干扰,同时还能保护来访小学生的隐私,所以其选址应该尽量避开食堂、音乐教室等嘈杂、人流集中区域。但也不宜选择在偏僻的位置,因为位置过于偏僻和孤立,神秘感过度且不具备隐蔽性,小学生的到访也容易引起其他同学的过度关注,所以心理辅导室不适合选在走廊尽头或底楼角落等位置。此外,小学生心理辅导室的选址不应靠近行政领导、班主任和学科教师办公室。一方面因为来访小学生的行为同样需要遵循保密原则,未经同意不可向其他教师或领导透露,经过教师办公室不利于保护小学生的个人隐私,所以心理辅导室尽量不要靠近办公室;另一方面行政和班主任办公室都具备教育和监管的职能,具有权威性和严肃性,很难给小学生一种轻松、平静、自在的氛围,容易使来访小学生感到压抑和紧张。

延伸阅读

《中小学心理辅导室建设指南》
节选

本指南根据教育部《中小学心理健康教育指导纲要(2012 年修订)》(教基一〔2012〕15 号)的精神和国家有关中小学心理健康教育工作的基本要求制定。适用于全国中小学心理辅导室的建设、规范、管理与督导评估。

······ ······

三、基本设置

心理辅导室应坚持科学、实用原则,保证基本配置,满足心理健康教育工作科学有效开展,有条件的地方可以结合实际情况,拓展心理辅导室功能区域和相关配置。

1. 位置选择。心理辅导室应选择建在相对安静又方便进出的地方,尽量避开热闹、嘈杂区域。楼层不宜太高。

2. 环境要求。心理辅导室环境布置应充分考虑心理健康教育工作的特殊性和青少年身心发展特征,体现人性化设计和人文关怀,富于生机。心理辅导室可选择亲切、生动贴近学生心理,易于学生接受的名称。室外可张贴轻松的欢迎标语,图示图标简明醒目。内部环境应温馨、整洁、舒适,以清新、淡雅、柔和的暖色调为主,合理运用色彩、灯光和装饰物,光线适中,自然光、灯光强度合理。个别辅导室要充分保障学生隐私性要求。

(二) 小学生心理辅导室的布局

心理辅导室的布局和环境创设对整个心理辅导的气氛协调是有影响的,布局整齐、协调有助于提高辅导效果,促进小学生心灵成长。关于小学生心理辅导室内部的设计,首先,心理辅导室的环境应温馨、舒适、整洁,光线要柔和、沉着、安定,色彩应避免过分刺激,应以淡雅、平静、柔和的色调为主,走廊和房间的颜色宜选用淡黄色、浅蓝色和浅绿色等颜色。其次,心理辅导室的温度、通风条件要好,要给人以明朗、愉快的感觉,可适当地用绿色植物、鲜花、图画装饰,给小学生以温馨的感觉,但布置不宜过多,以免分散小学生的注意力。最后,心理辅导室要通过窗帘、不透明玻璃等物体做好保密工作,以免其他小学生因为好奇而观察辅导室内的状况。

三、小学生心理辅导室的功能分区

小学生心理辅导室应该根据心理健康教育工作需要划分为不同的区域,较为理想的功能划分应包括预约接待区、个别心理辅导区、团体心理辅导区、沙盘游戏区、心理测量区、放松训练区、心理阅览区和心理档案区等。

(一)预约接待区

预约接待区作为心理健康教育教师接待来访小学生及家长的房间,设计应温馨、明亮、充满生机,墙上可以悬挂一些关于心理健康教育的宣传标语、有象征意义的画或手绘心理挂图、墙贴(如心理格言图、心理双歧图、心理科普图、心理制度图、心理效应图、优美风景图等),备好小学生感兴趣的课外阅读书籍或插画书等供他们翻阅,室内还可以摆放一些花草绿植或小学生喜欢的玩偶等,帮助等候的来访者放松紧张的情绪。预约接待区需要放置办公桌、办公椅、沙发、茶几、饮用水等办公用品,沙发应该选择浅色沙发,茶几以四角圆滑为主,确保来访者的安全。同时做好心理辅导室规章制度的宣传工作,使小学生简明地了解心理辅导的过程。

(二)个别心理辅导区

个别心理辅导区是心理健康教育教师开展个别心理辅导工作的区域,承担一对一的个别辅导或一对多的家庭辅导功能。个别心理辅导区应设在心理辅导室中相对安静、独立的区域,与办公接待区、团体心理辅导区、沙盘游戏区隔开,给来访者一定的安全感,使他们能够在教师面前真实地表达自己。个别心理辅导区应空气流通、光线适中,房间的装饰应舒适温馨,房间背景要以温和、平静、温暖的色调为主,不要选择阴暗或特别艳丽的颜色,窗帘的颜色也要以淡冷色系为主。沙发和椅子的位置和布局也颇有讲究,理想的座位摆放应该是教师和来访者的座位呈90°摆放,且保持在1米左右的距离,这样来访者和教师能够相互捕捉到对方的表情,也可以避免面对面带来的紧张或不适。一般来说,小学生心理辅导涉及游戏、绘画、角色扮演等形式,心理辅导区配有涂鸦板、画笔颜料、心理能量激发卡等辅助工具。另外,心理辅导区应摆放干净且与整个房间颜色相协调的茶几,来摆放水杯和纸巾盒等;选用无声类型的钟表,摆在教师易观察的地方,方便教师掌握辅导时间;也可以放一些绿色植物或装饰品来营造舒适的氛围。

(三) 团体心理辅导区

团体心理辅导是小学生心理健康教育的主要途径,小学低年级学生因语言表达能力有限,多采用以游戏为主的团体心理辅导;高年级学生语言发展较为成熟,多采用以活动为主的团体心理辅导。团体心理辅导一般以小型团体、班级、年级为单位,针对的是群体所面临的共性问题,如自我成长、情绪管理、人际交往、学习管理、意志品质等;所用到的器具包括音乐心理辅导器具、绘画心理辅导器具、喜剧心理辅导器具、书法心理辅导器具、象征性游戏器具等。团体心理辅导活动氛围欢快,寓教于乐,能够让小学生在游戏中体验心灵成长。

一般来说,团体心理辅导区应选用宽敞、明亮同时又较为安静的教室,桌椅可以自由移动,方便相关活动的开展,总体布局采用轻松活泼的风格,面积应不小于40 m^2,可以同时容纳$30 \sim 40$人。此外,团体心理辅导区需要配备可移动的多媒体电脑和音响,以便教师在开展活动中播放轻松的音乐。

(四) 沙盘游戏区

沙盘游戏区是为小学生提供沙盘游戏疗法和沙盘团体活动的专门场所。沙盘游戏疗法是使用沙、沙盘,以及一些人或物的缩微模型来进行心理辅导的一种非常适合儿童的有效心理辅导方法。沙盘游戏区需要安静整洁,大概$15 \sim 30 \text{ m}^2$的区域,内有沙箱,尺寸约$57 \text{ cm} \times 72 \text{ cm} \times 7 \text{ cm}$,外侧涂深颜色或本木色,内侧涂成天蓝色;沙具架,用来放置沙具;在沙盘中放置大约一半高的细沙;沙具,各种各样的微缩模型或玩具,如人、动物、树木、花草、车船、飞行物、建筑物、桥、栏杆、石头等。

(五) 心理测量区

心理测量区是对小学生进行各项心理测验的专门场所,应该配备相应的硬件和软件设备。硬件设备指一定数量的计算机设备和局域网,以及相对独立的测量空间;软件设备包括小学生心理健康测评系统、心理素质训练系统、智力测评系统、注意力集中能力测评系统等。总之,小学生心理辅导室应根据需要引进相应的测评系统,以便全面地搜集小学生的各项资料。引进的测评系统应通过相关质量标准认证,有内在的理论架构,而非零散量表的简单堆砌;应符合小学生的心理发展特点,尽量用小学生的语言方式表述;小学生完成测评后应立即生成个性化的文字报告,报告应以积极心理学为导向,不仅要包括结果解释,还要有发展建议;测评系统应包括心理健康、品德、情绪、性格类型、兴趣、创造力、学习态度、学习动机、学习方法等人格和能力量表,量表信度和效度符合心理测量学的标准;系统应有基本的数据统计功能,包括描述统计、差异分析、相关分析等。测评的数据可以导出备份,形成心理档案。

心理测量区应选择安静独立的位置,避免小学生在进行心理测试中被噪声干扰,影响测试的准确性。同时还应配备打印机,方便教师对测试结果进行打印,配置半透明的档案柜,以便对相关测评资料进行保存和管理。

(六) 放松训练区

放松训练区兼顾情绪宣泄、放松和能力训练功能。小学生在遭遇挫折后,不可避免地会产生一些消极情绪,如果不能及时调节、排解这些情绪,就可能发展为某些行为方面的问题,出现反常行为,如侵犯或攻击他人。因此,心理辅导室应设有宣泄情绪的区域,放置一些宣泄人偶、拳击手套、宣泄棒或者循环播放一些舒缓、轻松的音乐或影片,让小学生宣泄负面情绪,体验宣泄后的舒畅感觉。另外,心理辅导室也可以在放松训练区进行一些提高记忆力、快速阅读、感统协调方面的训练,放置一些益智类玩具和感统训练玩具。

(七) 心理阅览区

心理阅览区是提供心理方面的图书资料的专用场所,可供小学生借阅。该区主要配备以小学生心理健康教育为主题的各类图书,以及书柜、书架,舒适的沙发、座椅。区域内应有明亮的光线,墙面以淡绿色为宜。区域内也可以摆放绿植,使小学生在心理阅览区阅读书籍时,感到轻松、快乐,享受美好的阅读时光。

(八) 心理档案区

心理档案区是教师做好心理辅导室各种资料的收集和档案建立工作的区域,除了大规模的心理测试档案之外,教师还应注意日常资料的收集和整理,包括辅导预约登记表、辅导记录表、辅导室的各种计划与总结等。心理档案区和心理阅览区可以设置在同一个房间内,但小学生的心理档案应该保存在带锁的文件柜里,并且由负责档案管理的教师管理钥匙,未经允许任何人不可随意打开、翻阅小学生的心理档案。

除以上功能分区外,有条件的小学生心理辅导室还可以设置专门的会议室,用于心理健康教育教师开展教学研讨等。

第三节　小学生心理档案的建立与管理

建设心理档案是小学生心理健康教育工作中的重要组成部分,它为落实素质教育提供有力支撑,为学校的科学管理提供决策依据,为小学生身心健康发展提供动态的监测参考,有利于学校的德育和心理健康教育工作的开展,有利于提高教师的教育教学质量。

一、心理档案的含义、功能与基本类型

心理档案的建立是一项具有很强的科学性、专业性和技术性的工作。小学心理健康教育教师只有了解心理档案的含义与功能,才能建立起科学的、经济实用的小学生心理档案。

(一) 心理档案的含义

心理档案是小学生个人成长档案的一部分,是对小学生成长背景、生活重大事件及各阶段的心理状况描述、心理测试结果、心理辅导等相关资料的集中保存,这些资料按照特定的排列方式组成一个具有内在逻辑关系并真实反映小学生心理特征的文件。学校心理档案有狭义和广义之分。狭义的学校心理档案是指对个体心理发展变化特点、心理测验结果、学校心理辅导记录等材料的集中保存。这些资料按照一定的程序排列,组成一个内在联系的体系,如实地反映了小学生的心理全貌。广义的学校心理档案除了包括狭义的学校心理档案的内容,还包括学校心理健康教育活动的有关细节,如学校心理健康教育的计划、课程开设、活动安排、教研活动、研究课题及成果、效果评估及管理工作等。

准确理解小学生心理档案必须把握好以下几点:第一,就其类型而言,学校心理档案属于专门档案,其具有科学性、客观性、全面性和实用性,要有心理辅导室的专人管理。第二,学校心理档案是有关小学生心理特征变化历程及相关辅导的记录,具有隐私性,除经本人同意和特殊情况以外,任何人不得随意翻看小学生心理档案,学校要对其进行严格保密管理。第三,建立小学生心理档案应坚持原始性和真实性,任何人不应凭主观意愿随意增减内容,应保持小学生心理档案内容的原始和真实。第四,建立心理档案的根本目的是更好地教育和培养小学生,促进小学生心理健康、全面发展,直接目的是更好地服务于学校心理健康教育工作。

(二) 心理档案的功能

收集有关辅导对象的资料,并利用这些资料,是心理辅导的一个合理组成部分。完整、系统、客观的小学生心理辅导档案和资料是小学制定心理辅导目标的依据,是规划与设计工作方案、实施心理健康教育工作、客观评价工作效果以及研究小学心理健康问题的基本保证。

1. 优化学校心理健康教育工作

从小学生的心理档案中,学校和教师能够更深入地了解小学生的心理状况和成长经历,可以了解小学生的兴趣与爱好,能够开展有针对性、有目的性的心理健康教育课内外活动,满足小学生的心理需求;也可以进行小学生心理发展特点和规律的分析,为学校心理健康教育工作提供更有力的支持依据。

2. 充分发挥小学生内在资源

学校里的每个小学生都是独一无二的个体,存在个体间的差异。基于心理档案,教师可以深入了解小学生的精神世界,了解每个小学生的个性心理特征(如兴趣爱好、能力水平、气质类型、性格特点等)和心理发展过程(如认知、情感和意志力等),从而挖掘每个小学生自身独有的内在资源,因材施教,发挥小学生的无限潜能,从而提高学校的培养质量,提高小学生的心理素质。

3. 促进小学生逐步完善自我

充分认识自己的优缺点,具有自信心、抗挫折的能力以及积极的生活态度,上述因素会对小学生的个人发展产生积极的影响。心理档案主要记录了每个小学生的心理特征、心理测试、心理辅导、心理变化、心理干预等成长轨迹,小学生可以通过心理档案了解自身的心理状态,充分认识自我,正视自己的心理发展与变化,对自身的情绪发展、行为特点、人际模式等有更客观地认识,增强心理健康意识和能力,努力形成良好的个性品质。因此,心理档案的建立为小学生的自我认识与完善创造了良好的条件,是实现小学生自我优化的重要方式。需要注意的是,供小学生查阅的档案信息应该是有所选择的,比如个性测验、能力倾向测验、职业兴趣测验等,一些具有筛查功能的心理测验不适合他们自由查阅,因为小学生认知不够成熟,且不具备心理测量学知识,无法完全准确理解测验结果,错误地理解这些测验结果有可能使小学生产生不必要的心理压力。

4. 实施精准教育干预

小学生心理档案最基本的功能是筛选、识别、评估和发现可能存在心理异常的小学生,及时对他们进行教育干预。教师可以通过分析小学生心理档案的数据,对小学生的心理困扰进行分类,对存在各方面心理困扰的小学生进行教育干预。例如,教师可以向潜在"人际关系敏感"的同学发出邀请,请他们参加有关人际交往的团体心理辅导;向潜在"高度焦虑"和"恐惧"的群体发出邀请,请他们参加"放松训练"的团体心理治疗;向"适应困难"的新生发出邀请,请他们参加主题为"新生适应"的专题讲座或团体辅导。这种针对特殊人群的心理宣传和辅导应该从小学生的需要出发,以自愿为原则,以保护他们的自尊心为前提,不可先入为主地把他们当作"问题"群体,强行要求他们参加这类专题讲座或辅导活动。

(三) 心理档案的基本类型

关于小学生心理档案,很多学者从不同的维度出发将心理档案分为不同的类型。目前常用的分类方法是根据心理档案的内容,将小学生心理档案分为个人资料与团体资料、专项资料与综合资料、量化资料与非量化资料。

1. 个人资料与团体资料

个人资料反映的是小学生个体心理和行为特点方面的资料,包括小学生个人背景信息、心理测评资料以及辅导记录等。团体资料一般以班级、年级或学校为单位,反映的是小学生团体心理和行为特点的资料,是在小学生个体资料的基础上做出的各种类别和层次的团体分析,有助于加深对小学生总体状况的把握和分析。

2. 专项资料与综合资料

专项资料是反映小学生或心理健康教育工作某一方面属性或某一类特征的资料,如小学生基本情况的资料、能力状况的资料、某项专题心理健康教育活动的资料、某种心理辅导方法的资料等。综合资料是反映小学生或心理健康教育工作较全面的属性或特征的资料,如小学生的背景资料、心理测评资料等,以及心理健康教育工作的工作计划、工作方案、活动实施、记录和总结等方面的资料。

3. 量化资料与非量化资料

量化资料是运用定量研究方法获得的、可以进一步统计分析的资料,如学业成绩、标准化心理测验的结果以及较为规范的问卷调查的量化结果等。非量化资料是运用定性研究方法获得的描述性资料,如小学生行为观察记录、小学生自述或心理作业、访谈法所获得的一些资料等。其中,量化资料具有自身的局限性,主要表现在教师将小学生各方面的特点加以量化时,可能会损失很多有价值的信息,还容易带来错误的信息。非量化资料则可以为更全面地了解小学生提供重要信息,因此必须重视定性研究搜集到的资料。所以,小学生心理档案应结合定性研究和定量研究,搜集客观和主观的资料,以全面地了解小学生。

二、小学生心理档案的建立

建立小学生心理档案需要学校各部门的配合,需要全校教师与小学生的参与。因此,想要全面客观、科学合理地建立小学生心理档案,就应优化心理健康教育环境,使全体教师和小学生统一认识,转变观念,推动心理健康教育工作的全面开展。

（一）小学生心理档案建立的基本原则

学校心理档案建立的基本原则,是指心理健康教育工作者在建立小学生心理档案过程中必须遵循的基本准则和要求。它反映了建档过程中的客观规律,是心理档案建立取得成效的重要保证。

1. 客观性原则

客观性原则是指教师在搜集小学生心理档案的资料时,必须符合事实,准确可靠,辅导记录要详细认真,不可以添加主观臆测、成见和缺乏事实根据的评价,更不能主观演绎创造。小学生心理档案的建立和解释必须遵循实事求是的原则,虚假的心理档案不仅不能反映小学生真实的心理健康状态,还可能给小学生正常的身心发展带来负面的影响。为保证心理档案的客观性,教师除了要有实事求是、尊重客观事实的科学态度,在实际操作过程中还应注意:

第一,多方位地综合测评。在建立小学生心理档案过程中,一个常见的错误倾向是单纯依赖心理测验。其实心理测量作为一种间接测量,存在局限性,许多因素都会带来测量误差。因此,教师在建立小学生心理档案时,除了需要搜集心理测验资料,还需要获得家长平时对小学生的观察和评价资料,以及小学生自我评价等各方面的资料。只有全面地进行综合测评,才能对小学生的心理发展水平和轨迹作出一个更为客观、更符合事实的评价。

第二,选择合适的心理测验量表。正确选择心理测验量表,是保证建档科学性的一个重要方面。同时,测验结果一定要由专业人士来解释,不能轻易施测和下各种结论,以保证测量的科学性、公正性。教师可以采取以下措施:尽量选用我国学者自己编制的专用于实施心理健康教育的心理测验量表,或经过专家修订的本土化的心理量表;选择效度和信度高的测验作为测评工具;注意常模的时效性,尽量选择有近期常模的量表。

第三,方法适当,使用正确。搜集小学生心理档案资料的方法有很多,教师必须熟悉各种常用方法的适用范围、技术要求和操作规则,根据搜集的目的、资料内容的特点,选择一种或几种,严格按照相应的规则进行,不能随意改变。

2. 系统性原则

系统性原则是指在建立心理档案的过程中,教师要有整体观念,坚持资料齐全、前后一致的原则,要以系统的观点保证所搜集资料的完整性和有序性,既要重视心理活动诸要素的内在联系,又要考虑心理因素、生活因素和社会因素的相互制约与影响。贯彻这条原则应注意以下几点:

第一，以目标为导向，规范有序地搜集资料。资料的搜集要在学校心理教育的总目标和各种教育与辅导活动的具体目标的指引下，在尽可能保证必要资料完整性的情况下，优先搜集重点资料，使搜集的资料更具有针对性和实际意义。另外，资料的搜集过程应有较好的计划性，记录要规范，要根据资料的性质、时间和应用的缓急程度予以分类和保管。

第二，搜集的资料应尽可能完整。如果从纵、横角度全面考虑，纵向的资料应包括小学生过去的情况、现状和发展趋势等；横向的资料应包括小学生在学校、家庭和社会环境中的表现，同时还要涉及与小学生个人有关的背景资料。从心理档案资料的主要来源看，应包括背景资料、在校表现、教师观察资料、需辅导的心理问题等非测验性资料和智力测验、个性测验、心理健康测验等测验性资料。

第三，心理档案的资料要随时补充、调整和更新，反映小学生心理的动态变化过程。

第四，使用的测评工具尽可能前后一致。如在调查小学生的心理健康状况时，如果第一次是心理健康诊断测验，过一段时间后想了解教育有无效果进行第二次施测时，也必须采用心理健康诊断测验，这样做才有可比性。

3. 教育性原则

教育性原则是指教师在建立小学生心理档案时，要有利于小学生心理的健康发展，有利于提高学校的教育教学质量，有效地为实现学校的教育目标服务。贯彻该原则要特别注意：一是在建立和使用心理档案的过程中都不允许给小学生留下任何心理创伤，即教师在进行心理测验时，不能夸大测验的作用，避免小学生产生紧张、恐惧等消极情绪，影响自身发展和成长；二是在建立小学生心理档案时，教师还要提出教育培养建议，如果建立心理档案仅满足于小学生各方面情况的搜集和整理，而不提出教育培养建议，那么心理档案就无法发挥其全部的作用。

4. 保密性原则

保密性原则是指教师有责任对小学生心理档案的内容予以保密，一名合格的心理健康教育工作人员，应加强自己的职业修养和品德修养，坚守档案保密原则，尊重小学生的人格及要求，维系师生双方的信赖关系，并将此作为一项义不容辞的任务。小学生心理档案涉及学生大量的隐私信息，使用者在使用时必须严格保密，不能对小学生产生任何不良的影响。坚持保密性原则应贯穿心理档案的建立、保管和使用的整个过程。只要是小学生本人不愿意公开的、不利于小学生心理健康发展的、违反心理辅导工作原则的心理档案内容，必须严格保密，除专职心理教师和小学生本人外，任何人无权翻阅或评价心理档案。如果领导、班主任或家长确实需要了解心理档案的内容或使用心理档案，则必须经过专门的培训，或者由心理辅导教师向其讲清楚使用原则及可能带来的负面影响，并对里面的内容进行适当的加工和重新编制,例如只提供测验的解释而不告知测验的具体分数。另外,档案内容不可作为教师发表或演说的材料,不得侵犯小学生的隐私,更不可作为用来衡量小学生升学的依据。

5. 适用性原则

建立小学生心理档案是一项工作量大、牵涉面广、技术要求高的工作,要花费大量的人力、财力、物力和时间。坚持适用性原则,就是要在建立小学生心理档案的过程中,力求以最少的人力、物力、财力和时间,获得较好的心理档案建立效果。贯彻适用性原则,可以考虑以下几点建议:一是精心筛选心理档案的内容。二是采用电脑操作,如果运用包含各种测量评价工具的软件包,就可以省去大量常模、画图表的时间,也能够提供对结果的基本解释。三是尽量选用团体测验。四是采取分类建档的办法:第一类以发展为目标,通过心理健康教育课程或心理辅导活动,借用一些简易的测量工具让小学生自测自评,达到认识自我、发展自我、检测自我的目的。第二类以教育为目标,通过教师的日常工作,使用一些调查问卷和筛查性质的团体测验对小学生、家长及教师进行调查或测评,来了解小学生的心理环境和心理发展水平,以便开展小学生心理素质的培养和训练工作。第三类以诊治为目标,对于小学生本人,或教师、家长要求重点辅导的,心理问题比较严重需进一步诊治的小学生,在个别辅导中可以使用诊断性量表或其他专业量表进行测验。

6. 发展性原则

发展性原则是指在档案资料分析整理的过程中,教师要以发展变化的观点看待小学生的心理问题,不仅要在问题的分析和把握中善于用发展的眼光做动态评价,而且在问题的解决和结果的预测上也要具有发展的观点。这一原则对教师提出了更加特殊的要求:一方面要对小学生的内在潜能和发展条件做标准的估计,记录其已有的发展结果;另一方面要对小学生的发展目标和发展道路有恰如其分的把握,并揭示其今后可能的发展方向。

(二) 小学生心理档案的基本内容

小学生心理档案的内容,是指能从中揭示或了解到有关小学生心理状况、心理发展特点以及心理健康教育活动过程、效果等方面的资料。一般包括小学生本身的有关资料和学校心理健康教育工作的有关资料。

1. 小学生背景信息

背景信息是小学生心理档案中的基本资料,主要包括小学生本人和家庭概况,以帮助教师深入了解小学生的心理状况。小学生本人背景主要包括以下内容:所在年级、所在班级、姓名、性别、民族、出生日期、爱好特长、一般健康状况、重要病史等。家庭背景主要内容包括:家庭结构、子女数量、教养人与小学生关系、教养人文

视频

小学生心理档案的基本内容

化水平、教养人职业、亲子关系等。为了方便与家长沟通,教师也可以把小学生家庭住址和教养人联系电话记录在家庭背景栏中。如果收集到一些其他的内容,如亲友去世、家庭变故、重大挫折等对小学生个人生活有重大影响的社会生活事件,可以记录在备注中。

2. 辅导记录

教师的辅导记录资料是小学生心理档案的主体,教师一般在辅导结束之后以回忆的方式对辅导过程进行记录。辅导记录主要分为两部分:第一部分是客观记录,包括来访小学生的姓名、日期、地点、辅导教师姓名、讨论的主要问题和结束时对下次辅导的进一步安排;第二部分为教师的反思,分析心理辅导中取得的效果和存在的不足,以及以后的辅导建议。

3. 心理测验资料

心理测验资料包含两部分:一是小学生的普测资料;二是在辅导中,教师用来了解小学生某一方面的状况而进行的测验。心理测验如果是以纸笔形式进行的,教师可以将原始测试材料装入档案;心理测验如果是电脑上完成的,要做好资料的保密工作,建议将测验结果进行加密处理;心理测验如果是操作性的活动,教师需要记下选用的测验工具、来访者操作的过程及结果,同时附上对来访者测验结果的分析和评价。

(三) 小学生心理档案资料的收集方法

在确定了小学生心理档案的内容之后,教师就需要搜集反映这些内容的相关资料和信息,这是建立小学生心理档案的关键之一。目前,搜集小学生资料的主要方法有观察法、访谈法、问卷法和心理测验法。

1. 观察法

观察法是指教师根据一定的目的和计划,系统地观察小学生在自然状态下的行为表现,从而获得相关心理和行为特征资料的一种方法。科学的观察具有目的性和计划性、系统性和可重复性。常用的观察法有三种:(1)自然观察法。自然观察法是指调查员在一个自然环境中观察被调查对象的行为和举止,如教师在课堂中对学生进行的观察。(2)设计观察法。设计观察法是指调查机构事先设计模拟一种场景,调查员在一个已经设计好的并接近自然的环境中观察被调查对象的行为和举止。所设置的场景越接近自然,被观察者的行为就越真实。(3)掩饰观察法。掩饰观察法就是在不为被调查对象所知的情况下监视他们的行为过程,如下课后学生在户外运动,教师在班级中观察学生的行为。因为如果被调查对象知道自己正在被观察,其行为可能会有所不同,观察的结果也就不同,调查所获得的数据也会出现偏差。

运用观察法搜集资料的主要优点有:(1)它是在自然的、不加控制的条件下直接获得的资料,不需其他中间环节,被观察的小学生也往往不知情,获得的资料比较真实,避免了很多小学生自我掩饰的内容。(2)观察具有及时性的优点,它能捕捉到正发生小学生身上的现象。(3)观察能搜集到一些无法言表的信息和材料。同时,观察法的使用也存在一定的局限:(1)受时间的限制,某些事件的发生是有一定时间限制的,具有瞬时性,过了这段时间就不会再发生。(2)观察是依靠人的主观感受去观察的,观察的内容容易受到个体主观意识的影响。(3)人的内心世界极其复杂,有部分内心需求与情感很难被观察到,因此通过观察法获得的资料是受限的。(4)需要耗费大量的人力、物力,在开展过程中成本相对较高,不适用于大面积调查。

2. 访谈法

访谈法是指教师通过与小学生进行面对面的口头交流,来搜集小学生心理和行为特征的一种方法。根据访谈过程中结构模式的差异,我们可以把访谈法分为有组织的访谈和无组织的访谈。有组织的访谈结构严密、层次分明,具有固定的交流模式,教师要根据预先拟定的提纲依次提出问题,小学生对所提问题的内容进行回答。无组织的访谈结构松散、层次交错、气氛活跃,没有固定的问答模式,教师提出的问题往往涉及很大的范围,小学生可以根据自己的想法,主动地、创造性地进行回答。教师在运用访谈法搜集资料时,既要根据访谈的基本目的,保持问题的基本内容和方向,也要根据小学生的回答,对问题内容进行适当地调整,更要善于发现小学生的顾虑或思想倾向,进行有效引导。

访谈法也同样具有其优点与局限。首先,访谈法是了解情况、收集小学生正、反两方面心理与行为资料的一种最亲切、最直接、最深入的方法;其次,访谈法适用范围较为广泛,可以获得关于小学生广泛的生活和学习资料,有利于对小学生的各种心理与行为问题进行多层次和多方面的分析与探索;最后,访谈法可以使师生之间的交谈按照教师想要了解的问题进行,并可以根据与所提问题有关的大量线索深入提问,获取更详细的资料。但访谈法最大的局限性在于,小学生可能存有的"警戒心理"或不善表达的个性特点,使得教师未必能小学生真实的回答,取得理想的访谈效果。另外,访谈法也可能受到环境、时间和被访谈者情绪、状态的制约,不一定反映的是小学生日常的状态和行为表现。

3. 问卷法

问卷法是指根据研究目的和研究内容,教师就调查内容编制相应的问题序列,按照一定的原则进行排列,然后对小学生进行有针对性的测试,请小学生进行书面回答,然后对问卷进行回收整理,并进行统计分析,从而得出小学生心理和行为特点的方法。问卷法的类型很多,主要有:(1)自由叙述式,不给小学生提供任何答案,而是让其按自己的思想自由地回答。(2)多重选择式,让小学生从提供的互不矛盾的答案中选择出一个或几个符合自己实际的答案来。(3)是否式,让小学生以"是"或"否"二选一的方法回答所提出的问题。(4)评定量表法,让小学生对提供的几种答案按一定的标准(好恶、赞同与否等)做出顺序排列。(5)对偶比较式,把调查项目组成两个一组让小学生按一定的标准进行比较。这五种问卷法的操作类型各有其优点和缺点,要根据实际的调查目的、任务和不同阶段小学生的特点选择使用。

与访谈法和观察法相比,问卷法的目的性更强,内容更加详细完整,设计更为精确科学,标准化程度更高。使用问卷法收集资料,不受人数限制,可以在较短时间内搜集大量的数据,相比于观察法和访谈法更加经济易行。问卷的结果可以用电脑进行统计处理,省时省力。

问卷法的主要不足是被调查者由于各种原因(如自我防卫、理解和记忆错误等)可能对问题做出虚假或错误的回答,且调查者对于这种回答想要加以确认几乎是不可能的。因此,想要做好问卷设计并对取得的结果做出合理的解释,就必须具备丰富的心理学知识和敏锐的洞察力,这对调查者本身有着较高的要求。

4. 心理测验法

心理测验法是教师使用专门的测量工具,对小学生的某种心理品质、行为特征进行数字化、标准化的测量。它既可以用于测查心理方面的个体差异,也可以用于了解不同年龄个体心理发展水平的一般特征。心理测验法的关键是要根据需要选择合适的测验量表,首先要选择标准化的测验,其次要明确测验的目的、功用及适用范围。心理测验的种类很多,按照测验的功能分类,常见的心理测验包括能力测验、学业测验和个性测验;按照测验的目的分类,常见的心理测验包括描述性测验、诊断性测验和预测性测验。

心理测验法收集数据的优点是明显的,如制表科学、结果准确、可以大范围使用等。但是,它也存在一些不足,主要表现在难以揭示变量间的因果关系、对使用者的专业要求很高等。值得关注的是,测验的编制与修订不科学、不严谨,测验使用者缺乏专业训练,测验结果被误用等,这些都是教师在使用心理测验法时需要注意的问题。

(四)小学生心理档案建立的一般流程

小学生心理档案的建立,首先需要明确档案中所包括的具体内容,然后在内容的指引下,选择合适的测评工具,最后根据测评的结果建立科学规范的心理档案。

1. 确定心理档案的内容

建立小学生心理档案首先要根据学校和小学生实际情况确定心理档案应该包含的内容,内容应尽可能全面地反映小学生的心理特征,使心理档案能够真实反映小学生的在校心理状态,为学校教育提供可靠准确的信息。小学生心理档案一般包括小学生基本背景资料和反映小学生心理特征的资料,具体来说可以包含个人基本情况、学校学习情况、个性特征、心理健康状况等。

2. 选择合适的测评工具

当确立了心理档案的内容之后,如何获得多方面的准确信息是建立小学生心理档案的关键。如果测评工具选择不当,所得的材料就会不真实或者不准确,则会影响心理档案功能的发挥。因此,选择合适的测评工具进行施测就显得非常重要。教师一般可以通过以下几条途径进行心理档案内容搜集:

(1) 采用标准化的测验。标准化的测验是指具有测验特定心理内容的功能,具有编制测验的理论背景,选择题目的根据,测验的实施方法、时限及注意事项,测验的标准答案和评分方法,常模资料(包括常模表、常模使用的团体及对分数如何解释),测验的信度、效度等。由于每一种测验都有其特定的功能和使用条件,因此对小学生采用何种测验,教师应慎重考虑,要熟悉测验的目的、功用及适用范围,另外还要选择信度和效度较高的测验量表进行施测。

(2) 采用自编的调查问卷。此部分主要用来搜集小学生的基本情况,了解他们的家庭背景、成长环境、兴趣爱好及经历的生活事件等。

(3) 采用谈话法、观察法。通过与小学生或其较亲近的人谈话,或通过观察小学生日常学习、生活状况等,了解小学生更多信息,如行为习惯、过往的创伤事件等。

(4) 借助学校的各种评定和记录或小学生的作品。通过对小学生的日记、周记、作文、绘画、各种作业、试卷、工艺制作等作品进行分析,了解小学生的心理活动状况。

3. 建立小学生的心理档案

在选择合适的测评工具进行施测之后,教师就要对测验结果进行解释,并结合小学生的基本情况提出教育建议,从而建立小学生的个人心理档案。在对小学生报告时,教师一般只需告知测验结果的解释。对学校、年级或班级同学存在的普遍共性心理问题,教师可以通过开设全校性、全级性、全班性或针对某部分小学生的心理讲座,以及组织问题讨论会等形式给予解决。对于需要重点关注的小学生,教师要向有关主管领导、年级组长、班主任报告。报告时,不仅仅只是报告整体小学生心理状况、重点人群心理特征,还要提供教育建议和干预策略。

三、小学生心理档案的管理

小学生心理档案的管理必须依据科学的管理方法,做到专人管理、全程保密、妥善处理,切实发挥小学生心理档案在学校心理健康教育工作中的重要作用。

（一）小学生心理档案的保存与销毁

首先，心理档案要专人负责管理。在一般情况下，心理档案存放在学校的心理辅导室中，心理辅导室要派专人负责心理档案的管理。管理人员负责将小学生测试材料、心理辅导记录进行归纳、整理，分别装进各自的档案袋内，存放在档案柜中。档案以人为单位组卷，按照一定的规律编写档案号，按入学年度进行分类管理，并按班级分门别类地存放，统一集中管理，并编制检索工具，便于查找使用。小学生心理档案管理人员，除了具备一般的档案管理知识和能力，还必须掌握一定的心理测量学和心理辅导的知识，要能够科学地解释测验结果，帮助小学生正确理解测验的分数和意义；更要具备一定的同情心，能理解小学生的心理，简单回答他们的问题，并为他们安排最合适的心理辅导专业服务。

其次，心理档案要方便查询。心理档案是学校心理健康教育的途径和手段，最主要的目的不是保存而是使用，而且使用频率比较高，所以在管理上要充分考虑"方便查询"这一点。档案应该有纸质版和电子版（网络版）两种版本，电子版主要是小学生心理测验的分析报告，方便小学生通过互联网查阅自己的个人心理健康的信息，并通过网络与辅导室联系，寻求专业帮助。纸质档案包含更多的原始资料，无需向小学生开放，主要是为有权限的心理辅导教师服务。关于心理档案的保存要做到：一是纸质档案保存环境的选择要注意通风、防尘、防火、防虫、防盗等；二是电子档案需要备份，有条件的学校可以用系统程序的操作代替人工查阅，提高工作效率，降低工作强度，同时确保小学生心理档案的动态更新，更准确地反映小学生当下的心理状态。

最后，小学生毕业后心理档案要妥善处置。心理档案的内容属于个人隐私，除了学校心理辅导室为了对小学生进行心理健康教育而保存和使用外，其他任何人或组织都无权使用。因此，网络版心理档案应该删除，因为当小学生毕业后，小学对他们的心理健康教育告一段落，心理档案也失去时效，没有保留价值，而且长时间保存也存在网络安全隐患；而纸质档案在条件许可的情况下，可以封存保留，作为小学生活的一个记录保留在学校。关于小学生心理档案的保存时间和销毁制度，目前尚无统一的规定。在一般情况下，小学生心理档案在学生毕业离校后3年可以给予销毁，在销毁前对档案进行归纳整理。某些团体测验或不涉及保密的小学生测验资料，对原学校如有研究价值，原学校必须在征得小学生同意之后复印，然后可以将资料原件随小学生学籍档案一起转至下一所学校。

（二）小学生心理档案的查阅

小学生的心理档案不同于个人学籍档案，它涉及个人的大量隐私信息，心理档案管理人员要严格遵守保密原则,不得向无关人员透露小学生心理档案的资料,更不能向外界泄露。但如果确因公安机关办案或治疗等特殊原因需要了解情况时,管理人员有义务配合,必须经得学校心理辅导室负责人同意,查阅小学生心理档案必须遵守阅档规定和保密规定,严禁对小学生心理档案进行拆卸、涂改、圈画、批注、抽取、撕剪、撤换,禁止损毁心理档案,查阅人员应履行档案查阅登记手续,可以现场查阅,无特殊原因不得外借。

❓ 自我复盘

通过本章的学习,请您结合对小学生心理健康教育的组织管理的宏观印象,绘制出头脑中的知识建构图。

📖 本章练习

1. 名词解释

心理档案   设计观察法   掩饰观察法

2. 简答题

(1) 小学生心理健康教育有哪些组织管理模式?

(2) 建设小学生心理辅导室应该遵循哪些原则?

(3) 小学生心理辅导室需要有哪些功能分区?

(4) 小学生心理档案应该包括哪些内容?

(5) 建立小学生心理档案需要遵循哪些基本原则?

3. 实践题

某小学心理辅导室面积约 100 m²,分为三个独立的分区。其中,个别心理辅导区约 10 m²,内置资料柜、个别心理辅导及多人团体活动用的沙发和茶几。办公测评区、沙盘游戏区合用一室,约 40 m²,办公测评区内有电脑、书柜、资料柜等办公设备,电脑内装有单机版心理测评系统;沙盘游戏区配有个别和团体两种规格的沙盘设备。放松训练区、团体辅导活动区合用一室,约 50 m²,放松训练区铺有泡沫地毯,墙面设计成涂鸦墙,内置三种不同规格的仿真宣泄设备,供不同年龄学生使用,并配有一些益智类玩具供来访者使用;团体辅导活动区内设置了团体心理辅导器材等。[①]

　　请你根据《中小学心理辅导室建设指南》分析案例中的心理辅导室,并提出改进建议。

---

① 朱丹霞.江西省中小学心理辅导室建设现状调查与分析[D].南昌:南昌大学,2016.选用时有改动。

读者意见反馈

为收集对教材的意见建议，进一步完善教材编写并做好服务工作，读者可将对本教材的意见建议通过如下渠道反馈至我社。

咨询电话　400-810-0598

反馈邮箱　gjdzfwb@pub.hep.cn

通信地址　北京市朝阳区惠新东街4号富盛大厦1座
　　　　　高等教育出版社总编辑办公室

邮政编码　100029